总主编　方剑乔

浙江中医临床名家

裘昌林

张丽萍　主编

科学出版社
北　京

内 容 简 介

本书是“浙江中医临床名家”丛书之一，介绍了浙江名医裘昌林。裘昌林教授是第四、第五批全国老中医药专家学术经验继承工作指导老师。本书共分六章：中医萌芽、名师指引、声名鹊起、高超医术、学术成就、桃李天下，重点介绍了他的高超医术，以及他在神经内科专业取得的学术成就。全书紧扣裘昌林教授对中医学从初识、喜爱到热爱的过程，从学习、生活到工作，从临床、科研到管理，从接受、传承到创新，全方位展示了裘昌林教授几十年如一日为中医学做出的努力和贡献。裘昌林教授博览医籍，熟通医理，临证40余年，学验俱丰，擅长中西医汇通诊治神经内科疑难杂症。

本书可供中医临床、科研工作者及在校学生阅读使用，也可供中医爱好者参考。

图书在版编目（CIP）数据

浙江中医临床名家．裘昌林 / 方剑乔总主编；张丽萍主编．—北京：科学出版社，2019.8

ISBN 978-7-03-061902-0

Ⅰ.①浙… Ⅱ.①方… ②张… Ⅲ.①裘昌林－生平事迹 ②神经系统疾病－中医临床－经验－中国－现代 Ⅳ.① K826.2 ② R277.7

中国版本图书馆 CIP 数据核字（2019）第 147784 号

责任编辑：陈深圣 刘 亚 孙 曼 / 责任校对：王晓茜
责任印制：徐晓晨 / 封面设计：黄华斌

科学出版社 出版
北京东黄城根北街16号
邮政编码：100717
http://www.sciencep.com
北京中科印刷有限公司 印刷
科学出版社发行 各地新华书店经销
*
2019年8月第 一 版 开本：720×1000 B5
2019年8月第一次印刷 印张：13 3/4 插页：2
字数：232 000

定价：68.00 元

（如有印装质量问题，我社负责调换）

浙江中医临床名家

丛书编委会

浙江中医临床名家·裘昌林

编委会

主　审　裘昌林

主　编　张丽萍

副主编　裘　辉　　裘　涛

编　委（按姓氏笔画排序）

王　珏	叶梦瑶	李　婷	张伟骏
张丽萍	张清奇	张琦斐	陆佳宁
陈靖茹	金明兰	宣丽华	莫晓枫
钱　同	曹利民	章正祥	蒋旭宏
裘　涛	裘　辉		

总　序

中华医药，博大精深，源远流长。灵兰秘典，阴阳应象，穷万物造化之妙；《金匮》真言，药石施用，极疴疾辨治之方。诚夷夏百姓之瑰宝，中华文明之荣光。

浙派中医，守正出新，名家纷扬。丹溪景岳，《格致》《类经》，释阴阳虚实之论；桐山葛岭，《采药》《肘后》，载吴越岐黄之央。固钟灵毓秀之胜地，至道徽音之华章。

浙中医大，创业惟艰，持志以亢。忆保俶山下，庠序进修，克艰启幔；贴沙河干，省立学府，历难扬帆；钱塘江畔，名更大学，梦圆宇响。望滨文南北，富春秋冬，三区鼎足，一校华光；惟天惟时，其命维新，一德以持，六艺互襄；部省共建，重校启航，黾勉奋发，踵武增华。

甲子校庆，名医辈出，几代芳华。值此浙江中医药大学建校六十周年之际，特辑撰“浙江中医临床名家”丛书，以五十二位浙江中医药大学及直属附属医院名医为体，以中医萌芽、名师指引、声名鹊起、高超医术、学术成就、桃李天下为纲，叙名家成长成才之历程，探名家学术经验之幽微，期有益于同仁之鉴法、德艺之精进。

时己亥初夏

目　录

第一章

中医萌芽

追忆那段岁月，裘师如是说："当你老了以后，回顾一生就会发现，什么时候选择读书，什么时候决定从事第一份职业，什么时候选定了对象结婚，其实都是命运的安排，只是当时站在人生的十字路口，眼见万帆竞发，风云千樯，你做出抉择的那一天，在日历上相当平凡和沉闷，当时还以为只是生命中普通的一天……"

第一节　青山依旧在　几度夕阳红

"东南山水越为最，越地风光剡领先"其中"剡"指的就是今天的嵊州。

嵊州，地处浙江东部，曹娥江上游（古称剡溪），北靠杭州，东邻宁波，历史悠久，自古钟灵毓秀，文化昌明，人才辈出，其中东晋王羲之、谢灵运，唐代李白、杜甫、白居易和宋代陆游、朱熹等在此地游憩、定居和讲学。而近现代，嵊州人民孕育了蜚声海内外的越剧，涌现了经济、人口学家马寅初，音乐家任光，越剧名家袁雪芬和世界围棋冠军马晓春等一大批国际名人，使嵊州成为"越剧之乡""围棋之乡""唐诗之路"上的一颗璀璨明珠。

嵊州因山而秀，因水而名：四明山、西白山横贯东西，天姥山、五峙大山遥望南北。山中泉水清澈，幽谷深秀，断崖峭壁，龙潭飞瀑，千奇百怪。嵊州的秀美山水自古都是文人墨客、贤士名流流连驻足之所。引得诸如李白、杜甫、陆游之流多次入剡览胜，留下名垂千古的佳作绝句——"此行不为鲈鱼脍，自爱名山入剡中""剡溪蕴秀异，欲罢不能忘"。正所谓"一方水土养一方人"，本书的主人公裘昌林教授亦是诞生在这片人杰地灵、

物华天宝之地。

而今但凡有空，裘师便泼墨挥毫，山水画自是其中主角。水的灵动和山的厚重不仅构成了他的画作，同时更是塑造人生至高境界之所在，那略带抽象的写意，凝聚着儿时故乡刻骨铭心的记忆，直叫人沉浸在那片水墨丹青之中。原来他这一生，早在呱呱坠地那一刻便早已烙印下了这注定不朽的山水人生。

第二节　近乡情更怯　不敢问来人

裘师出生于浙江省嵊州市甘霖镇普义乡的白泥墩村，地处覆船山下崇仁江边，经白泥墩南边的门前溪与沸水江汇合流入剡溪的环抱中。时下常说起的崇仁江，其实是条小溪，只不过中间多筑了几个拦水坝，蓄起水来供农田用水、村民盥洗而已。村中也有一段“支流”，长不过五十米，大家都叫它“沱圳”。在二十世纪五十年代，这条圳清澈见底，游鱼可数，东西两岸是房屋，虽然没有花木，却常有孩子钓鱼，显得恬淡清净可爱，颇有“路人借问遥招手，怕得鱼惊不应人”之趣。“沱圳”南端平板石桥东侧有王氏家人经营的“乾生堂”中药铺、家庙及路廊，经浦桥通往城关。王家是白泥墩的大族，枝繁叶茂，人才辈出，族中人王晓籁、王邈达、王珪荪等亦是个中翘楚，创办了首家中西合璧的芷湘医院、首家私立的春皋中学及民生农场，造福乡梓，泽被一方。回忆旧时白泥墩的景观布局，沱圳西面曾是鳞次栉比的住宅区，传统建筑的格局，王家私宅则在圳的东北边上。谢氏是村中又一大姓，根深叶茂，人丁兴旺，而今裘师走出故乡数十载，再次伫立于旧时高宅深院跟前，依稀还能窥见当年繁荣兴盛的影子，然苍翠不再，生机不再，唯感念时光飞逝，沧海桑田。

此次回家，小巷早已没有了旧时的模样，公路旁新建的小楼延伸至覆船山边，村北也是大片新房子。老屋住的人少，急需修整。历经日晒雨淋，记忆中村中那些大户人家宅子的粉墙黛瓦早已落上了清灰，有的甚至已经剥落，露出了内部规整空松的青砖，矮矮的墙角上爬满了青苔，处处散发着潮湿的气息；门楼并不高大，上层是砖砌瓦覆的雨檐，层层挑出，两角翘起，显得娇俏可爱。顶端饰以雕花瓦当，或有砖雕大显身手：包括各式山水花卉、鸟兽人物、戏文传说，并不繁复华美，却精巧有趣，相得益彰；迎面马头墙高耸，在一片屋宇中错落参差，却早已不见大文豪苏轼的“墙里秋千墙外道，墙外行人，墙里佳人笑”的美好。夕阳西下，无数的蝴蝶青瓦似一座座“小山脊”交相辉映，显现出一种水乡建筑所特有韵律美与和谐美。

循着童年的依稀记忆我们还是找到了裘师当年居住的房子，由于周边住户盖新房抬高的地坪，老房子就显得低矮了，可以想象下雨天雨水倒灌的情况。墙面是由各色石头垒就的，零星缀着几块泥砖，外层抹着黄泥，起黏合之用亦是另一番着色。进得屋内，抛却那潮湿的墙壁和过分低矮的房梁，这屋子却也和一般民居无二。“这么多年了，这窗子是一点儿没变呀”裘师似乎从进门开始便显得尤为激动，“我们小时候物质生活贫乏，但是娱乐活动还是很丰富的，比如这个窗子，便是我和侄儿常年猎鸟之处了！”果不其然，循着视线的方向透过窗户向外望去，对面的老屋布满弹痕的椽子上整齐排着一行麻雀，我们的到来似是未曾惊扰它们的美梦。

裘师曾多次提到的是家乡的小路，大约 1 米宽的青石板路两边缀以大小形状不一的小石头。历经数百年的日晒雨淋，大自然打磨了它们的棱角，它们变得温润光滑，明明是江南民居的寻常物事，却是孩提时代最难以磨灭的印记了，裘师说：“小时候最喜欢光着小脚丫子，踩在那一条条静默的青石板上，奔跑追逐，明明每次回去以后都免不了母亲的责罚，但下一次仍旧能够‘义无反顾’地跑出去，甚是顽固。当柔软的脚底与坚硬的青石板接触的瞬间，一丝凉意便会从脚底上窜及至蔓延全身，也不会觉得有甚不适。年轻真好啊！现在若是要我这把老骨头再赤脚走一次，怕是要得关节炎了哟！”看来无论是谁，从事何种职业，在他的心间总有那么一个地方是此生的桃花源，尽管深埋，但只要外力稍一触及就是一发不可收拾的“柔软”，“吾心安处是故乡”大抵就是这感觉了。只要脚踩在故乡的土地上，我们便是如此放松的、通透的，没有烦恼和忧愁的，故乡总是以一种神秘的力量护佑着我们、召唤着我们、吸引着我们。编者始终坚信，我们对世界的认识、性格的形成，以及对尊严的呵护都基于它的恩泽。故乡是我们每个人灵魂平面中坐标系的原点，我们所有的一切都围绕着那个原点延伸、铺陈，这个原点就像一眼甘泉，这是我们生命里程和命脉走向的力量所在。

尽管所有人在这个纷繁变化的时代中都曾被裹挟着为了梦想和未来不断向前，但试问我们的内心可曾有哪一天真正安宁过？年少的时候我们急着到外面的世界去寻找、去尝试、去闯荡、去缔造，仿佛远处有着无尽的宝藏等着我们去勘探。然而就在我们渐行渐远的同时，岁月的烟尘也一天天地落在这段记忆里，我们在稀薄的乡音里一点一点地将故乡淡忘。我们希望自己变得更加风光荣耀，而这里却始终保持着最初的泥墙、灰瓦、老屋、旧巷，以及青苔、老井。

此刻的裘师沉浸在儿时的回忆里，闲看花开花落，漫望云卷云舒，言谈之间是对童年故乡满满的依恋，那无数美好回忆带来的欣慰和希望，像口中闲适地含着半根青草，宠辱不惊，仿佛再也无惧世事变迁、时光流转，随即痴痴地笑了。

第三节 竹密流水过 山高不碍云

1955 年，当时正值浙江地区血吸虫病高发，小小年纪的裘师目睹了周围乡亲们一个个腹大如鼓，接连遭受黄疸、便血乃至吐血而去世，他深切体会到了在疾病面前人类的渺小和无助，从此萌生了悬壶济世、救死扶伤的念头。

裘师出生在嵊州当地一个普通的农民家庭，家道消乏，在这里引用他自己的话说，就是所谓的“贫下中农”阶级。“屋漏偏逢连夜雨，船迟又遇打头风”，裘师父亲“慢性支气管炎”多年，已经记不清是什么时候患上的，在裘师印象中的他经常是佝偻着咳嗽，天气变化时愈甚，每次咳嗽气急时候便感觉他的身体如同地震一般震动。因为这个病的缘故，父亲已经基本丧失了劳动能力，家中自是愁云惨淡。那是还不甚懂得疾病概念的年纪，每当父亲咳嗽气急加重，甚至透不过气来时，母亲那穿越大半个世纪的叮嘱亦是言犹在耳，“孩子，这是你爸爸的救命钱，是你无论如何不能丢掉的！”依着母亲的吩咐，每当父亲气急发作的时候，尽管年幼，裘师就会立刻跑到最近的洋房子药店购买几片氨茶碱，药不贵，当时还不足以支付一斤米的价格，但孩子知道只要吃了这个药，父亲的病情便能够渐渐得到缓解。在当时孩子的心目中，怕是没有什么能抵过来自于一颗小药片所赋予的“魔力”了，明明刚刚父亲看起来病得那么重，却也能在顷刻间得到缓解，原来世间真的存在这种能缓解人病痛的“灵丹妙药”！果是医者仁心，当时的他亦是多么渴望拥有一双回春圣手让饱受沉疴痼疾折磨的父亲平复如旧。时过境迁，物是人非，但那些年岁中那一颗颗毫不起眼的小小药片便化作希望的种子在年幼的他的心中埋下生了根，只待有朝一日开出花来。无形的力量最为致命和持久，正所谓“入兰芝之室，久而不闻其香；入鲍鱼之肆，久而不闻其臭”乃与之俱化矣。幼时的点滴，似春雨，润物细无声，却潜移默化间更加坚定了裘师日后从医的理想。

及至上初中的年纪，是裘师第一次与社会的碰撞。父亲重病，基本丧失了劳动力；家中兄弟姐妹 4 人，大哥早已成家，能够补贴的家用相当有限；二哥响应国家号召参加志愿军，每月 5 元的生活费不算太少，但维持自己开销尚可，结余下来支撑整个家庭却甚是拮据。此般光景，家中要支持他和姐姐念小学早已经是捉襟见肘，无论如何是不能够再供他念初中了。就这样辍学下地劳作未免心有不甘，但每当想起家中那垂垂老矣的双亲便顿觉一切也就值得了。犹记得夏日里那个艳阳高照的午后，当决定放弃念初中后裘师便随着邻居家的大人们一道下地干活了。其实早已不是初次干农活了，那个年代穷人家的孩子哪个不是从小就下地干活的。尤记得那年放学后，每天总是一到家就背着竹篓同邻家的小孩一起结伴去割兔、牛吃的草，田坎边、山路上到处落满了孩子脚印，小小的身体仿佛永远不知疲倦，及至回到家中方才觉着饥肠辘辘。“这个时候要是能吃上一碗热腾腾的猪油拌饭那该是世界上最幸福的事情了”谈及此，裘师率性的一面表露无遗，毫不掩饰自己对于“美食”的渴望，“当时家中养了一头猪，寻常日子当然是几乎不可能有肉吃的，好不容易挨到大年三十杀猪的日子，大部分好的还是要先卖给别人，猪油就是那个时候留下来的。但是尽管这样，过年总归是有肉吃，说出来你们也许都不相信，那猪耳朵和猪舌头滋味是至今都忘不掉啊！”

骄阳似火，汗水顺着身躯流淌，闪着晶莹，午后的烈日烤得背上火辣辣的疼，裘师却用这并不宽阔的脊背撑起了另一片天！

初来几日，或许是工具使用不当，抑或是这双手还不曾习惯于从笔墨纸砚至镰刀和锄头的改变，手脚不知磨起了多少水泡。劳动时倒也不在意，到了夜间便疼得厉害，母亲见了甚是心疼。渐渐地，虽然下地时间不长，但也习惯了这日出而作、日落而息的规律生活，开始学着享受这来自于体力劳动的快感，于此真是不得不佩服裘师的适应能力。

裘师务农虽然艰苦却也踏实，对于当时他和他的家庭而言是最优的选择了。那天，学校里几个要好的朋友一起出现在了他挥汗如雨的田间地头，“我们各个都成绩不如你，却也选择继续读初中，你成绩那么优秀，要是现在就放弃未免太可惜了。你再和家里说说看，争取一下，明天可就是报名截止的日子了”。回去的路上，他分明觉得肩上的锄头沉甸甸的，理想的分量似有千斤之重压得人透不过气，与现实的撞击，果是“为伊消得人憔悴”。“报名费要两毛钱，可以去买十块豆腐了！”父亲的斥责虽然简单粗暴但却不可不谓是振聋发聩，遥想着拮据的自己和家人，真的能做到无悔吗？

裘师想到这里，望着不远处层峦叠嶂的山脊，不由得思绪万千，仿佛每次遇到困难都能在山清水秀之中找到想要的答案。“如囊萤，如映雪，家虽贫，学不辍。如负薪，如挂角，身虽劳，犹苦卓。”幼时诵读的《三字经》故事一个个显印在脑海：那是凿壁偷光的匡衡，是囊萤映雪的车胤，是闻鸡起舞的祖逖，是苏敬悬梁、苏秦刺股……如流水般穿行于历史的山谷里，像山那样静谧于文明的长河边，记忆仿佛又回到了那些昏暗烛光中影影绰绰的夜晚，那些存在于传说中的鲜活而恒久的人物个个活得像山，在历史的长河中巍然屹立，为后来人们撑起了一片不倒的天空！那一刻的裘师正徘徊于人生的转折点不知来去，但是只要脚踩着这方家乡的土地，去倾听一遍水，仰视一遍山，他便仿佛有了和世界抗衡的勇气，重拾行囊，他坚信前方的路又该是一片朗朗的天！

最后现实当然还是妥协了，它给理想让步，又一次包容了自己的“任性”。在接连经历了大哥们的几番游说及母亲反复的思想工作下，父亲终于还是同意了。或许是当时的震撼太过强烈，也或许是失而复得的狂喜太过深刻，那两毛钱的报名费裘师至今仍深深记着。尽管经历曲折，困难重重，那一天，当他郑重接过了这来自母亲手中满载着矛盾与希冀的“沉甸甸”的报名费时，不禁热泪盈眶，但他确是离梦想更近了一步。

第四节　书山勤为径　学海苦作舟

初中三年日子过得充实而飞快，裘师对这来之不易的求学机会分外珍惜，几乎是如饥似渴般学习，迫切地汲取知识的养分，故而在校期间的成绩十分优异。同时他又积极担任班级的班干部，为同学们服务的同时又锻炼了自己的管理能力，在各方面综合提升了自身的素质。然而消乏的家境并没有随着自己的成长而有丝毫的改善，甚至有愈演愈烈的趋势。及至裘师初中一年级的时候，父亲终还是因病去世了。父亲患病多年，消息传来的时候他内心虽然悲痛却也不甚意外，但是仍给了裘师沉重的一击，那种回天乏术的无力感至今也都记忆犹新。世人皆知鲁迅的杂文“笔落惊风雨”，殊不知他的诗作亦是足堪“泣鬼神”，《自嘲》诗首联那句“运交华盖欲何求，未敢翻身已碰头”对于当时的裘师而言不可不谓是感同身受。

父亲的突然离世使这个本不宽裕的家庭再度蒙上了一层阴霾，母亲的身体亦是每况愈下，尽管从小的梦想是考高中然后上大学，但这次无论如何也实现不了了。考虑到这些，报考高中的时候，裘师坚定选择了当时老牌的中专——杭州卫生学校。这个学校满足了裘师择校的所有条件：它是一所医学院校，符合裘师想要投身医学事业的理想；同时它还提供助学金，能缓解家庭沉重的经济负担。“池小能容月，山高不碍云”，任何优秀人和事物总是会在适合的时刻脱颖而出，他们的光芒是不可能永远被掩盖的。于是，在裘师破釜沉舟般将自己的三个志愿同时填上“杭州卫生学校”以后，最终被该校顺利录取，成为当时初中毕业的 4 个班 200 多人中，唯一一个考到杭州的学生。

在学习上，裘师从未曾有过一丝的懈怠。客厅正中那副“书山有路勤为径，学海无涯苦作舟”的对联一挂就是三四十年，是他一生孜孜不倦的治学态度的最好写照。古今妙笔生花的绝对何其多，此联虽然出名但撇开其在历史上的地位不谈，光是在其出处《古今贤文》之中想要占一席之地也是何其困难。但正是这两个句子裘师一生奉为圭臬，果然大道至简，它用着通俗而生动的语言传递着粗浅而深刻的哲理：如果你想要成功攀登那高耸入云的山峰，勤奋就是那登顶的唯一路径；如果你想在无边的知识海洋里畅游，耐心、尽力和刻苦的学习态度将是一艘前行的船，能够载你驶向成功的彼岸。

赠对联的陈安纲老师现在已经是浙江家喻户晓的书画家了，退去如今众多的头衔和光环，当年的他作为一名初出茅庐的书画界的无名小生，因友人的嘱托写了此联。何曾想到，原是不经意间写就的只言片语竟成了一个人珍藏一世的至宝。近些年来，一个偶然的机会，两人终于有了见面的机会。谈起当年的赠字，裘师是少有的激动，已逾古稀之年的他眉宇间竟透露出了似孩童般的朝气，目光如炬，灿若星辰，那是我从未见过的。曾有人调侃说：“这世上最好的生意就是向少年卖希望，向女人卖青春，向老人卖健康”殊不知原来只要和梦想有关的事，每个人都可以是少年。光阴荏苒，多年过去了，也历经数次搬家，对联纸张有所损害是必然的，而且正所谓字如其人，书法这个东西没有点人生阅历的沉淀，笔触难免显得稚嫩，那个年纪的作品就是再优秀同如今的相比亦是不可同日而语的。然而当陈老师提出要再重写一幅送给他的时候，裘师却婉言谢绝了。我想这之中原因复杂，或许是因为在家中陈设多年朝夕相处的感情难以割舍，亦或许是它陪伴自己见证了成长。裘师常常想，有没有那么一种可能，或许正是这字面上所独有的那分并不成熟的少年意气才是一生的挚爱，多年以后的自己，在历经了人世的跌宕起伏、得失荣枯之后，蓦然回首，周遭的一切早已是沧海桑田，唯有对联还在，那个曾经一往无前敢为天下先的自己还在，任它斗转星移、世事变幻，庆幸自己仍能怀着赤子之心站在原地，一如初来时那样，无所惧，无所悔。

水，浩浩荡荡向前奔流回转；山，千峰万仞它自岿然不动，动静之间已是一片新天地。

第五节　欲穷千里目　更上一层楼

在杭州卫生学校的3年学习无疑为他今后献身医学事业打下了坚实的基础。裘师扎实的西医功底除了后来自身努力拔高以外，与当年的卫生学校的教育亦是分不开的。裘师在校期间的品学兼优，最终经过校方层层选拔而留校任教，成为一名医学院校的老师。1964年8月，自此裘师开始了他崭新的教学生涯。

初涉医学裘师便产生了浓厚兴趣，此后更是精勤不倦，广泛涉猎医书，探索人体生命奥秘，笃信、慎思、博学，学会了系统完善的医学理论，为其日后严密的医学思维打下了坚实基础。读医3年后，毕业之日，裘师接受组织派遣以浙江省医疗队员的身份赴舟山工作。舟山为浙江沿海城市，有众多偏远的岛屿，渔民常以海产品为食物，但因烹煮习惯不良，饮食不洁，常患腹泻、慢性甲型肝炎、伤寒、痢疾、寄生虫病等疫疠之疾，而当地交通非常不便，就医困难，缺医少药，许多人因疾病骤作而亡。裘师到舟山后，立即参加舟山地区防病治病工作队，为群众提供免费医疗，还开展防疫、宣教、调研等工作，一方面解决民众之苦，救人命于一悬；另一方面充分调查当地疾病的发病情况和规律，总结流行病学资料，为政府医疗部门提供参考。裘师在舟山一待就是1年余，足迹遍布定海、岱山县长涂、高亭、嵊泗县大巨、大洋山、小洋山等的各个乡村和岛屿，在医疗队的共同努力下，困扰当地多年的疫情得到了很好的控制，患病率明显下降，而且形成了一套行之有效的诊治流程，为当地百姓健康谋得福利。临行撤离之时，舟山民众和当地卫生局领导亲切相送。此行成为裘师初为医生的珍贵记忆，由此慨然：大丈夫不能立功名与天下，但得有一艺一才，以济人我之需。遂更专心于医学。

尽管先前的教育都来自于西医，然在当老师期间，裘师却因为一个偶然的契机对中医中药产生了浓厚的兴趣。1965年学校里、市中心纷纷开辟种植中草药的园地，倡导广大医生用中医药治病，学习中医中药的热潮被再度掀起。于是，裘师常常在工作之余去逛逛中药园地，认识几株花草，也开始琢磨着尝试草药的种植。他说："每种草药的个性差异很大，栽培起来不易，学校里精通的老师傅也不多，我只能自己查资料，渐渐地也养活了不少，这其中像仙人掌这种不需要特殊照料的当是属于长期持有的品种了。"一直以来都知道裘师喜爱养花弄草，而且养得不错，诊室里几株奄奄一息的植物全是赖他"抢救"过来的，却不知竟是年轻时有这般渊源。

对于裘师而言，中医药是个全新的领域，虽然小时候还在白泥墩的时候也曾看到村里相熟的郎中给乡亲们切脉开药，简简单单的几味草药似有神效，往往一剂下去便药到病除。现在想来那简单的草药甚至不具备理法方药的中医思维，然胜在价廉效佳，这便是他们那个年代的全民医疗的概念，这来自于孩提时代的家乡的最寻常可见的最基层的赤脚医生的纯粹的诊疗方式引发了裘师对于医患关系一生的思考。

犹记得那年在村头的"洋房子"大药房中所见，说"洋"其实却是实打实的中国血统，只是因为房子外墙是用洋灰和砖砌就的，不同于传统的木结构建筑。裘师这次回家时特地转道去看了"洋房子"，尽管那一带建筑早已无法和记忆中的重合，先前药店的地皮上也已经兴建起了新的住房，竟没想到还保留着原先砖砌的拱门，山重水复应有路，只待柳暗花明时，算是意外之喜了。

药店坐诊的医生中，"京邦先生"是其中名气最大的。他留着"山"字胡须，对待患者态度耐心又温和，处方开药药味往往很少但是效果却很好，极受患者尊重。有一次裘师因为感冒发热咽痛久不好转而求诊于"京邦先生"处，正要进门的时候，只见一群人抬着一个老人家急匆匆赶来。那是一把用类似竹或者藤之类材质编造的躺椅，患者躺在上面，四条椅腿分别由村民抬着，行进的速度很快，这或许是裘师早年对于担架最原始的记忆了。"当时母亲告诉我说是有重病人来了，我们让人家先看吧"，裘师笑着说，"不仅是我们，其他患者也都很有秩序地后退腾出地来给那位病人，我们国家原来那么早就已经树立起'急诊优先'的概念了。"当时年纪太小，那么多年过去了要回忆再多的细节怕是不可能了，但是在"京邦先生"处求诊的经历，那幅医患之间相互尊重相互体谅和谐共处的画面至今都烙印在裘师的心间，原来他终其一生所费心营造的竟是这来自于再也无从追忆的年少时的所闻所见。那次轮到裘师看病的时候据说已经是差不多1小时以后的事了，先生问清病情后摸脉开方一气呵成。方子并不复杂，依稀听得大人说有'玄参、麦冬、射干及甘草'几味，长大后才知道这些都是滋阴清热利咽的常用药。一看完病，裘师便迫不及待地跑到抓药的地方看店里的老药工抓药，抓取、称量、包药一气呵成。抬头仰望，那一排排朱红的药柜上整齐罗列着各色中药，抽屉的右上角，上书蝇头小楷，记录着各色药名，满室夹着药香，温和敦厚，这是他对古老中医药最初的认知。款步走出药房，那药店正堂墙壁上篆刻着的对联经久不换，透着一股庄严，引得人不由得肃然起敬，若干年后才知道那是从古至今中药界流传最为广泛的两句话“但愿世间人无病，何惜架上药生尘”。

接触时间久了，裘师更是痴迷于中医中药，平时只要一有空，便泡在图书馆里阅读相关书籍，研习中医经典，常常一待就是一整天，所谓废寝忘食大抵就是这样了。周遭但凡有人头疼脑热身体抱恙，也渐渐地习惯求助于裘师。“当时能接触到的大抵还是草药居多，条件不允许时，一个疾病往往就只能依赖于一两味简单的草药，像马齿苋、地锦草治疗痢疾腹泻，一枝黄花治疗流感，效果确也是有目共睹的”。对待每一位患者，裘师总是细致地诊察，反复斟酌后认真开方，尽管有时并不熟练，方子也多是经典处方改动不大，但却往往能收到效果。正所谓“精诚所至，金石为开”，花了心思的，总是不会没有意义。

在天目山上采药的一个月是他人生中极为珍贵的时光，那是后来发生在“西学中”期间的故事了，裘师对草药深刻的认知很多来源于此。天目山素有“大树华盖闻九州”之誉，其东西两峰顶上各有一池，犹如仰望苍穹的双眸，故名。那一个个披星戴月的日子里，生活单一，作息规律。期间，他们借宿在山间的一座破庙里，每天清晨便跟随当地的药农一道上山，“天目幽邃奇古不可言，由庄至颠”，果真如此，那是来自于远古的极致的生命力，使你深信在这片苍翠之中定潜藏着起死回生的奥义，引得你萌生进一步探索的欲望。踏着山上错落的青石板铺成的小路拾级而上，一路即景，奇绝壮绝，却也不能长时间驻足观赏，只得小跑着上前跟上队伍，往往半天下来不知不觉中已经走了几十里的山路，却也不觉得特别累，人行画中，哪里还有比这更加令人心旷神怡之事了。离开白泥墩村已经有些年岁了，但就在此刻，童年和儿时玩伴一起奔跑过的故乡的山水仿佛与眼前的景物重合，原来早在最初的时候，大自然便早已在绿水青山间教会了他生命的终极奥义。

颠簸的前路，水从不思索怎样直面阻挡着的顽石，而是轻柔地绕开，只让几缕浅浅的青苔去教会顽石们流水的意义；流动的水穿行其间，山以它的深厚收容了河口的巨浪，也保护了柔韵的清泉；它或环抱双手，让流水漾荡湖泊，或裂开身体，让瀑布倒挂前川。山无时无刻不在谦卑地静着，沉默地忍受着凌乱的流水辗转时所附加的哭和痛，只映下几涟倒影让人品味山的稳健。

实在不得不折服于水的智慧，又不得不惊叹于山的精神。

在药农眼中，山路边每一株不起眼的植物都可能是治愈病痛的良药，有的是书上听过的名字，也有从来未曾耳闻的，但听功效又同你平日所熟识的中药差不多。刚开始采药的时候确是茫然无措，出错亦是难免的，真正能用的药材也是所剩无几的。然功夫不负有心人，后面几天裘师便得心应手了，一天下来也是成果颇丰，还认识了众多可以食用的美味野果子，口味清甜，算是意料之外的惊喜了。这段经历对他而言不仅让他学会了辨识新鲜的草药，亦加深了他对各种药性主治的理解，他惊叹于造物主的鬼斧神工的同时亦感恩来自大自然的慷慨馈赠。那里人与自然和谐共处的生活方式给他以启迪，脱离了城市的喧嚣才发现，有时候，大刀阔斧地向前披荆斩棘不若温和地顺应自然之性，人们穷其一生所苦苦追寻的其实早在最初的时刻便可在自然之中找到答案，治病救人亦是如此。要是每个人都懂得了退一步海阔天空的道理，那人生还有什么坎是过不去的呢？

世俗的选择永远会给想要离开的人以出口，也永远会给努力的人以入口。1970 年浙江中医学院（现浙江中医药大学）开办“浙江省西医离职学习中医班”。裘师自是踊跃报名，并被顺利选中参加，以这为期两年的学习班为契机，自此开始了他为之奋斗一生的中医药事业。

第二章 名师指引

同声以相应，同气以相求，水流湿，火就燥，云从龙，风从虎，各从其类也。生命中，与一些重要人物的相遇，常常给人适逢其时的美感。

第一节 海阔凭鱼跃 天高任鸟飞

为期近两年的“浙江省西医离职学习中医班”结束后，由于原单位解散，浙江省卫生厅（现浙江省卫生健康委员会）统一重新安排工作。于是，1972年，裘师正式进入了浙江省中医院。浙江省中医院由浙江省立医院更名而来，西医实力非常强，而且又召集了全省名中医以补充中医力量，成为当时省内最负盛名的医院。

追究裘师迄今为止生命的曲线，他多年以来一直苦苦寻觅、梦寐以求的，其实也正是一个像浙江省中医院这样的舞台。人是离不开舞台的，伟人们尚且如此，先他而来的陈杏生、魏长春、裘笑梅，以及在他之后来的杨继荪，如果不曾抓住这个舞台，又岂能将医学的魅力演绎得如此尽兴，在中医药史上竖起一座座丰碑。裘师渴望这个龙腾虎跃、万马奔腾的舞台，就像砸中牛顿的那个苹果，它的价值，不在于多么驰名中外，也不在于多么恢宏壮丽，而在于顺天承势，得心应手，把自己的才情抱负，淋漓尽致地发挥到最大限度。

第二节 厚德成大爱 腹中天地宽

多年以来，裘师始终铭记恩师们的谆谆教诲，对此他常常引用夏敬渠

《野叟曝言》中所云："天幸遇着相公，如暗室逢灯，绝渡逢舟，从此读书作文，俱可望有门径矣！"认为自己的成长成才无不沐浴着恩师们的阳光雨露。

魏长春，便是对裘师学术影响巨大的一位。魏老1898年11月出生于北京，是中国近代著名中医学家，历任浙江省第四届全国人民代表大会代表、政治协商会议常务委员会委员，中华中医药学会浙江分会顾问、浙江省中医院副院长。"瘦石寒梅共结邻，亭亭不改四时春。须知傲雪凌霜质，不是繁华队里身"。入目即是一幅青松结邻瘦石与寒梅之图景，一样的清癯而富灵性，犹如雪中高士，于重岩之上，衣着青衫，傲雪凌霜，以云为笠，风为蓑，铁骨丹心，远去红尘，高韵淡然。青松凭借其坚韧的品质，在风霜雨雪中锻造着瑰丽卓绝的风景，无须繁华的相映，却有永恒为伴。

1900年，八国联军侵华战争打响，硝烟四起，北京彻底沦陷，迫于战乱，魏老举家南迁，返回祖籍浙江省宁波市慈溪魏家桥村（现属余姚市）。由于目睹其父饱受疾病之苦，最终百医无效而病逝，他自幼便萌生了学医的愿望。年幼丧父，家道中落，因此，在接受了十年私塾教育之后，魏老便只身来到了桐乡石门镇的天生堂药店当学徒。在当时，石门镇为浙北的大镇，水运四通八达，贸易繁荣兴盛，实乃物阜民丰之地。每逢二、五、八，在当地会举行盛大的集市，届时，家住石门县练市镇的姚精深中医师必定坐船来此药店坐诊。

姚医师临证擅用经方，魏老由于痛念其父因病失治早亡之苦，遂发奋学习，不断向他请教，启迪学医门径，讲授临证要领，从此走上了自学中医之路：白天，作为药店学徒的他利用切药配方之便，品尝各种药物性味，了解诸医处方的用药特点及疗效，并择要抄录有效病例的脉症方药；夜里他更是如饥似渴、从不间断地诵读经典医书，做到理论与实践相结合，为日后从事中医事业打下坚实的基础。

到了1916年三年满师之时，魏老不仅能熟练驾驭药工的各项技术，并且掌握了丰富的中医学知识。回家之后经熟人推荐，便开始在宁波鼓楼富春堂药店当职工。工作之余，他除了继续攻读医著典籍，随时留心市内各家的处方用药之外，还尝试为一些取药的患者开处一些柜头方，迈出了由理论走向实践的第一步。同年6月，魏老开始跟随浙东名中医颜芝馨学医。颜师通文精医，学验俱丰，尤长于诊治温病，门庭若市。魏老在这种环境下成长很快。冰雪中的寒冷是真的寒冷，冰雪中的坚毅是真的坚毅，在凄风苦寒的逆境中不露畏难之意，在苦闷悲凉的生活里不诉消沉之音，方是真的勇士。魏老常常挑灯夜读，钻研医理，手不释卷，废寝忘食，颜师闻此深为感动，也因此更加器重他，平日里虽诊务繁忙，但只要一有空闲，便循循教导，授业施教，答疑解惑，并且提前一年准予结业，魏老尽得其传。

“时人不识凌云木，直待凌云始道高”。作为刚刚破土的小松，无人得以识别，被埋没在野草之中的命运似乎也是理所应当的，但它却并不示弱，而是努力成长，终有了凌云参天之时。1918 年 6 月起，魏老开始在慈溪当地悬壶，虽初出茅庐，但仍力排众议治愈一危重患者，博得了广大病家和医界同仁的一致好评，从此声名大振，门庭若市。

魏老与近代名医张生甫、严鸿志、周小农、范文虎、曹炳章等素有交往，兼取众长，融会贯通；他及时总结治案，1935 年就已出版《慈溪魏氏验案类编初集》，承曹炳章先生评按。

“最佩服的是魏老广阔的胸襟”，裘师如是说，从古至今记载成功的丹方妙术者，不可胜数矣，但将自己诊治失败的经历传于后人者，却鲜有耳闻。而魏老就是这样一位名医，他将自己治疗不理想的案例整理成集，编写了《魏氏失治案记实录》，并在自序中强调，“志在阐明学术，不惜自曝己短，知我罪我，在所不计”，开诚布公，责己之短。“知我罪我，在所不计”八个字，简单却又不简单，实是如同魏老那一辈中医人一般实事求是的豁达胸襟与一代大师心怀坦荡的桀骜风骨的写照。

1956 年，为响应党和国家号召，医院在原浙江省卫生厅（现浙江省卫生健康委员会）领导下，由浙江省立医院改组为浙江省中医院。同年，魏老受浙江省卫生厅聘任赴杭州参与筹建浙江省中医院。翌年初，时年 60 岁的他即被任命为浙江省中医院副院长。在当时，浙江省中医院汇聚诸如魏长春老先生与叶熙春老先生等一大批省内外著名中医药大家。而魏老作为重要领头人，在当时中西医尚不十分融洽的情况下，将豁达圆融之心寓于医院管理之中，着力于中医临床工作与中西结合发展，针对西医同道积极开办西学中班，针对中医同道则大力提倡学习西医知识，努力形成中西医相互尊重、相互学习，在临床诊疗一线相互合作相互支持的融洽局面。裘师常提起如今医院宣扬的“融汇中西医学，贯通传统现代”的办院理念就是对魏老当年办院思想的传承、实践与发扬。

“寒暑不能移，岁月不能败者，惟松柏为然”。为创建中医病房，提高中医临床疗效，他与来自各地的名老中医一道，鞠躬尽瘁、埋头苦干，为了带徒传技，搞好全省首届“西学中班”的教学任务，他工作之余仍夜以继日地认真备课；为了进一步提高自身中医水平，繁荣中医学术活动，他带头重温中医经典，积极撰写论文及《叶天士医案精华》《魏长春医案》《增订〈医学达变〉》等书稿。1963 年，为了给《范文虎医案》加按作跋，在流金铄石的炎夏，魏老几乎每天早起晚睡，全神贯注，精益求精，大多数按语字数均超过原案。其细致入微、善始善终的治学态度在全书的最后 11 条详尽的“按后记”中历历可见：“长春有幸得获先睹，因感治案文字简短，读者颇难窥其治疗精神，为保存先哲经验，并供后学实用计，爰不揣简陋，根据当年宁波中医学研究会和来慈会诊晤谈，及西席杨季眉先生介绍所知于部分案后加以简略说明。唯师承有别，其中错误之处在所难免，希同道予以指正”。

魏老干劲冲天，日夜鞭促，遵照先哲“太上有立德，其次有立功，再次有立言，久不废，此之谓不朽”的训谕，以德立身，以术济民，以著作传世，撰写了大量书稿。他相继著有《研医熟思录》《仁仁斋医学笔记》《叶天士医案精华》《临床常用效方介绍》《异药同功》《用药达变》《饮食代药》《魏长春医案》《魏长春临床经验选辑》《中医实践经验录》等多部书籍。其中，《中医实践经验录》一书最能体现魏老的学术见解与成就，“每卷每类都比《友渔斋医话》精审切实，可以说是魏老 60 多年来读书临证的总结、传道授业的妙谛；篇篇从实践中来，句句从肺腑中出，因此议论平易近人，学理精当可用”，已故的名老中医徐荣斋先生在该书“校勘记”中写道：“我深佩魏老辑录之勤，半个世纪多不稍解，罄其学验，迪启来人，宜其求治者接踵，进修生满座，我亦私淑魏老述作之富，是吾浙曹炳章先生后之第一人也”。2018 年的 11 月 13 日，浙江省中医院召开“传承与发展魏长春学术思想交流会”纪念魏老诞辰 120 周年，魏老的幼子魏睦森先生代表家族，向医院捐赠了魏老的著作《中医实践经验录》原始手稿 8 册和《慈溪魏氏验案类编初集》原始手稿 2 册。此外，魏老还留有遗稿《诊治提要》《临证日记》《脉学新解》《临床实用八法》《痧胀证治》等。

大文豪苏东坡有言：“流而不返者，水也。不以时迁者，松柏也。”生而如松，当不随季节变迁而凋零，不为外事外物所扰动。魏老平生有句格言“志存强国学中医，废寝忘食绝交游，温故知新集经验，承先启后教青年”，裘师常常以此二十八字要求自己也规劝我辈，视复兴中医药的使命为己任，坚定信念，一往无前。

“老师是个纯粹的中医家，其生平除临证、教学、读书、写作以及购书外别无嗜好”，对于自己的老师，裘师如此总结道：“平素他常常把‘学到老，做到老’挂在嘴边，这六字箴言亦是他一生辛勤耕耘的写照。”

魏老酷爱读书，手不释卷，朝夕省览，勤于摘录，治学严谨，会通诸家。“他常常对我们晚辈说‘学无止境，见闻宜广，须涉猎群书，由博返约，唯善是从。历代医书汗牛充栋，后世诸家均有发明，但皆以《黄帝内经》《难经》《伤寒论》《金匮要略》《神农本草经》等经典著作为基础。’”往后，裘师便按照魏老的要求，严谨治学，熟读经典，扎实掌握理论基础，再结合自己的临床实践，逐步提高自身的学术修养。

魏老是铁杆的经方派，对中医经典研究颇深，特别是研究仲景之学造诣甚高，领悟其精微奥义，条文释义烂熟于心，信手拈来，临床推崇“观其脉证，随证治之”，名闻吴越之地。裘师思学不怠，深得魏老喜欢，侍诊5年余，而尽得其真传，对《伤寒论》《金匮要略》的临床应用了然于心，结合自身临床实践应用，将中医经典在临床中再认识，得以深化为自身之理解感悟。

魏老熟读经文，在临床上也多有发挥，辨证准确，用量轻盈，立起沉疴，屡建奇功，有很多自拟方流传至今，裘师也经常使用，如“魏氏补脑汤”用于治疗失眠、健忘、痴呆、耳鸣等患者，“五花芍药汤”用于焦虑抑郁患者等。魏老根据《灵枢・口问》中“上气不足，脑为之不满，耳为之苦鸣，头为之苦倾，目为之眩”的经文，拟经验方“魏氏补脑汤”，组方：制黄精、制玉竹、川芎、决明子，四药组成，益精补脑、活血通络，方中制黄精补中益气填精髓，止眩晕；制玉竹能通能补，治虚劳头痛；决明子平肝益精，清头目，散风热；川芎引药上行，行气开郁、止痛。四味配伍起补脑益气、行气通络、活血化瘀、降浊醒神之功。裘师常常沿用于脑动脉硬化、头昏耳鸣、记忆力减退、中风后遗症、老年性痴呆等疾病的治疗，并屡获良效。“五花饮”，花类药可行气解郁，根据“色味当五脏”的理论，配青、赤、黄、白、黑五色之花组方：绿萼梅、玫瑰花、佛手花、白扁豆花、厚朴花，以清新之气，起疏肝解郁、行气宽中之功，裘师常用于治疗慢性胃病兼抑郁症、失眠、焦虑等患者，临床收效甚好。而魏老经验方“五花芍草汤”，即以玫瑰花、佛手花、绿梅花、白扁豆花、厚朴花与白芍、炙甘草配合而成，对久病中虚，气行不畅而当补益固本者，每多佐以开郁行气之品而取效。裘师临证之时对虚体气郁者，取其意而用之，屡建奇功。“五桑四藤防己汤”，由桑叶、桑白皮、桑枝、桑椹、桑寄生、忍冬藤、鸡血藤、络石藤、钩藤、防己组成，以“桑”之五用相结合，清表、祛风、通络、补血、益肾，“藤”能祛风湿、通经络，裘师常以此方治疗风湿骨节疼痛、痹证日久之症，常有奇功。“六二清肺汤”，由六组二个属性相似的药对组成，桑叶、枇杷叶、桑白皮、地骨皮、杏仁、冬瓜仁、南沙参、北沙参、芦根、茅根、浙贝、知母，共奏清肺化痰之功，裘师用此方治疗风热咳嗽、阴虚燥咳等，在徐缓中消除疾病。以上方药，裘师常变幻化裁，融为己用，每每有奇效。魏老对裘师的教化培养不可谓不大，从经典的追本溯源、一一发明，到临床的见微知著、感悟心得，皆以相授，引领裘师登堂入室，进入仲景之学的殿堂，经自身实践体会，掌握其施治之法门，在巨人的肩膀上裘师求理明义，勤于躬耕，收获真传之鸿宝。裘师结合扎实的西医临床功底，审证求因，思路宽泛，从不拘泥于一条，治病救人，效应如神，是以声名鹊起，来者络绎不绝。

魏老先后行医 70 余载，早年长于时行急症的诊治，对内、妇、儿各科均有很高造诣，后致力于内伤疾病的研究，尤其对东垣、叶桂的著作研究颇深。魏老是“脾胃派”，他治疗脾胃肝胆疾病的经验给了裘师深刻的影响。而今裘师在遣方用药之时，必先注意顾护脾胃，“四时百病，胃气为本，有胃气则生，无胃气则亡”的原则是他一直以来都挂在嘴边并时刻恪守的。

《难经》有曰：“望而知之谓之神……问而知之谓之工”，望诊所未曾获悉的讯息还需要问诊加以补充。在详查舌苔的同时，魏老还注意问明患者饮食及大便情况，并认为食性的改变通常为脾胃疾病发生之先兆，故应详查患者平日饮食喜恶及偏嗜。如若患者存在腹痛，则应分析脘腹疼痛性质，分辨标本缓急，“急则治其标”——凡并存呕血便血者，应以止血为先，其他症状则多以治本为主。但决不能见痛止痛，见酸制酸，当须审证求因，一面祛除外邪、食积、滞气、瘀血及代谢废物；一面注意调整脾胃运化功能，根据患者不同的体质、性情、环境及职业等因素，因人施治。

魏老从辨证论治原则出发，执简驭繁，将脾胃疾病分为气化失调、功能受损、器质病变三类，并处方加以化裁。

若胃病初起，气化失调，运化失司，症见胃脘饱闷，嘈杂不舒，偶有胃痛或嗳气泛酸，食欲不振，晨起口苦，舌苔薄白，脉平和或稍弦，宜用轻剂宣通，常用瓜蒌薤白半夏汤合二陈汤，通阳宣气、和中降逆；抑或是魏老自拟方——五花芍草汤，芳香行气、解郁醒胃、缓急止痛。

如若胃病初起失治或愈后复发，脾胃功能受损，运化无力，气血阻滞，症见胃脘时痛，痛引及背，得食稍安或食后胀痛尤甚，嗳气泛酸，吞腐频作，夜寐欠安，舌苔薄白，脉沉弦。证属气滞型，用丹参良附小金瓜散，疏肝理气、温中止痛消食；若脘胁剧痛不止则用乌梅安胃丸合良附丸；燥热型用蒲乳清胃汤，清胃润燥、和中止痛；属气陷型偏于中寒者用吴萸理中汤，温补中气、升阳提陷；若属气陷型偏于中虚患者用李时珍升葛补中汤合刘河间清震汤，具补气举陷、和中化湿之效；而对于萎缩性胃炎，胃酸缺乏者宜用加减乌梅安胃丸，酸苦甘辛合用，刚柔寒温协调平治，具有理肝和胃、醒胃降逆的功效。

若胃病反复发作，迁延日久，胃腑发生明显器质性病变，人体气血阴阳受损，症见脘腹胀痛，不易缓解，恶心呕吐剧烈频繁，食量稀少或食入即吐，面黄形瘦，四肢乏力，精神困倦，或兼有呕血便血、反胃噎膈，治拟补虚扶正为主，根据兼症不同，分别佐以温中行气、清热润下、降逆止血或祛瘀通络之法处之……

魏老认为，人体是一个统一的整体，脏腑之间关系密切，脾胃功能紊乱，可以导致他脏病变，而脾胃功能的康复，又有利于他脏病变的痊愈，因此他脏的病变亦常以调治脾胃为法：如肺病日久，气阴不足，用培土生金之法，俟肺气充足则其病自愈。饮停痰阻，咳嗽喘逆为肺之病候，但治咳必先治气，治气必先治痰，而脾为生痰之源，故李士材有曰："治痰不理脾胃，非其治也"；肾为先天之本，主藏精，然先天之精亦赖后天水谷精微之化生补充，东垣曾指出：脾胃之病甚则可下传于肾，故培补先天之本，仍不离于充养后天之本，又肾主水，脾属土，肾虚水泛之证常可用培土治水之法，用培中之剂，以收气行水化之功；心主血藏神，为人体君主之官，心血不足则怵惕不安，夜不能寐，健脾则能生血，营血充足则心病愈矣。前人更有"胃不和则卧不安"之说，更应以调治中州为法；肝性喜动，得脾土之抑制，赖营血之柔润则肝木自平。

魏老常云："凡遇久病，脏腑气血俱损，宜辨其体质阴阳，阳虚治脾，阴虚治胃，使中气足，胃纳强，则诸病自然渐愈"，故魏老逢治沉疴、症情复杂者，多以"上下交病治其中"之法，分别采用培中土、运大气、保元真、救气阴等法，立足于顾护脾胃之气、巩固后天之本的治则。如患者有泄泻遗精，头晕失眠及肝炎胁痛，即上下交病，宜治其中，可用参苓白术散合保元汤以培中土；如肝硬化臌胀，纳呆便溏，尿少脐突，动则气喘，用桂枝去芍药以畅心阳，麻黄、附子、细辛鼓肾阳，使上下交通，大气转运而水邪流去；如有年老精伤，恶病癌肿患者，大肉已削，脐腹膨胀，气促神疲，"久病气液并伤，又须救胃败以防脱"，用生脉饮益胃扶元、救气阴，加绿梅花、玳玳花调拨胃气、轻疏气机，也治在中焦。

“魏老有个习惯，每天起床后第一件事即是查看自己的舌苔，根据舌苔制订今日的膳食：若舌苔厚腻，那今日饮食必定清淡；若是舌苔薄白，则饮食可适当放松”。裘师对此深以为然，其养生防病的观念亦是多来自于魏老。《素问·四气调神大论》有云：“夫病已成而后药之……譬犹临渴而穿井，斗而铸锥，不亦晚乎”当须“不治已病，治未病，不治已乱，治未乱。”均指出了早期预防的重要性。魏老认为，食物是人身体的营养来源，胃则是受纳腐熟水谷的重要器官。《黄帝内经》提到“人以水谷为本”，故“谷不入半日则气衰，一日则气少”；《灵枢·五味》曰：“饮食自备，肠胃乃伤。”魏老自己是这么做的，也是这么要求患者的，预防脾胃疾病，必须做到饮食有节，起居有常，外动内静，劳逸得当，情志舒畅，慎防药伤，不仅要做到“热无灼灼，寒无沧沧”，还要做到“饮食有节”，定时定量。《黄帝内经》提出“久而增气，物化之常也，气增而久，夭之由也”；《素问》列举偏食五味可引起的疾病：苦寒败胃，生硬不化，辛辣助热，甘腻满中，对脾胃受纳运化的影响很大，应注意饮食的合理搭配，切忌偏嗜偏食，贪求知味。魏老还十分重视精神因素对人体的健康、疾病的发生及发展的影响，尤其肝、胃之间存在着相克关系，如果忧思气滞，肝郁犯胃，则发生脘痛泛酸、恶心等症，所以保持心情舒畅，夜寐安宁，可防止胃病的发生。

“魏老的临床功力非常之高，常常参与救治一些西医手足无措的病人”。裘师回忆起一个疑难病例：那是二十世纪七十年代，从丽水地区转送上来一位特殊的败血症患者，40℃的高热不退在当地已治疗了 20 多天，花费了 6000 多元，中医和西医的经典治疗方法都已用过，却一直没什么起色。魏老去会诊之后，开出了一个只有六七味药的方子，药量总共才 110g，没想到患者两服药喝下去便开始逐渐退热了。

“那时的我刚参加工作不久，对于魏老的医术简直五体投地，一下门诊就喜欢坐他身边听他讲课，老人家也很愿意教我们，饿了还给我们分糖吃”，裘师这样回忆道，“魏老是非常喜欢我们晚辈，每次他门诊，周围总是围满了人，本就不大的诊室就变得更加拥挤了。他也不恼，去的人越多他反而越开心。”这些老师之中，魏老算是其中年纪比较大的了，但他平易近人，丝毫没有长者的架子，引得诸多晚辈争相而来。

“魏老那里仿佛永远都有吃不完的小零食。每次去他那里，他总会第一时间拿出各种小零食分给我们吃，一般糖果居多”，回忆似乎不受控制，引得裘师几近穿越回当年的诊室，“这么多年过去了，唯一记忆犹新的是有一次魏老拿出一种长得像橘子一般的糖，现在你们或许是见不到了，在当时可是个新鲜的玩意！黄澄澄的，外头裹着白花花的霜糖。正好那天学生多，魏老便一瓣瓣剥下来分发给我们。”魏老是极其直爽的性子，他给的东西，必须收下，当然你要是不收，他也一定有办法叫你收下。时间久了，大家也渐渐习惯了这个老人的行事，遂也很少推脱。于是这天，你要是在现场便会看到一屋子人齐齐品尝着魏老的“橘子糖”的景象。而这糖果似乎也遗传了老爷子直白热烈的性子一般，毫不客气地将我们每个人舌头、嘴巴都染得金黄。“即使是在那个物资匮乏缺少添加剂的年代，那个糖的做工也算不得很好，味道也几乎寻常，但魏老弯腰为我们一一分糖的画面却深深印在我的脑海”。时光飞逝如许，过去了近半个世纪，不过是微不足道的回忆，裘师却每每提起。尽管食已毕，然口中余味却愈浓，那日的人和事怕是这辈子都将挥之不去了。

“大雪压青松，青松挺且直。要知松高洁，待到雪化时”，这短短二十字不仅道尽了青松高洁耐寒的品格，更是道尽它傲然决绝的风骨。风雪之中的青松自有一种凛然的浩气，它沉淀了岁月飞扬的热情，象征着本人磊落的胸襟，那种雄气蓬勃的张力，与世抗衡的凌厉，令人刻骨铭心，肃然起敬。

魏老医德高尚，对患者一视同仁，无论达官显贵或是村野匹夫，“1毛4分”每帖的药费不会因为你的地位而改变，遇到家境贫寒者患危急重症，他常给予药费资助。对外地及远路患者，魏老常以来信改方形式给予诊治。“忌羊肉、狗肉”——魏老看病认真，在给患者的每一张方子里，他都会详细写上忌口的食物。“认认真真看病，老老实实做人”是他的口头禅，亦是他留给晚辈们最大的精神财富。

同样的事让我想到了杭州市图书馆馆长褚树青说的一句话：“我无权拒绝他们入内读书，您如觉不便可更换座位，或者选择离开。”杭州市图书馆允许乞丐和拾荒者入内阅读，让他们平等地享有免费阅读、看影视、上网及听音乐的权利。图书馆对他们唯一的要求，就是把手洗干净再阅读。这个做法已经坚持了10余年。曾有读者对身边的流浪汉读者散发异味而感到不满，无法接受，说允许他们进图书馆是对其他人的不尊重，馆长掷地有声的话语，坚定地为弱势群体发声。“古之圣贤墨翟，兼相爱，层尚贤，以成仁治，其人虽没，其魂犹存；今之吾辈，当承先贤遗志，兼相爱，无差等，尊重每一份灵魂。”追忆魏老，裘师如是说。“岂不罹凝寒？松柏有本性”，当浮华褪去，总有人使我们相信，这个社会还不至于太差。

人生若不系之舟，无论是放逐还是追寻都要漂游，世人不可能只守望一株青松，以它的宁静超然作为处世之道；也不能只停留在一个狭窄的地方，把起点当作终点，有如等待一场生命的轮回。青松需要岁岁年年霜雪的浸染，才更加苍劲葱郁，而人生则是需要不停地行走，一路修修剪剪才会更加尽善尽美。

第三节　桃李本不言　下自已成蹊

王冕有诗云："画梅须具梅气骨，人与梅花一样清"，人说托物言志，我想画者手下所呈现出来梅花高、低、雅、俗的不同状态，主要还是取决于创作者本身心境。裘师画画从来都是即兴之作，他坚信，一旦上升到格调和情怀的高度，技法的工拙与得失一定不是最重要的了。正如徐渭题在自己画上的诗那般："从来不见《梅花谱》，信手拈来自有神。不信试看千万树，东风吹着便为春"。

时值朵朵梅花凌寒盛开的季节，清风拂面，暗香浮动，舞玉翻银，生机盎然，这画面，想想都已经是醉了！

我国外科事业的奠基人裘法祖先生在裘笑梅去世 5 周年时，曾为纪念她而写过一幅题词："从医半世纪，桃李满杏林，发扬中医学，造福千万人"，深表对裘笑梅的敬重，对她医术的佩服。知道了裘笑梅，才了解，这两个医界泰斗级别的人物，却系出同门：一中一西，一内一外，一个是"送子观音"，一个是"外科之父"，终成就了一个无法复制的家族传奇。

"香中别有韵，清极不知寒"，被人们誉为杏林老梅的裘笑梅，植根于祖国医学的沃土上，枝干遒劲，生机勃勃，越到岁末，越是花香彻骨，别有韵致。仿佛那位深受人们尊敬和爱戴的中医妇科专家从未远去，还在孜孜不倦地为保障妇女的健康努力工作。

裘笑梅（1912 ～ 2001 年），浙江杭州人，我国著名的中医妇科专家，从事中医临床教学及科研工作 60 余年，专擅妇科，对经、带、胎、产常见病有较高的造诣，获国务院有突出贡献专家称号，享受政府特殊津贴，曾任中华中医药学会浙江分会常务理事、浙江省人民代表大会代表等职；著有《裘笑梅妇科临床经验选编》《裘氏妇科临证医案精华》等学术专著多部，发表中医、中西医结合论文 40 余篇，研制成功"妇乐冲剂""妇宁胶囊""孕宝营养液"等多种妇科药品、保健品。

“前村深雪里，昨夜一枝开”，入目即是一幅雪掩孤村、苔枝缀玉的图景。1912 年 1 月，裘笑梅（以下称裘老）出生于杭州一个书香门第。其父亲以教书为业，精通文史，略通医道，见院内一棵飞雪中的蜡梅傲立独放，便触景生情道：“人说蜡梅寒苦，我偏要给此女取名为笑梅，让她笑对人生。”裘老青衫之岁，体虚多病，然幼受庭训，酷爱书画诗词。18 岁时，裘老于杭州弘道女子中学毕业，拟考大学，然体弱多病的她无奈因常患鼻衄而不得不在家中休养，无法考取大学。远近邻居若有患小病者，常常来家中索药，亦时见贫苦患者，因无资求医买药而亡，由己及人，深为感叹！“人命至重，有贵千金”，乃萌学医之念，辍学就医，立志为民解疾。父亲带她到杭城智果寺名僧医清华那里看病，她看到清华师父用简单的几味中药治好了自己的病，也就萌生出随他学医之念。

这位清华师父是个怪脾气，先掼出三四本医书，然后一声不响地走了。过了 3 个月，清华师父来了，他 3 个月不开金口，一开口全部是几本书上的要害关节，一个一个问题掼出来。裘老镇定自若，对答如流，清华师父听完，却又提出再对弈一局。棋盘摆开，才落三子，裘老一伸手，便要将师父的军。清华师父笑起来了，一拍案说：“这个徒弟我收了！我下棋，是要试试她有没有魄力，用药如用兵，用医如用将，没有这点魄力，休想当医生！”

先以《素问》《明堂针经》等书，讲明切究，乃知人体十二经络；又及仲景原文及李杲、朱丹溪、刘完素、薛雪、陈修园诸家及近代名医著作，精益求精，推究疾病之表里虚实，脉理之浮沉迟数，药性之寒热温平，寒窗三载，随师 5 年，尽得其传。裘老从认药、煎药到抄方、诊脉，跟着师父行医。清华师父送她十箱医书，至今还有两箱存放在她的书架上。

“犹余雪霜态，未肯十分红”。梅从冬日走来，身上还留着傲霜斗雪的痕迹，虽是红梅，却始终坚持谦逊，裘老 24 岁那年的 9 月，经当时统一考试，成为杭州市第一位领取中医证书及开业执照的女中医师。

出师后，裘老在下城区天水桥旁边挂起了“裘笑梅女医师”的牌子，父亲为她准备了一方砚台、一张书桌、一条长凳。在一间简陋的小屋子里，裘老迈出了她岐黄生涯的第一步。诊所开张之初，患者不多。但有一次出诊，却让她一举成名。

一天，一位绸缎庄老板来请医生。那时大户人家请医生很仔细，先要考评医生的“三风”：衣风——衣着如何，男医生穿长衫，女医生穿旗袍，坐在那里有没有医生的样子；谈风——谈吐如何；笔风——落笔开方，一手毛笔字如何。

裘老到了绸缎庄老板家，坐下奉茶。患者先不说话，冷眼看三风。

谈风，裘老谈吐落落大方，病情说得准，道理辩得明。患者一听，先暗自点一记头。

笔风，裘老的小楷是下苦功夫练过的，端润秀丽。她写的药方，很多患者后来都收起来当墨宝的。患者一捧起她的药方，眼睛又是一亮。

衣风，因为父母生养了七个孩子，裘老体恤家长，一贯朴素，她的衣服很多是补过的，但她补过的衣服都要烫过，洗得雪白，鞋子也是一尘不染。

看过这“三风”，人家对裘老的印象非常好。她医术又好，药到病除，识人无数的绸缎庄老板对她非常佩服，四处宣扬之下，杭州城里就都晓得出了个裘笑梅女医师。她早年坐诊于同益堂、惠明堂、崇德堂，初试锋芒，即露头角，应诊者接踵而来。1937 年为了躲避战乱，裘老一家辗转于金华、江西、福建等地行医，历起沉疴，名噪江南，饮誉半壁。

新中国成立后，党和政府对裘老等一批从旧社会过来的中医师格外重视，为他们创造了更广阔的行医空间。1956 年，裘老断然放弃开诊所的高薪，积极响应政府号召，甘心拿一个月共六十多元的工资，参与组建浙江省中医院。对此，她毫无怨言。

“相逢莫道不相识，夏馥从来琢玉人”，有如此刚直不屈的秉性，坚持在寒冬盛开的，怕是只有梅花了。它盛开在瑟瑟寒风之中，万木凋零之时，众芳摇落，惟梅独自盛开，凌霜傲雪，自有高格。与其他草木山石、鸟兽虫蚁之辈平淡相处，不惊不扰，这是一种何等高洁的美丽兼具充实的宁静。它独自开放在幽静的山间小园之中，从不哗众取宠，亦不媚俗喧嚣，即便孤芳自赏，也带着灵魂独有的清香和傲然凛冽的风骨！“裘老是非常敢于讲真话的！”一提到这个人便不由得肃然起敬，“她对于自己看不惯的事情总是直言不讳，看到医院的同事行为上有不妥的也一定是马上指出来，借此规范医务人员行为，掩耳盗铃那套她是怎么也学不来的”，裘师谈及裘老，敬佩之情油然而生。

裘老十分信任裘师，当时裘师是医务科长，具体负责医疗、教学、科研工作。裘老大凡有医疗、科研上的事情，经常找老师到家中畅谈。裘老反应很快，思路清晰，“她分析问题的时候总是一条一条阐述，是非常有逻辑的”，谈及此，裘师如是说，“裘老是很健谈的，每次去一聊起来后常常就忘了时间，裘老便留我吃晚饭，开始我还推脱了几次，日子久了，也就随意了，那些年来，裘老家中的饭可真没少吃！”难怪裘老的儿子，原杭州市不孕不育医院王金生院长调侃地对裘师说：“人家都讲你是我妈的儿子。”

曾经在裘师的书房里看到过来自于裘老亲笔手书赠予裘师的墨宝，写着：“光阴似流水，冉冉物华休，岐黄无心境，毕生永探究”。

短短 20 字道尽了裘老一生对于中医事业的不懈追求，也有着对于晚辈的勉励和规劝。戊寅之年，武林钱塘渤海医庐，经历了无数春秋交替和夏冬的变换，站在世纪之交的她，回首往昔，心中有太多的依恋，亦是无怨无悔，一往无前。

“疏影横斜水清浅，暗香浮动月黄昏”，一湖净水，一片长天，一池月色，几树梅花，入目即是临水梅花之清丽姿容，月下梅花之浅香神韵。疏疏梅枝，纵横交错，缕缕幽香，飘然而至，芬芳满室，却唯独这枝笑梅清幽香逸，高洁出尘。

裘老在医术上提倡“旁搜囊括、虚心请教”。1956 年，已经在社会上颇有知名度的她还报考了杭州市西医进修班，学习生理、病理、解剖、生化等西医课程，并以优异成绩结业。她在临床上钻研妇科经、带、胎、产、杂病，善于向西医学习，创制了一系列妇科新药。

为了垂教后世，裘老笔耕不辍，每天晚上看书至 11 点才睡。晚年的她最牵挂的即是中医好的东西没有传承下去，慢慢消失了。她曾多次在浙江省人民代表大会提案中呼吁：要改变中医药事业后继乏人的局面。对此，她以身作则，先后培养多名妇科接班人。据不完全统计，裘老亲自带教的学生已达百余名之多。

在历经了无数世事的变换和沧桑后，裘老在接受中央电视台采访时这样总结她波澜壮阔的一生：“一身正气，两袖清风，三餐温饱，四大皆空”，这短短 16 字，也是她一生辛勤耕耘的写照。在多次医院分房中，裘老一房未得，她非常知足地住在这所建于 1937 年的老屋里。裘老的卧室在二楼，每天需经一条非常陡峭的楼梯上下，晚年她由于腿脚不便，下楼总是用脚跟紧挨着楼梯，时间久了，脚跟裂口常年不愈合，非常疼痛。房子年久失修，卫生设施比较差，然而裘老却从未向单位提任何要求，反而把自己的工资一分一角地积攒起来，裘老去世后家人遵循她的医嘱将她毕生积蓄二十万元全部捐给医院成立“裘笑梅中医妇科发展基金”，以奖励杰出的青年妇科中医师。清瘦横斜，淡雅娴静，梅花在西湖岸边终日与杨柳为伴，与明月为友；它遗世独立，孤高绝尘，它傲然绽放，独领风骚。

曾有一对夫妻，结婚 10 年无子，正当两人绝望之际，他们遇到了裘老。经过她精心调治，夫妇俩终于如愿以偿地生下了女儿。赐嗣之恩，无以为报，父亲遂为女儿取名“颂梅”，永远铭记裘老的恩情。

2001 年 3 月，医院派人来接病重的裘老去住院，当时车子正等在门口，却有一位外地钱姓患者找上门来。裘老坚持说：“外地人来找我不方便，我一定要看好再走。”于是她耐心为患者摸脉开方，直至送其离开，这大概是裘老真正意义上的最后一次行医了。2 个月后，当这位患者重返这里，想来告诉裘老她完全康复的好消息时，不料，只见厅中遗像高挂，患者俯伏下拜，痛哭流涕……

裘老对患者从来都是“有求必应”的，只要有患者登门，她是绝不推脱的，于是乎她住院期间，病床边常常是围了人的，走近一看，是她又在给人看病了，“裘老啊手术期间还给别人看病，她这个人啊，是从来没有考虑过自己的”，裘师谈及此，言辞之中流露出淡淡的惋惜，但更多的是发自内心的钦佩之情。

裘老病重的那段时间，裘师总是一有空就来医院探望，在她身边坐定，一如从前那般，他说她听，絮絮叨叨地讲述着医院发生的琐事。来的人她都还是认识的，见到裘师时老人的情绪显得尤为激动，笑容也多了不少，只是要发出声音已经很艰难了。弥留之际她的精神头早已是一天不如一天了，但只要外头有个人影一晃动，她就会立马打起精神，眼中似瞬间透出流光溢彩的夺目，面朝着这扇大门的方向嘱咐家人“是不是病人来了？不要让人家空跑一趟，去看看有没有人来，去给病人开门……”

临终前，裘师看到她嘴唇还微微在抽动，“她在说着什么？”有人发问，凑近一听，“当归、炒山楂、川芎……”原来裘老至此都还在为患者开方子。凌霜傲雪，拣尽寒枝，在高处不胜寒的悬崖峭壁笑对风霜，饮尽一世的沧桑，“零落成泥碾作尘，只有香如故”。当采得百花成蜜之后，无论为谁辛苦为谁甜？其棺未盖，却已定伟大之名。“待到山花烂漫时，她在丛中笑”。

寒梅不在百花丛中，远离了姹紫嫣红，独自盛开在冰天雪地的境地里，任其他鲜艳靓丽的花朵争妍斗艳，她只在山寒水瘦的地方独自悄然绽放，睥睨红尘。梅花的冰洁是属于冬日的，也只是属于冬日的，所以当冬日逝去，万物复苏，春季到来的时候她便悄无声息地枯萎凋零，在百花丛中独留下一枝虬茎，看春花烂漫，百花齐放。

渤海医庐门前，一棵蜡梅树，一棵枇杷树。当年蜡梅开花，裘老出生。

2001 年，裘老离世之时，恰逢枇杷树第一次结果。其中之寓意不难明白：寒冬腊月，笑梅开；斯人已去，果犹存。

此时，裘师挥毫如椽大笔，落下一幅梅花的写意，合着西湖的烟雨，淡妆浓抹，也是梅花最酣畅快意的表达。记忆里，似曾有人趁着月色折取一枝清瘦横逸的梅花，轻轻写就梅花的传奇。他将梅枝挥就，那神清骨秀，遗世独立，不屈不挠的样子便跃然纸上：在朦胧的月色中，香气悠然而至，素来清幽淡雅的梅花以仙风道骨的姿态飘然而来，在宁静的西湖边舞出动人的风华。

第四节　自适颇从容　旁观诚濩落

“金鳞岂是池中物，一遇风云便化龙”，即使是最优秀的人，他的成功除了源于自身的努力，同时也得益于当时诸多名师的引渡。而在影响裘师一生的众多老师中，杨继荪院长无疑是其中很重要的一位。

杨老是芝兰玉树一般的人物，先师孔子有云：“与善人居，如入芝兰之室，久而不闻其香，即与之化矣。”与那些优秀的人相处，就像沐浴在满室芝兰的芬芳之中，时间久了虽自觉嗅不到香气，殊不知早已经是一身馥郁。明代著名书画家文徵明在画兰花时题过这样一句诗“坐久不知香在室，推窗时有蝶飞来”大抵是此意趣。

时光追溯至 1972 年，裘师来到了浙江省中医院，这一年，杨继荪院长亦离开浙江医院来到浙江省中医院。杨老是带着“思想自由，中西医兼容并包”的方针进入浙江省中医院的。不要小看了这 11 个字的分量，那是引领我们人类历史一次次走向巅峰的所谓包容的力量：它向上承载着诸子百家纵横捭阖、折冲樽俎的春秋战国，向外映射着欧洲中世纪革故鼎新、飙发电举的文艺复兴，向下则开启了半个世纪后浙江省中医院的“百花齐放，百家争鸣”，当然这最后一点纯属我个人姑妄言之。杨继荪院长是一位学验俱丰的中医临床大家，他是全国首批五百名国家级名老中医药专家，享受国务院特殊津贴，是浙江省中医院院长。

杨继荪，原名希闵，别署秋爽庐主，祖籍浙江余杭。谈及“秋爽”二字，亘古至今最负盛名的应该为曹寅那“一纸红楼”里大观园中探春的住所“桐剪秋风”了。“斋”与“庐”均指房屋，然“斋”者，书房也，相较而言，“庐”则显得简陋收敛多了。《饮酒》诗以“结庐在人境，而无车马喧”开篇，确是符合其“陶靖节”之名了。“当地放着一张花梨大理石大案，案上垒着各种名人法帖，并数十方宝砚，各色笔筒，笔海内插的笔如树林一般……西墙上当中挂着一大幅米襄阳《烟雨图》，左右挂着一副对联，乃是颜鲁公墨迹，其词云：“烟霞闲骨格，泉石野生涯。”探春的审美趣味十分贵族化，我们亦是刘姥姥之辈曾有幸走近杨老之“庐”，满目的名人字画让人如同置身于艺术殿堂：入目即是“书坛泰斗”沙孟海及郭沫若夫妇的诗词；夏衍的题词“霜松并茂”凌霜不凋，冬夏常青；何香凝的梅花、傅抱石的山水、国学大师姜亮夫与陶秋英合作的双松图，著名书法家姜东舒的题词——“同是济世救人，良医堪媲良相”……这一幅幅书画作品皆是杨老以医会友、丹青传情的最好例证。杨老的患者之中有诸多文化界的翘楚，除了上面提到的，还有诸如巴金、黄宾虹、刘海粟、常书鸿、陆俨少、陆抑非之流，不可不谓是“群贤毕至，少长咸集”。在 2011 年浙江省中医院建院 80 周年之际，坐落于东大门的由沙孟海手书的“寿人寿世”纪念石第一次展现在世人眼前，气酣势急、韵味沉厚，无不彰显着落款之人雄浑遒劲、吐气如虹的笔力。这四字成于 1986 年，而今 30 余年过去了，虽早已没人记得沙老当年赠字的初衷，然毫无疑问，倘若没有这位维系杏林和艺坛的巨匠从中斡旋，又岂会有今日“揭幕式”的熙熙攘攘。

1916 年杨老出生于杭州的一个中医世家，家学渊远，其祖父杨耳山，清孝廉公，系名儒兼名医，悬壶沪杭，誉满杏林，自幼家庭的熏陶渐染也令杨老矢志习医。在祖父“亦医亦儒”思想的影响下，他从小便喜研文史，爱好诗词，1932 年中学毕业后即随祖父学医。侍诊之余，他悉心攻读《黄帝内经》《难经》《伤寒论》《金匮要略》等经典著作，广泛涉猎唐宋以后的诸家论著，孜孜不倦。祖父病故后，杨老又师从名医徐康寿学习 2 年，学成之后，即在杭城设诊开业，由于历起沉疴，深得当地百姓信赖，是故医名鹊起。如孔子所云：“芝兰生幽谷，不以无人而不芳，君子修道立德，不为穷困而改节。”以兰喻君子，为后世树立了“君子如兰，空谷幽香”的不朽基调；也唯有这生于幽崖绝壑，不求闻达，抱芳守节的品质才能担得起杨老宁静致远，孤独清高，不落俗囿的性格。

杨老从医 60 余载，仁心仁术，医术精湛，继承先贤之言并取各家之长，不断创新，在中医药基础理论、临床诊疗和科学研究等方面，做出了卓越贡献。在疾病诊疗中，杨老擅长理瘀活血的运用，独具匠心，深受丹溪学派的影响，完善了养阴理论在临床杂病的应用，尤其对各种急性病症、老年病的诊疗与调摄，疗效颇著。他治学谨严有序，坚持实事求是精神，强调理论与实际相联系；他思路开阔，逻辑清晰，认为中医治病，贵在辨证，认为许多疾病只有明确诊断，才能采取准确无误的治疗，而辨证的关键，在于掌握疾病性质和临床演变规律，立方下药，方能有的放矢；他为医严谨灵活，“师古不泥古”，在治病过程中，时常体现出“熔伤寒、温病于一炉，集各家之长而活用”的风格。杨老的这一学术思想亦是深深影响了裘师，令其在今后的行医生涯中始终谨记“审症求因，治病求本”八字心法，在临床辨证中，注重医学理论与临床实践相结合，真正做到仲圣所云的“观其脉证，知犯何逆，随证治之”。

杨老常说：“不通国学无益于医学。”提倡好的中医师必须学好国学，唯有根茎强劲，根植于中华文化的土壤才能更好地向万里苍穹拔高。《礼记·大学》中的“修身齐家治国平天下”自古便是仁人志士们穷极一生的终极追求，杨老亦是非常看重医生的人文修养，他认为一个好医生必须首先是一个好的人，对的人。对此裘师深以为然，他常常告诫我们：“最终决定一个人高度的是他的品德而绝非才干，才能可以慢慢习得，德行却是与生俱来的。我更加看重后者，这是一个人最弥足珍贵的东西了”。

杨老的襟怀，还体现在对中西医学的兼容并包上。在医疗实践当中，杨老十分重视传统中医药与现代医学的结合，提倡以“继承不泥古、创新不离宗”为旨，将传统中医理论与现代科学研究融会贯通，倡导运用先进科技、科学仪器武装中医，做到继承与创新相互补充。在担任浙江中医学院副院长与浙江省中医院院长期间，杨老明确提出了“发扬中医优势，开展中西医结合，取长补短，办成一个临床、科研、教学三结合，具有现代医学科学水平的中医院”的办院方向，注重医研相彰，大力推进科研项目的中西医结合，如在脾胃病、肺心病、老年病等领域的研究中，均取得了显著成果，为发展中医药事业做出了巨大的贡献。1956 年，杨老担任浙江中医研究所临床组组长，将当时死亡率较高的流行性乙型脑炎作为科研课题，开展中西医结合治疗流行性乙型脑炎的临床研究，主持撰写了《治疗流行性乙型脑炎 730 例总结报告》刊于《浙江中医杂志》，为中医治疗流行性乙型脑炎提供了较为系统的参考资料。在杨老学术思想及办院理念的影响下，今天的浙江省中医院已发展成一所全国领先，国际知名的集医疗、科研、教学、康复为一体，中西医各临床科室门类齐全，具有鲜明中医特色和中西医医疗优势的现代化综合性中医医院，而这也恰恰印证了“思想自由，中西医兼容并包”的无限力量。

杨老一生耕耘杏林60余载，为推动浙江省中医药事业的传承、发展与创新，中医药人才队伍的培养、成长与壮大做出了不可磨灭的巨大贡献。他总是和医院的医生说："不为良相，便为良医。"要求医生们时刻严格要求自己，对中医要继承又要创新，希望学生们能"青出于蓝"，做对患者负责任的医生。在学习方法上，他主张循序渐进，博览以求深，持之以恒，要做到学以致用；他常常勉励青年医生要通晓文史，学有功底，要精研医典，发皇古义；在临床上，杨老提倡知己知彼，博采众长，做到独立思考，不断实践，才能融会知新，发展医理。在学术上，杨老毫无保留，诲人不倦，1997年，国家开展第二批师带徒计划，八十多岁的杨老不顾年事已高，仍坚持带学生，撰写讲稿，定时授课。杨老言传身教，桃李盈门，而作为他的学生的裘师如今也已经成为新的杏林泰斗，平时的门诊号亦是一号难求，"我们那个时候跟师啊，都是自己默默看和记，老师是很少专门讲授什么的。杨老是老师当中少有的会主动和我们解释和分析的，我们百思不得其解的问题往往经他一点拨便茅塞顿开，少走很多弯路"，谈及杨老，裘师言辞之中总有着情不自禁的澎湃，"你们相信吗，一个好老师的恩情是会让他的学生一辈子感激不尽的！"

"桐花万里丹山路，雏凤清于老凤声"，遥远的丹山道上，花团锦簇、争奇斗艳，花丛中不时传来雏凤清脆圆润的鸣声，应和着老凤苍亮的呼叫，显得更为悦耳动听。青出于蓝而胜于蓝，而新生力量的成长又需要依靠老一代积极扶持。裘师时常和我们说，自己现如今所取得的所有荣誉很多都来自于当年杨老对他的无私栽培，青年时期人格塑造的意义无疑是深远、持久的。当时杨老任浙江省中医院院长，是浙江省内著名的中医临床大家，学富五车，医术精湛，将中医理论与西医的进展相结合，"继承不泥古，创新不离宗"，贯通中西医，在省城多家医院被邀作查房教授，做临床指导。杨老文学修养极高，既是医家，又是名儒，载誉杭城。1974年裘师随医疗队下乡去浦江3个月，期间，当时还是科室主任的杨老曾写信给裘师，信的内容除谈及科室近期的工作与开展中医、中西医结合治疗肺炎、肺脓肿情况按照预先确立的协定处方加减治疗已取得相当好的疗效，更多的是对医疗队同志们的鼓励和关心，在谈及医疗队工作繁忙工作量过于饱和的问题时，杨老对裘师更是关心，信上这样说："尤其是你下乡时肝炎刚稳定，体力尚未恢复，因此希望你还是要注意劳逸结合。"历史上早有豫让的"士为知己者死"，古时的仁人志士，他们对人生价值的衡量是完全以精神的满足为标准的，是甘愿为了某些理想和信念而执着追求、奉献乃至于牺牲的。杨老是恩师亦是伯乐，这份信任，裘师告诫自己唯有用余生的不懈努力来偿还了。因此他不断地陶冶、锤炼自己，为使自己的人生价值有高于物欲和世俗的升华与辉煌，使自己的精神具有横贯日月的浩然正气。时过境迁，先生已然作古，这封信也早已达成了它的使命，功成身退，但它却仍完好地躺在裘师书房的一角，见证着这半个世纪以来医院的更替和成长，也指引着裘师这一路走得更加稳健。

与之相伴的，还有当年杨老一并赠予的文房四宝。

笔墨纸砚作为传统的书写工具，一直以来引导着中国社会的物质与精神文明的进步和发展，尤其是在文化昌明的时代，只要一提起笔墨纸砚，人们就会联想到国家的礼治和文明，想到书香门第的儒雅，典章文物的辉煌及文人士大夫的潇洒。不同于宗教偶像，笔墨纸砚不具有神灵的威严，它们本身即是世俗生活中的一物，庄谐皆宜。人们对它们的感情，与其说是膜拜，不如说是对自己的生活寄予了太多的希望。杨老倾心书画，诊视之暇，常常在那一尺素笺之上醉墨淋漓，行云流水，书具流年。裘师亦是热爱书画之人，平日里只要有空，他总是挥毫落纸，展瀚海崇山，在行笔走墨间描摹山遥水远，依稀旧颜。

杨老深知裘师对书画的喜爱，也或许是看到了裘师所潜藏的绘画天赋，故而将此文房四宝相赠。正所谓“工欲善其事，必先利其器”，文人雅士对书具的选择，自然是非常重视的。杨老在赠予此“利器”的同时也无疑在无形之中传递着“善其事”的嘱托。这天我们走进书房的时候裘师正捧着那只装有笔墨纸砚的墨绿色锦盒细细端详。许多年过去，盒子外观早已是光泽不再，但却纤尘不染，足可见收藏者的用心和珍视。我想裘师如此珍爱书具，实质上亦是珍爱自己，珍视赠予者的苦心孤诣。说来这实在是对于读书人极其寻常的物件，做工上乘且比这更好的后来也见过不少，但是回忆的珍贵之处就是只对你有意义。

小心地开启盒盖，里面静静地躺着一组笔墨纸砚，做工精巧，造型规整，与寻常看到的一般无二，我瞥见盒盖上的羊毫还未开笔，经不住好奇地问：“裘师，杨老送的东西必定不差，为什么一直以来没见您用过呢？”

裘师闻之笑了，望着盒子看得专注，像是自言自语，抑或是在回答我的疑惑：“这么多年来从来没有一天敢有所懈怠，虽说不至于‘一日三省吾身’吧，但行事也常常也免不了‘瞻前顾后’，生怕自己的不慎辜负了杨老当年的嘱托。我呀还需要再练练，觉得满意了才敢用杨老这笔上手试试，生怕自己功力不深埋没了这好东西。你们也好好加油，这画将来还是要靠你们去描摹的呀！”

光阴荏苒，时过境迁，当年的知遇之恩早已化作春雨，虽然温和，但滴水穿石，孜孜不倦，在心间凿下了深深浅浅的痕迹。日复一日，纵使记忆消退，但正所谓“自然香在有无中”，那封信始终都在，那笔墨纸砚还在，承载着半个世纪的期许和感动。

裘师调入浙江省中医院工作后不久，即担任西医内科和中医内科共青团第一支部书记。尽管在科里也是年纪最轻的，但是杨老每次却总是亲切地称他为“老裘”，而对有些医生，尽管年事已高、资历不浅，杨老还是以“小某”相称。由此可见他心中的尺度，是从来不以年纪的大小来衡量一个人的价值的。“落红不是无情物，化作春泥更护花”，正是杨老一如既往地循循善诱，引领老师走上了中西医结合神经内科之路，成就今天的成绩，裘师每每提及此事，感激之情溢于言表。

1978 年，医院大力开展二级分科，全面贯彻落实医疗卫生改革，计划成立神经内科，院里研究决定由中、西医内科各派一人先去进修。杨老考虑后决定中医内科派裘师去外院进修，学成归来参与本院神经内科的组建。当杨老将此事说与裘师征求他意见时，这却着实让裘师有点意外，他对此感到疑惑和惊讶：“我原先是跟随高立夫老师门诊的，他临床上擅长治疗肝病和血液系统疾病，我对此也下过一番功夫，写过学习笔记和病例汇总，故想从脾胃病着手，重点开展肝病的研究，对此感到有点可惜。”裘师笑着和我们解释：“杨老闻此叹了口气，无奈地对我说：‘你这个人啊真是不明白，我实话和你说吧，你知道吗，另外两个人想去，我是觉得你最合适才找的你，这样吧，你先去熟悉一下这个专业，看看有没有兴趣，再给我答复。’接下来杨老就特地派我去参加当年在金华召开的浙江省神经病学研讨会，同时又和西内科陈眉医师去重庆参加西南地区神经病学术年会。”

峰回路转，过程跌宕起伏，但结局众所周知，从当年的西南地区神经病学年会乘兴而归之后，裘师便毫不犹豫地决定投身于神经内科专业。于是短暂休整之后，在 1979 年的 5 月，裘师正式去浙江医科大学附属第二医院神经内科进修 1 年，次年的 5 月至 8 月又去杭州市第七人民医院进修精神科，自此天涯轻舟，越行越远。一件在裘师一生之中也是医院乃至浙江省神经内科发展史上举足轻重的大事，就这样一锤定音。我们看到，杨老把裘师送进浙江医科大学附属第二医院进修，等于是把他从神经内科的草莽状态推到医学舞台的前沿。这种调整，说到底就是从沉潜走向显扬，从平静走向燃烧。历史再一次提供了生动的案例：一个人或一个科室的生命被激活，是如何最终影响了一个时代的！

裘师临床善于运用虫类药，认为“草木不能建功，故必借虫蚁入络搜剔络内久踞之邪”。其实裘师重用虫类药的习惯，亦是来自杨老。正是裘师目睹了杨老运用大剂虫类药治疗偏头痛及怪病的经验并如法炮制加以提炼，才有了日后临证的驾轻就熟。特别是杨老治疗偏头痛对裘师的影响很大。因为偏头痛是反复发作的顽固性头痛，杨老根据“久病入络”“久病必瘀”的理论，常多用、重用搜风通络药和活血化瘀药，其中虫类药的运用更是杨老治疗的特色所在，尤其善用全蝎、蜈蚣、僵蚕、蕲蛇、地鳖虫，并有其独特的用法用量，故而每每取得较好的临床疗效，为裘师日后临证应用虫类药极大地注入了底气。

裘师在总结杨老治疗偏头痛基础上，结合现代医学中偏头痛的发病机理，做成了院内制剂——“814 糖浆”，这名字是杨老给取的。为什么叫“814”呢？因为该药 1981 年 4 月正式作为院内制剂投入生产，后来改名为“头痛灵糖浆”，用于治疗偏头痛疗效显著。

1981 年无疑是硕果累累的一年，值得铭记。这一年除了“814 糖浆”问世以外，还有“813 丸”的成功研制。该药则是裘师根据杨老治疗白血病的经验，结合研习《医学衷中参西录》中的相关记录研制的，也是杨老给取的名字，也即后来的“炙马钱子胶囊”，成就了临床上治疗肌无力的又一突破性的成果，从此开启了裘师中西医结合治疗重症肌无力的新纪元。

杨老用于治疗痰热咳嗽基本方中的“清肺三斧头”——鱼腥草、生黄芩、野荞麦根，无论是外感新起之咳嗽，抑或是新感引动宿痰呈急性发作之咳嗽，均可辨证使用。杨老在治疗痰热咳嗽时，非常重视认清痰与热之间的关系，认为由热炼液生痰，强调以清热解毒为主。尽管单纯咳嗽在平时临床甚少遇到，但在原发病的基础上并发外感咳嗽时，裘师亦多用“清肺三斧头”清泻肺热、止咳化痰，常有成效。

“雪霜茂茂，蕾蕾于冬，君子之守，子孙之昌”，韩愈的《幽兰操》在 2010 年的元月随着电影《孔子》的热映再次焕发生机。严寒之中，唯有兰花静静地孕育着、等待着，在忍耐中积累，在严寒中沉淀。正是因为在天寒地坼之中孕育的花蕾，才赋予了兰的“王者之香”。对此裘师曾告诉我：“兰具有独特的‘春化’特性，就是它必须要经历一个长时间的低温期才能顺利开花，保证花品和香品。冬季，虽然在视觉上是萧条的、凄苦的，但在教化上，在人格的形成过程中，却给人以历练自我的机会，苦难之于积极面对者将是其崛起的根基！”

厚德成大爱，传道向荣欣，腹中天地宽，常有渡人船。2016 年在杨老 100 周年诞辰的纪念活动上，而今也是年逾古稀的裘师一早便赶到会场，为了这个挥之不去却之复来的情结，缅怀俯仰，又像是在承领先生的耳提面命。追忆先师当年的教诲，裘师道：“他这个人啊，怕是唯有‘德艺双馨’四字能担得起了。”踱步徘徊，裘师在这方净土穿梭寻觅，偶尔停下脚步来瞻仰大屏幕上的杨老，先生之于我们，是永恒不变的温柔敦厚、慈祥恺悌。

第五节 淡泊以明志 宁静以致远

“冲和淡如”是一种心境，《诗品》的“冲淡”谈道：“犹之惠风，荏苒在衣，阅音修篁，美曰载归。遇之匪深，即之愈稀，脱有形似，握手已违。”周际饱含着自然的气势：耳畔似乎能听闻微风吹动那密密的修竹发出的悦耳动听声音，似在柔声呼唤与你同归故乡；豪饮一口冲和之气，与那些孤鹤为伴，同它们一起飞翔，将那美好的感觉满载而归。像高立夫老人一般，时刻保持着对外界沉静的思考，该是能体会到“冲淡”之微妙的。

作为“扬州八怪”之一的郑燮一生独钟情于画竹，在他的笔下竹总是别具人情味——“新竹高于旧竹枝，全凭老干为扶持”，此刻我们的眼前依稀也是两撇墨竹相互依偎的画面。裘师特别提到了高立夫老师，那位带领自己敲开中医药治疗肝病、血液病大门的前辈。

高老年轻时曾在浙江医科大学附属第一医院工作，临床上擅长治疗肝胆系疾病和血液系统疾病，高老是当时杭城专攻此证的名医。师承其医，裘师至今依然对肝病、血证的中医治疗有桴鼓相应之效。周末参观裘师书房的时候偶然间翻到高老 40 余年前手书赠予裘师的《对几种血液病的中医辨证论治》，已经泛黄的纸张是那个年代所特有的红线文稿纸。在这个随处都充斥着计算机规范字体的时代，对规整和准确性的追求似乎已是必然，书稿上却分明可见一个个小错误，已被作者一一纠正过来。当看到这样“原生态”的手稿时，我几乎是怀着崇敬之心开启的。我想大抵是只有中国人才能领略到这种美。并非是物以稀为贵，它穿越时空而来，里面承载的除了一位醉心临床的医生对学术的执着之外，还有着对被赠予者的拭目。

书稿的内容包括再生障碍性贫血、各种类型紫癜、白血病、雷诺病等疾病的治疗。以白血病为例，高老依据病程的不同阶段将其分为热灼营卫、气血两虚、阳虚阴滞及精竭神乱四型，基于本病正虚邪实的基本病机分型采用攻补兼施之法，疗效显著。

高老为人平和，尽管临床经验丰富、声名在外却依然能保持着医家的谦逊，广开言路，从善如流，能接纳任何质疑的声音，但求使学术经验惠及更广大的医生及患者群体。

裘师当时和他面对面而坐，能够清楚看到他临证时的处方用药，这让裘师可以有机会深入系统地学习高老对于慢性肝病的诊治经验，使他在慢性肝病的治疗上进步飞快。由于那段时间的充分学习，当时裘师曾写文章总结了慢性肝病的中医治疗。这篇文章虽然当时未予发表，却是裘师日后诊治慢性肝病所积起的跬步。由于裘师天资聪颖，好学上进，老师们都很喜欢他，希望裘师从事自己专业。鉴于裘师先前在慢性肝病上所做的积累，因此曾起意跟随高老从事慢性肝病临床研究。

“曾与蒿藜同雨露，终随松柏到冰霜”，竹之性刚柔并济，清正有节，凌寒不凋，遇风不折，兼怀傲骨虚心，其品格之超卓，举凡世间草木，实无出其右者。世人以竹喻君子，正是心仪于它绝伦无匹的格调。

第六节　经冬尤绿林　自有岁寒心

“菊之爱，陶后鲜有闻”，陶潜爱菊成癖是众所周知的。《和郭主簿》中这样写道：“芳菊开林耀，青松冠岩列。”《饮酒》有云：“秋菊有佳色，裛露掇其英。泛此忘忧物，远我遗世情。”《九日闲居》有“酒能祛百虑，菊解制颓龄”，并作小序云：“余闲爱重九之名，秋菊盈园，而持醪靡由，空服九华，寄怀于言。”陶渊明关于菊花的最负盛名的诗篇，当然还是《饮酒》（其五）：“结庐在人境，而无车马喧。问君何能尔？心远地自偏。采菊东篱下，悠然见南山。山气日夕佳，飞鸟相与还。此中有真意，欲辩已忘言”。本在自家院落里悠闲地采摘菊花，无意中抬起头来，目光恰与南山相会。目之所及的南山，飘绕着一层若有若无的岚气，在夕阳的照耀下，显出不可名状的美。

裘师至今还保持着竖式书写处方的习惯，正所谓字如其人，加上隽秀飘逸的书法字体，平和畅达，气韵生动，患者每拿到处方，就像得到一幅书法作品，每每收藏，视若珍宝。其实这个书写习惯来自裘师的老师陈杏生，陈老又是骨子里的中医人，一直以来沿用由右往左竖式书写医案的行文风格，经裘师改良后，更显得规整妥帖。

陈杏生，1898年出生于浙江慈溪县，师从谢丹初，于1920年开始行医，专注于痰邪的研究，著有《痰积症治》一书及论文多篇，是位时方派。《痰积症治》一书，对痰积总结出了系统的诊治方案，其理论和临床经验建立了裘师治疗痰证的得效之法。

“记忆中的陈老便一直是一副书生模样，瘦高身形，文质彬彬的。虽然蓄着胡子，但却毫无一丝江湖气，下巴一小撮修剪整齐的山羊胡使他内敛之中带着优雅，有逸群之才却行事低调，言谈举止间不失温文尔雅。”裘师想象着陈老先前的气度，正所谓“泰山崩于前而色不变，麋鹿兴于左而目不瞬”大抵说的就是他这样的人了。

以菊喻人，菊之“典雅”在不同环境下有着不同的内涵：在裘师看来，陈老其人更像《世说新语》中那些“清谈名士”，那骨子里的风度、雅量，淡看人生，视若尘埃；又如《文心雕龙》中那般“熔式经诰，方轨儒门”，这是儒家所推崇的“典雅”，是积极地寻求仕进，按儒家伦理道德规范，严格要求自己，以齐家治国平天下为目标的人格风范。

“露湿秋香满池岸，由来不羡瓦松高”，露水阳光让菊花更丰润，香满池岸、绿满池岸，因此它从来不羡慕寄生的瓦松是不是很高。此刻的裘师，年逾古稀，早已经历了世事的纷乱和人生的潮起潮落，生活把岁月刻在了人的脸上，同时也刻在了人的心里。在滚滚的红尘中，细腻柔软的心早已被磨砺得浑圆。这种浑圆，不再有绚丽的光泽，它淡然、朴实，它不张扬、不喧嚣、不妖艳，不会再作年少时的无病呻吟，不再抱有不切实际的幻想，不再会眼高手低去投机。这种淡是一种脚踏实地的平实，它丰富而不肤浅，它恬淡而不聒噪，它理性而不盲从。“花开不并百花丛，独立疏篱趣未穷。宁可枝头抱香死，何曾吹落北风中”，在秋天，稀疏的篱笆旁边，菊花独自盛开，不与百花为伍，有着独特的情操和意趣。宁可在枝头上怀抱着清香而死，绝不会吹落于凛冽北风之中！

“待到秋来九月八，我花开后百花杀。冲天香阵透长安，满城尽带黄金甲”，花开满城，占尽秋光，抗霜半寒，傲然怒放！唐人描绘的菊花褪去了幽人高士的外衣，身着金甲，它一改过去那种幽独淡雅的静态美，显现出一种豪迈粗犷、充满战斗气息的动态美。这就是自然的平静与完美，既是人的清淡而闲适的状态，也是山的静穆而自在的情味，似乎在那一瞬间，有一种共同的旋律从人心和山峰中同时发出，融合成一支轻盈的乐曲。它不会像世俗中的人那样焦虑不安，那样拼命追求生命以外的东西。生命仿佛在那一刻达到了完美的境界，全然融化在了自然之中。此刻的裘师想着记忆中老师的模样，对着旖旎的秋色喃喃自语，淡交唯对水，果是得失随心。

遍历裘师的人生轨迹，早年的各位恩师的光辉一直以来都不曾远去：松的坚持，梅的傲气，兰的气度，竹的韧性，菊的气韵，都无不深深影响、塑造着裘师，在磨难继踵、痛苦蹑迹的人间，它们都自圆而为一种生命的境界。

第三章

声名鹊起

“昨夜西风凋碧树，独上高楼，望尽天涯路”，此第一境也。“衣带渐宽终不悔，为伊消得人憔悴”，此第二境也。“众里寻他千百度，蓦然回首，那人却在灯火阑珊处”，此第三境也。

第一节　会当凌绝顶　一览众山小

自 1964 年杭州卫生学校毕业之后，经过多年多次的进修学习，裘师于 1971 年被重新分配到浙江省中医院参与临床工作。期间，他曾先后跟随高立夫老先生、陈杏生老先生、魏长春老先生及杨继荪老先生学习，经过了 47 年的临床工作实践，逐步形成了自己独特的见地。临床上，他始终倡导中医辨证与西医辨病相结合，以及躯体疾病治疗与心理疾病治疗相结合的学术理念。在重症肌无力、帕金森病、偏头痛、癫痫、中风、三叉神经痛、多发性硬化症、肌萎缩侧索硬化、痴呆、心理疾病及顽固性失眠等疾病的诊治上，积累了丰富的临床经验。尤其对于重症肌无力，经 30 多年的临床研究，已研制出中药制剂炙马钱子胶囊，开创了剧毒药马钱子治疗重症肌无力的先河，而且就马钱子的用法、用量、毒副作用的防治、药物的炮制方法及量效关系等问题进行了深入的探讨。2012 年炙马钱子胶囊炮制再次获得浙江省食品药品监督管理局审核批准，2013 年炙马钱子胶囊制剂及其制备工艺已获得国家发明专利，该制剂现已成为全国唯一的规范化制剂。

如今，前来裘师处就诊的重症肌无力患者已遍及全国二十多个省市，单该病患者年均门诊 4000 余人次，在浙江省内外享有较高的知名度。课题“马钱子治疗重症肌无力的临床与实验研究”先后获得浙江省教育厅三等奖、浙江省中医药管理局二等奖。

此外，裘师还曾潜心研究偏头痛的临床疗效，先后开展磁性头痛帽、头痛鼻塞丸治疗偏头痛的研究，最终研制成院内制剂"头痛灵糖浆"，救死扶伤无数。2002 年，裘师因其在神经内科专业领域出色的成绩而被浙江省人民政府评为浙江省名中医。

裘师在 2009 年及 2012 年先后被国家中医药管理局遴选为第四批和第五批全国老中医药专家学术经验继承工作指导老师、博士生导师，至今已成功培养临床博士生 4 名。2012 年同时获批全国名老中医药专家传承工作室建设项目，工作室日常开展名老中医研究继承工作：结合名老中医药专家临床经验和学术思想，通过随师学习、病例讨论、专题研学、深入访谈等多种形式，进行临床资料的整理分析、挖掘整理研究，提炼形成临床思想。对重症肌无力、运动神经元病、帕金森病等常见病、疑难病进行系统地总结研究，已形成相应的临床诊疗方案和方法，逐步推广应用于临床。

门诊之余，裘师总是一有时间便为学生们讲课，明明是晦涩难懂的理论，常常经他一点拨就变得豁然开朗。年逾古稀，他却始终坚持亲自批改作业及论文。据统计，每个学生每年至少有 12 篇月记，20 个医案，4 篇经典的阅读心得及 60 个病例上交，裘师都是逐句阅读，仔细批阅。3 年跟师下来，他一般要为每位学生批改 20 万～ 30 万字。

裘师不仅仅是理论上的教授，平日里更是注重在临床上指导辨证：凡遇初诊患者，裘师总是让学生先辨证，开具处方，后老师自己辨证。两相对比，学生们便能够更加直接地发现自己辨证中的错误之处，更加深刻地领略辨证的奥义，从而更快速地成长成熟起来。裘师常常说："授人以鱼不如授人以渔"，当学生不是仅仅要会背老师的几个方子，而是应该掌握老师临证的辨证之法，培养自己独立处理问题的能力，老师的谆谆教诲及师生间的情谊就这样在细微间得以传递。

自 1998 年 5 月组建浙江省中西医结合学会神经内科专业委员会，到 2015 年 11 月的 17 年间，裘师当仁不让，连续三届担任浙江省中西医结合学会神经内科专业委员会的主任委员。任职期间，他尤其注重学术队伍建设，培养业务骨干，努力推进浙江省中西医结合神经内科学术的发展，并积极组织参加全国性的学术交流，不断学习，提高自身素质；重视学科组织建设，不断扩大专业委员会队伍；同时积极做好科普宣传工作，为广大群众普及科学知识……风雨十七载，他砥砺前行，从无到有，一步步建立起"神经内科专业委员会”如今的规模，为浙江省中西医结合神经内科学术的发展起到积极的引领和推动作用。他是浙江省神经内科中西医结合的奠基人，主要成就体现在以下四点。

一、学术交流与继续教育并重，促进浙江省中西医结合神经内科学术的发展

以裘师为核心的专业委员会始终本着促进浙江省中西医结合神经内科学术的繁荣和发展之宗旨，根据浙江省的实际情况，采用学术交流和继续教育并举的方法，将学术年会的召开与继续教育学习班结合起来，更有利于浙江省专科学术的发展和人才的培养。

在裘师的引领下，17 年来“神经内科专业委员会”已经成功召开 9 次学术年会，同期举办 9 期神经内科理论学习班，期间还承办了第四次全国中西医结合学会神经科学术年会。据不完全统计，参加学术会议和学习班人数高达 1800 余人，交流学术论文 1100 余篇，组织专家专题讲座 66 个，编印论文集 10 种，共计 2000 余册。各项学术活动的充分准备，繁荣了浙江省中西医结合神经内科的学术交流。

2002 年 5 月 21 日至 23 日，由裘师带领专业委员会在杭州承办了中国中西医结合学会神经科专业委员会第四次学术会议。来自全国 28 个省、市、自治区（包括台湾地区），以及美、英、法、韩国等 200 余位代表参加会议。本次会议的学术内容丰富、学术层次较高、前沿学科学术领域较广，国内外影响较大。在裘师和专业委员会同仁的共同努力下，此次大会取得了圆满成功，受到与会代表和中国中西医结合学会神经科专业委员会主任委员极高的评价，并认为是全国四次会议中最好的一届，为浙江赢得了荣誉。

二、重视学科组织建设，不断扩大专业委员会队伍

由于中西医结合神经内科专业的特殊性，浙江省内各地推荐上来的委员人数较少，所以成立之初专业委员会成员只有 12 人，并且主要分布在杭州市、宁波市、绍兴市、义乌市、丽水市、台州市和衢州市等地区。由于委员人数稀少，带来了区域设置缺乏代表性的问题，如温州、舟山、湖州、嘉兴等地区尚缺委员，对这些地区医疗工作的开展带来一定影响。对此，裘师在专

业委员会成立的第二年便组织全体委员进行了认真讨论，坚持加强组织建设，扩大队伍，以加快学科发展，并在总会的授意下推荐了部分新委员，书面上报浙江省中西医结合学会。因此，在裘师的积极推进下，在2000年的12月，有7位分别来自分别来自金华、嵊州、温州、湖州、桐乡及岱山的同志得到审核批准，成为新增补的委员，专业委员会的队伍也由原来的12人增加到19人。这一举措不但填补了部分区域委员的空白，而更重要的是壮大了中西医结合神经内科的学科队伍，有利于学术的进一步发展。至2010年4月专业委员会进行第三次换届时，裘师彻底改变原来入会相关条件模糊的现状，推荐在浙江省内或当地有一定学术知名度，不论出身中医还是西医，将愿意从事中西医结合神经内科学术发展的优秀工作者都吸收进来。这一举措使得裘师所带领的学术队伍得到了空前的发展，委员人数也达到史无前例的49人，进一步扩大了专业委员会的学术队伍，提高了学术水准，更有利于学科的发展。

2011年，裘师与他的“专业委员会”一道，积极响应全国总会关于组建青年委员的号召，根据总会规定的相应条件，经过反复认真讨论，推荐了郑国庆教授、何松彬教授、万海同教授竞聘中国中西医结合学会全国青年委员，并且顺利在当年的10月23日正式得到全国总会的审批，并参加了在石家庄召开的全国青年委员学术研讨会。这项举措不但使浙江省增加了3名全国委员，而且大大提高浙江省青年精英在全国的学术地位及影响。

“多年来我一直把学科组织建设当成一项重要的工作来抓，不断更新理念，不断地扩充我们的学术队伍，增加新鲜血液，把全省有志于从事中西医结合神经内科志同道合的精英组织在一起，为我省中西医结合神经内科学术的发展共同努力。”对此，裘师如是说。

三、积极组织参加全国学术交流，不断学习提高自身素质

17年来，裘师带领其专业委员会始终坚持向全国各兄弟省市学习，互相交流。为此，他积极组织人员撰写论文，参加全国会议。在1998年于上海举行的全国第二次学术会议上，浙江省参会的代表人数仅次于东道主上海，当时仅12个委员中就有10人参加了此会议。也因此，在会议结束后召开的全国委员会议上浙江受到了全国总会孙怡主任的表扬。2015年9月13日在承德举行的中国中西医结合学会第十次年会上，浙江省有12篇论文参加书面交流，裘师亦是在会上做了主题报告，受到与会代表的热烈好评。

多年来，裘师始终坚持定期组织召开会议，认真学习相关文件，决策筹备学术年会，讨论学术交流举措，总结学术活动经验，任劳任怨，履行自己的职责。为了提高全体委员们的业务素质，裘师高瞻远瞩，在经济条件并不宽裕的情况下坚持购买新中国成立以来首次出版的《中西医结合实用神经病学》，第一届委员做到人手一册，便于大家深入学习，并于2000年开始给专业委员会的每位委员免费订阅《浙江中西医结合杂志》，此项制度一直沿用至今，为众人所称颂。

四、做好科普宣传，普及科学知识

科普宣传与咨询工作一直以来都是学会和专业委员会重点工作之一，裘师亦是始终坚持科普宣传活动，为群众解答医学科普知识和养身保健知识，提倡治未病，重视预防工作。任职期间，他不仅积极筹备各项健康讲座、医疗咨询和义诊活动，并且亲自参与，如在2014年10月的新昌农商银行特邀杭州各大医院送医下乡到新昌义诊咨询活动。2015年11月裘师更是登上电视荧屏，分别在浙江7套公共新农村频道和浙江4套教育科技频道联播“重症肌无力”“帕金森病”“偏头痛”专题讲座，在观众中引起了热烈反响。

裘师因其丰富的工作经验，出色的临床工作能力，从临床岗位转到了管理岗位，曾历任浙江省中医院医务科科长、副院长、常务副院长。在岗期间，裘师积极举办各类学习班，并号召年轻医生积极参与，培养他们不断学习、终身学习的习惯；他奖惩分明，始终要求医生严格遵守医生职业规范。多年的求真务实，科学管理，夯实了医院发展的基石。他慧眼识珠，培养了一大批年轻的技术骨干、管理能手，后来都成为浙江省中医院发展的中流砥柱。裘师运筹帷幄，审时度势，在他的带领下，浙江省中医院稳步健康发展。

裘师曾任中国中西医结合学会神经科专业委员会常委，浙江省中西医结合学会常务理事、副秘书长，浙江省中医药学会常务理事，浙江省中西医结合学会神经内科专业委员会1～3届主任委员。浙江省中西医结合学会神经内科学分会从无到有，到发展壮大，裘师倾注了大量的心血，为浙江省中西医结合神经内科事业做出了巨大贡献。裘师不仅是浙江省中西医结合神经内科学的创始人之一，在浙江省内外中西医结合神经内科学界享有非常高的声誉。2016年10月，在我国的河北石家庄，中国中西医结合神经内科专业发展战略大会暨神经内科专业委员会成立20周年庆典之际，裘师因其多年来在神经内科领域的卓越贡献而被学会授予“中国中西医结合学会突出贡献奖”。

第二节　真心凌晚桂　劲节掩寒松

自 1981 年炙马钱子胶囊发明以来，全国各地前来求药的患者络绎不绝。二十世纪八十年代初，当时电话的应用还未普及，裘师与患者之间的交流主要依靠信件。几个月前偶然间翻看了当年裘师和患者之间往来的书信，确实为他们深深震撼：来自 25 个不同省市的 227 封信件被整整齐齐存放着，这之中来信最多的患者高达 12 封，裘师均对其做到了一一回复，同时还附有信件的统计表。在这众多信件之中最为珍贵的莫过于一幅人体挂图，94 岁的老人从旧书中获得并赠予裘师，背面手书的漂亮繁体字弥足珍贵。

来信的主要为来自全国各地的重症肌无力的患者，患者多是前来寻求裘师改方或者买药的。裘师亦是从不拒绝，为了能让患者及时获取到药品而不至于中断用药，尽管工作再忙，裘师也一定按时将药寄出。记得当时炙马钱子胶囊的价格是 8 元，故而几乎给每位患者买完药都有两块的零钱。由于邮政不允许邮寄硬币，裘师只能将零钱换成纸币以方便寄出。“那些个日子啊，几乎是一有时间就往邮局和银行跑。不仅是我，我太太也是忙坏了，就跟着我整那些信啊。”裘师笑着回忆，言谈之间是一如既往的坦然轻快。

裘师十分赞同“大医精诚”之言，在对待医患之间的关系问题上，认为医生一定要安定神志，无欲念，无希求，首先要表现出慈悲同情之心，决心拯救人类的痛苦。有患者前来寻求救治，不管他的身份地位，贵贱贫富，老幼美丑，一律平等看待。面对患者，医生既不是高高在上的救世主，也不是冷酷孤傲的施舍者。本着对生命的尊重、对健康的珍惜，医与患具有平等的人格，需要的是真真切切的和谐与友善。裘师常常告诫我们“无患则无医”，医患之间应该是互相依存、摒弃世故的关系，医生在患者面前要“没有架子、保持微笑”，这是值得赞美的一种胸怀、一种精神，也是我们需要学习的精神。

而今裘师虽已逾古稀之年，可工作依旧忙碌，仍坚持每周 5 个半天的门诊，但往往加班看诊到晚上，始终不遗余力地为患者解决病痛。其超时工作的高强度，就是年轻人也自叹弗如。临床上，裘师医德高尚，技术精湛，患者互相介绍，全国各地慕名而来的求治者络绎不绝。裘师对待工作认真负责，态度和蔼，对任何患者均一视同仁。常有远路赶来的求医者不能挂上号，裘师经常感念其病苦，不顾自己高龄体虚而予以加号；裘师诊病时特别仔细，尤其对于初诊患者，问诊、查体耗时较长。裘师常常叮嘱我们诊病时要注意细节：切脉的时候，他总是将大拇指搭在患者手掌心，结束之后顺势摸一下患者手心，觉知一下冷暖。不是很起眼的一个小动作却传递着医者的细致与关爱，人生是由细节组成的，细节有时平凡，有时却壮美。

这样一来，一个上午满打满算也就能看 20 来个患者，裘师往往都是匆忙吃完中饭后又继续投入战斗。很多时候，在旁侍诊的我们都早已经是累得撑不住了，看着老师既是心疼，又是佩服，怕他太过疲劳，又羞愧于身为晚辈的我们身体竟还不及他。老师门诊时，注重中西合璧，辨证论治，遣方用药讲究君臣佐使、升降沉浮、四气五味，这一过程其实体能消耗很大。当医生不仅仅是脑力活，更是体力上的较量呀！于是每个上午的 10 点多，老师必须定时补充能量，这也是我们宝贵的课间休息。而短暂休憩之后的老师便又即刻恢复了充沛的精力，继续投入到了紧张的工作中。

裘师门诊诊金较高，有些患者家庭贫困，老师深表同情，常予以免除挂号费，让其按普通门诊就诊，给予患者极大的支持。裘师常教育我们要尽可能地去帮助他人，“滴水之恩应当涌泉相报”。但凡有患者没带够钱无法支付药费的，裘师二话不说总是第一时间掏出自己的钱交给患者让他先垫上，从不计较患者何时归还。一来二去，不知不觉中钱竟也垫出了不少。我们曾建议老师弄个本子记下账目好歹心里能有个数，裘师二话不说拒绝了我们的提议：“我当医生就是为了帮助病人，让他们过得更好。诊病开药是一方面，借钱也是一方面，方式不同而已。帮助了别人，不仅是他们，我也很开心，哪里需要计较那么多。”言谈之间，那身形仿佛已经在顷刻间转换，那侧影依旧是温文尔雅的侧影，那气势，却已是雷霆万钧的气势。

多年来，裘师一心一意致力于神经内科疑难杂病的研究，不仅惠及浙江省内患者，更有国内甚至国外患者络绎不绝前来求医。在这个诊室里，每个人都有自己的故事，而他参与了所有人的故事，留下了一段段动人的佳话。

曾有一位法国妇女因为生小孩的时候麻醉意外而导致截瘫，平素大小便障碍。四处求医无果，法国当地医生认为患者症状不可能再有好转。几近绝望之时，一个偶然的机会，远在欧洲大陆的她听说了裘师运用自己发明的炙马钱子胶囊治愈截瘫患者后便立刻动身来中国寻求救治。患者由于脊髓损伤导致膀胱直肠功能障碍，无法自行排尿而需要导尿，遂不远万里从当地随身携带了四箱一次性导尿管来到西子湖畔的浙江省中医院。

炙马钱子胶囊具有疏通经络、散结止痛之效，能选择性提高脊髓兴奋性，治疗剂量能使脊髓反射的兴奋性增高，是治疗各类肌无力的有效药，临床上对症使用确能显效。经过裘师和患者共同的努力，患者奇迹般得到了康复，能够自行排尿。一个本被医学界宣告无望的疾病就这样被治愈，这该是一份怎样的幸福和幸运。为了表达自己的感激之情，患者遂将自己从法国当地带来中国的四箱高质量一次性导尿管交给了裘师，希望能将此贡献于临床之用。在当时，这些来自国外的高质量的导尿管对于我们国内医生而言确是一份珍贵的礼物。裘师遵照患者嘱托，将其分别赠予医院的骨伤科、泌尿科、康复科及神经内科，一时间传为佳话。据悉，患者回去后同那里的医生说起自己吃了一种名叫“813 丸”的小药丸治好了截瘫，医生纷纷表示不可置信，还派人专门来中国学习，患者的爱人甚至有意向出资 300 万用于研究开发此药。

有位来自香港的重症肌无力患者，据悉是一名出租车驾驶员。他在香港偶然间打听到内地对于治疗该病效果比较好，遂只身前往。他首先到达宁波，在当地医院住院输液一段时间，全然无效。而后终是峰回路转，尽管走了些许弯路，然患者最终还是经人推荐找到了裘师并顺利得到了医治。患者用药后效果很好，据他本人描述：“仅服用了 4 帖中药就有力气了，讲话都大声了！”

还有一名因动脉瘤出血而致全盲的中年女性，在上海、北京医生都相继宣布视力没有恢复可能性的前提下找到了裘师。或许正是这份永不放弃希望的信念，不向命运低头的决心成就了她，经过一段时间的中药治疗，患者视力有了恢复，光明又再次重回她的生活。

一位来自新疆的重症肌无力患者，四处寻求医治无望。有一次，在当地医院就诊的他正好碰上了浙江省中医院派去援疆的医生，无意间将自己的病情告知。援疆医生据此一下子就想到了裘师，便向患者做了推荐。患者将信将疑，抱着试一试的态度，由西到东几乎横贯整个国土终于找到了裘师。裘师详细询问病情，仔细查体，并为患者制定了完善的治疗方案。由于患者居住地较远，出行就医不便，裘师特将联系方式告知患者，并再三嘱咐患者病情变化及时通知自己以便更改处方。患者对裘师十分信任，依从性很高，经过了一段时间的治疗，病情有了显著好转。2016 年年底，作为裘师学生，张丽萍主任去往阿克苏之际，再次接诊了该名患者。患者病情稳定，情绪更是十分积极，脸上再也不见当日奔走无门时的愁容，变得越发开朗和健谈，淡定从容地笑看黄沙走。尽管这个举动微不足道，故事中的主人公也是个再平凡不过的患者，但是这师徒两代人却在无形之中为我们描绘了中医传承的绚丽图景，也同时传递出了他们那代人行医乃至于为人处世一种负责到底的态度。

达者为先，“先生”一词，在古代表示恭敬，现用于称呼有较高学识与地位的学者，如本人非常喜欢的“杨绛先生”。跟师期间有个同样德高望重的重症肌无力患者，家属总是说：“是裘先生救了她母亲，治愈了她母亲的病。”作为学生，每每听到患者的感谢，也倍感骄傲。

早上七点半开始，来找裘师问诊的患者就排起了队，诊室外的走廊常常被挤得水泄不通。重症肌无力、发育迟缓、发作性睡病……来找老师问诊的有很多是患有这些疾病的小患者，在给这些小患者诊治的时候，裘师自己整理出了一套方法。重症肌无力患儿长期服用中药者众多，但采集四诊信息并非易事，于是裘师想办法奖励他们糖果，孩子们乖乖伸舌，安静地让裘师切脉，效果奇佳。侍诊过程中感受着孩子们的纯真美好，使裘师和我们永保纯真的心态。“小孩儿和大人不一样，要哄着他们才行”，说着裘师就拉开抽屉给我们看准备好的两大盒糖果，“很多小孩接受诊治的时候不配合，或者不乖乖吃药的时候，我就会拿些糖哄哄他们。”

诊室里常有外国留学生一起跟师。双方虽然在沟通方面存在困难，但并不阻碍他们学习中医的热情。说实在的，他们认真求实的精神确实值得我们学习的。每次门诊，他们总是仔细听翻译介绍问诊过程，亲自查看舌苔，体验脉象，观察老师的处方用药，并能提出高水平的问题。离开诊室之时，除了感谢裘师，他们还让翻译告诉我们：“裘教授是中国病人的福气，也是学生们的福气！”

诊室里的故事每天都在继续，有一次，从八点到十点半，裘师都在忙着给患者诊治，根本没有休息时间，只在去重症监护室（ICU）给方先生会诊的路上喝了杯酸奶。

45 岁的方先生目前重症肌无力危象，无法自主呼吸，只能靠呼吸机维系生命。裘师之前曾有几例成功的案例，这次他也希望能帮助方先生顺利地渡过难关。

裘师在与多位医师交流了方先生的病情之后，就往 12 号病床走去。方先生看到裘师走来，眼睛都亮了起来，整个人立刻有了活力。他虽然说不出话，

但是一直拿着笔在纸板上写着，与我们进行交流。

在裘师询问完病情之后，方先生在纸板上写着：“以前晚上经常出汗，现在已经好多了。”“我口水很多，喉咙很痛。”“我们那里葡萄很多很好，如果我病好了，给你们快递送点过来吃。”

ICU 的护士说，裘师在平时对方先生的诊疗过程中一直十分亲切地陪伴着他，给他帮助和支持，所以方先生非常信任依赖裘师，他与裘师的交流可不仅是在病情层面，而是什么都愿意和老师说，从日常的身体状况交流，甚至想要买几包纸，方先生都会写在纸板上给裘师看。

裘师多次运用中西医结合的方法参与危重疾病的救治，学生有幸数次亲临。前几日的门诊恰巧遇见一位年轻的重症肌无力女性患者前来复诊。她是今年年初离开的 ICU，一共在里面待了 265 天。当时正值裘师前往 ICU 为另一患者会诊，如此偶然的相遇，家属当即恳求裘师为她女儿诊治开处中药。裘师当然不会拒绝，对于患者所求，他从来都是当仁不让。裘师平日里门诊十分繁忙，每天下班时间就接近晚上 6 点了。然而纵使再忙再累，裘师依旧坚持每周前往 ICU 会诊，半年以来，从未间断。ICU 里每天都上演着的生离死别实在是太寻常不过的事了，患者分明清醒，又怎会无动于衷。“面对着那一个个惨白得没有一丝温度的床位，那耳边呼吸机规律运作的毫无人情味的嘟嘟声，经历了一次次脱机的失败，我感受着自主呼吸无力的绝望，无数次萌生过想要放弃的念头。但是只要看到那个匆匆而来的坚定的身影，便仿佛有了对抗命运的勇气。他是如此的耐心与和蔼，却又庄严得不容一丝侵犯，当感受到他干燥手心传来温暖的刹那我便知晓，我从来不是一个人”。功夫不负有心人，经过 ICU 医护团队的坚守及裘师的悉心诊治，患者终是成功脱机并最终顺利出院，尽管历经曲折，却又是一段崭新的人生。

有喜有忧，有笑有泪，从选择从医那日启程走来，一路即景，奇绝壮绝：那是重症肌无力患者重新上抬的眼睑，是 ICU 患者脱机时的欢悦，是帕金森病患者不再颤抖，是延髓麻痹患者顺利吞咽，是共济失调患者重获平衡，是偏瘫患者迈步向前……

近年来随着移动互联网的普及，使我们线上就诊成为可能。和其他老人不同，裘师是非常愿意接纳乃至学习新事物的，更遑论是于患者有益的事情。一天，裘师一名同事偶遇裘师的女儿，问起她父亲用微信发红包的事情是不是由她代劳的，裘师女儿笑着摇头说：“是爸爸自己完成的。”同事对此甚为惊讶，在她看来，裘师这个年纪的人应该是不太会用微信的。其实，但凡熟悉他的人都知道，裘师对于任何新鲜事物是从来不会排斥的，也绝不会说："我年纪大了，学不会了。"反而时常对女儿说："别人会的，我也一定会。"拥有自信，不断学习，是裘师始终保持年轻活力的法宝之一。

作为老年人先锋代表的裘师，不但能用微信畅通无阻地交流、发红包乃至于转账，甚至还开发了利用微信看病的功能。在了解到微信这个平台之后，裘师很快掌握了视频看诊的精髓，在家为天南地北的患者看起病来。于是，这种新一代的通信工具逐步取代了书信，成为裘师与患者之间沟通的纽带。时代的变迁不曾抹去裘师一心为患者谋福利的初衷，转变了的只是沟通的媒介，那始终真挚和纯粹的心永远不变。打开裘师的微信相册，满屏均是患者传来的用于辨证的舌苔照片。也许有人会质疑说那样看病不靠谱，但是对于浙江省外甚至国外的复诊患者而言，在裘师详细问诊服药后症状变化的情况下，在裘师告知怎样把清晰准确的舌苔照片发到微信的前提下，这个举动，无疑为患者化解了抢不上号时的焦急情绪，省下了来回及等待的宝贵时间。当然这无疑大大增大了裘师的工作量。

政客们终身捭阖纵横，商人们终身操奇计赢，有的人一生侍花弄草，有的人一生舞文弄墨，同是一辈子，将士金戈铁马，农民兀兀穷年……一生只做好一件事，这是我对于裘师的最朴素的评价。世间聪明人何其多，但是能真正做成一件事的又有几人？驰心旁骛、见异思迁的人执着不了也成功不了，唯有时刻怀着赤子之心，衣带渐宽终不悔，方能在无数的风雨历练中坚持真我本色，他们是最执着幸福的人。自裘师选择踏上医学之路那刻起，殚精竭虑，义无反顾，许多情况下往往是知其不可为而为之，在他这里，贫困和卑微都不能成为阻碍你获得救治的理由，在他的努力下，众多濒临绝境的患者坚定信念，寻求生的可能。

尽管在临床上取得了丰硕的成果，著作等身形容他是一点都不为过了，但是裘师自始至终都秉持着本分做人、认真做事的好品质，行事依旧低调，始终坚持"多做事，少说话"的原则。"蓬生麻中，不扶而直"，精神上的影响无疑是深远的潜移默化的，无须过多言语，他的一言一行同样感染了周围的人。裘师女儿裘辉是浙江中医药大学附属第三医院的一名副主任医师，子承父业，裘师女儿在继承他衣钵的同时同样继承了他不张扬的行事风格。记得当年她在浙江大学医学院附属第二医院神经内科进修，从未向任何人透露自己的身份。她明白，自己的言行所代表的不仅仅是自己，亦是代表着父亲，父亲的声名与荣耀是自己所必须守护的东西。就这样默默无闻地持续了几个月，直到某日一个从前相熟的老专家查房时看到裘辉，大家才了解到她是谁。周围的医生们估计做梦都不曾想到，这个平日里埋头苦干兢兢业业的进修医生竟是裘师的掌上明珠。

谈及裘师的家规时，裘师特意提到了“本分”二字，在他看来，所谓“本分”，其内涵主要包括四个层面。

第一层：“为人本分应当能够隔离外在的压力和诱惑，保持平常的心态，回归事物的本源，把握住自己人生应该做的正确大方向。”

第二层：“为人本分是要求自己而不是要求别人，当出现问题时，首先应该求责于己。”

第三层：“‘本分’二字规范了与人相处合作的一种态度，即我不赚人便宜。”

第四层：“‘本分’二字高于诚信，即使没有承诺，本来应该做的事情也要做到。”

“简单地说，就是人要清楚自己是谁，然后找到自己最适合、最应该也最擅长的事，把一生中所有重要的精力，所有重要的时间，所有重要的资源，都放在这件事上，以这件事作为生活的轴心，一心一意地去把它做好，尽全力去做到极致，尽全力去做到圆满，尽全力去做到皆大欢喜。舍此之外，就是不务正业”。裘师常常如此告诫我们：“我们身处在一个充满压力、诱惑与挑战的时代，容易被情绪左右，产生恐惧、烦躁与不安，进而做出错误的判断。如果我们能隔离外力，始终保持本分的心态，回归事物的本源，想想最初的我们为什么出发，这样一来处理问题的方式即会变得更清晰。”

第三节　山重水复路　柳暗花明时

近代著名学者王国维先生在其代表作《人间词话》中曾谈及古今之成大事业、大学问者，必经过的三种境界：“昨夜西风凋碧树，独上高楼，望尽天涯路”，此第一境也；“衣带渐宽终不悔，为伊消得人憔悴”，此第二境也；“众里寻他千百度，蓦然回首，那人却在灯火阑珊处”，此第三境也。不仅仅是文人，此番度量对于任何人都具有普世价值。

“路漫漫其修远兮，吾将上下而求索”，在追求真理的道路上，谁人敢言是一帆风顺的。对于走过的弯路，裘师曾谈及："我刚读完书那会儿，由于受课本里的条条框框知识所影响，处方用药比较呆板，多行照本宣科之法。就最常见的高血压而言，只知其病机为肝阳上亢，故而处方多以滋阴潜阳的枸杞菊花或者平肝潜阳的天麻钩藤饮之类化裁，由于常能收效，故而对书本内容深信不疑。然而有一次我看到院里的经方派老专家使用桂枝汤治疗高血压，对此深以为疑。'桂枝这等热药竟能治疗高血压？'自己平生所学第一次得到了质疑。后来亲自询问了老师才知道，治疗高血压除了运用滋阴、清热、平肝等常规治法之外，对于众多难治性的高血压，运用桂枝汤治疗往往取效。这是因为桂枝的温通作用有扩张血管之用，对于常规用药无效的难治性高血压只要辨证准确，确能取得满意疗效。"谈到此处，裘师禁不住笑着摇摇头："自此我便认识到了生搬硬套、'一病一方'的治病之法自有其局限，只有在反复的临床实践中不断积累，了解临床和课本知识的差异，并不断修正自己现有的知识，才能以不变应万变。"

"我自以为的最艰难的时刻大概是亲自管病房的时候了"，裘师回忆道，"那时候是中西医结合病房，病种主要集中在肺心病、慢性阻塞性肺疾病、肝硬化及上消化道出血等。当时我的西医知识多来自于卫生学校那三年的积累，比起我那些大学毕业的同事，很多时候常常感到自身知识的匮乏，遂夜以继日地发奋学习，重新拾起西医知识。我从来都坚信'笨鸟先飞'的道理，故而一直以来未曾有过懈怠。"经过努力，裘师他们终是实现了从诊断到治疗的系统化的实践，临床能力得到了极大的锻炼和提高。一直以来裘师都将"书山有路勤为径，学海无涯苦作舟"14 字视作自己行动的准则并为此而不懈奋斗着，"素知医路艰难，但是想想这书山和学海虽然难攀难渡却仍有径和舟，也是一桩美事。"谈及前尘往事，裘师不由地笑了。

在裘师创造出突破性成就的重症肌无力的诊治方面，裘师亦是经历了三阶段认识。

第一阶段：时间为二十世纪八十年代以前，当时医学上对于重症肌无力的认识较少，其死亡率高达 30%，怀疑可能与免疫或神经传导相关，可有乙酰胆碱含量的下降。在当时重症肌无力主要以纯中医治疗为主，采用补中益气汤，能缓解部分患者的肌无力症状，如眼肌型、轻度全身型，但是于危重患者作用相当有限。

第二阶段：炙马钱子胶囊加中药治疗。裘师根据张锡纯《医学衷中参西录》中所言痿证："有肌肉痹木，抑搔不知疼痒者……实由于胸中大气虚损；

有周身之筋拘挛，而不能伸者……致宗筋之伸缩自由者，竟有缩无伸，浸成拘挛矣；有筋非拘挛，肌肉非痹木，惟觉骨软不能履地者，乃骨髓枯涸，肾虚不能作强也。”把痿证的病因病机归为气虚痰郁、宗筋失养、骨髓枯涸三个方面，并于此发明了“813丸”（即炙马钱子胶囊），他认为“其开通经络，透达关节之力，实远胜他药”，采用马钱子治疗重症肌无力，其药物用量开始规律。马钱子用量的个体差异巨大，相似的病情，有患者甚至需用至每日17粒才能显效。裘师经过长期临床试验发现，马钱子的有效剂量和中毒剂量十分接近，一般建议用至身体出现肌肉跳动时方能好转。因此，为了防止患者用药后出现中毒反应，往往需要密切监测及时调整剂量。于是在很长一段时间里，裘师总是坚持在晚上10点半后还骑着自行车到医院查看患者用药后的症状，风雨兼程，未曾有一日中断。一直以来，患者的安全于他而言是最为要紧之事了。

第三阶段：及至二十世纪八十年代中期以后，医学上逐渐认识到重症肌无力这一自身免疫性疾病，西医开展免疫抑制剂治疗该病。此阶段裘师正规运用激素加免疫抑制剂联合溴吡斯的明治疗，结合中药参与疾病各个阶段的，其中最为突出的当属激素各阶段的中药参与，胸腺瘤手术前后的中医治疗，均取得了丰硕的成果，为重症肌无力这一临床难治的罕见病的成功治愈带来了可能。

此时此刻回顾王国维的“三境界”顿觉感触良多：

其第一境界“昨夜西风凋碧树。独上高楼，望尽天涯路”，语出自北宋晏殊之《蝶恋花·槛菊愁烟兰泣露》。此一境，乃对人生之迷茫，孤独而不知前路几何。虽然包含望而不见的伤离意绪，但感情悲壮，毫无纤柔颓靡之绪。西风刮得绿树落叶凋谢，当前形势恶劣，但在乱世之中，也唯有他能真正排除干扰登上高楼，居高临下，高瞻远瞩，不为一时的雾霭所迷惑，清晰地看向远方，看到天涯海角尽头，看到别人看不到的地方。在这一点上，裘师也和诗人一样，亦能看清情势发展的主要方向，抓住主要矛盾，这是他能取得成功的基础所在。

第二境界“衣带渐宽终不悔，为伊消得人憔悴”，语出自北宋柳永之《蝶恋花·伫倚危楼风细细》。此一境，诗人满怀愁绪挥之不去，却仍心甘情愿为“春愁”所折磨，即使渐渐形容憔悴、瘦骨伶仃，也决不后悔。投射至裘师的人生，在此境界，人生便有了崭新的目标，在追逐的梦想的道路上，求之不得、形容消瘦却依然继续追逐无怨无悔。第二境界概括了裘师身上的伴随他一生的那种锲而不舍的坚毅性格和执着态度。为了希望与使命而下定决心努力奋斗，为了医疗事业奉献一切在所不惜，继续前进。纵使人瘦了、憔悴了，但仍然“不悔”。他使我看到，在这个世界上，无论是行医、从教还是做科研，做成任何事都没有平坦大道，故而要敢于创新，也要善于等待。这一境是执着地追求，忘我地奋斗。

第三境界“众里寻他千百度，蓦然回首，那人却在灯火阑珊处”，语出自南宋辛弃疾的《青玉案·元夕》。诗人于此一境已经寻觅千百次，最后竟然是在灯火冷落之处发现了那人那物。那些我们立志追逐的，在足够的积累之后，终是能够由量变成为质变，在不经意间找到答案。裘师亦是在经过了数不尽的周折与磨炼之后逐渐成熟起来的。别人看不到的东西他能明察秋毫，别人不理解的事物他也会豁然领悟贯通，从而在事业上获得创造性的独特的贡献，这便是所谓的功到事成了吧。这是用血汗浇灌出来的鲜花，是用毕生精力铸造的大厦。

马一浮先生曾有诗云：“已识乾坤大，尤怜草木青。”以此形容裘师的境界想必是再贴切不过了。即便是经历世事沉浮、阅尽人间沧桑，当俯下身子看到草木生发、春风又绿的时刻，他依然能够生出怜悯之情。试问，你可曾驻足留心路边一株青草的枯荣？自问这于我之人生有何增益？春秋之轮换于我之富贵又能添几何？生活之重担早已令人不堪重负，又有何心力去关心草木是否变青、春花何时再发。不知何时我们的意识开始被周遭的声音裹挟着前进，情趣被“务求成功”的价值观所湮没，“情怀”二字终究抵不过一纸房产证的分量。即便我十分喜欢这份“草木之心”，但却仍不敢轻易去评价其价值和意义。

裘师是非常喜爱养花之人，这份爱好点缀着他为数不多的闲暇时光。目之所及，大大小小的花盆填充着家里的阳台和办公室的窗台。裘师说：“这样一来，无论是在家抑或是上班，只要一抬头便可以看见春天的颜色，生机勃勃的，使人心情愉悦。”此外，裘师还喜爱书画，工作再忙也要抽点时间练练字。栽花练字，陶冶性情。

2014 年 6 月 15 日，第一届重症肌无力大会在北京召开，热心公益事业的裘师在接到爱力重症肌无力关爱中心张海连理事长的邀请时即欣然前往，并与著名神经免疫专家许贤豪教授同台公益讲座，无条件支持公益事业。2015 年 9 月 8 号，该中心发起“8 个肌无力一个梦想”活动，旨在帮助重症肌无力患者实现梅里雪山 9 万米行走梦想时，老师一掷千金，并亲自发起募捐，对患者的关爱可见一斑。由此我不由地深信，一个人只有站在高处，才能更好地俯察低处；强者，才会体恤弱者；思想上洞悉深刻，才会对万物有情。阅历越是增加，越是深感一个人的见识见解难以跳出他的层次和立场。所提出的问题和追寻的答案也往往是自私的。若想俯下身做事，必须先站在高处。

其实人之一生，从垂髫小儿至垂暮老者，匆匆的人生旅途之中，我们也同样经历着人生的三重境界。

涉世之初，我们怀着对这个世界的好奇与向往，对周遭的一切事物都用一种近乎童真的眼光来看待，觉得一切都是新鲜的，万事万物在我们的眼里都呈现出其本原，对许多事情懵懵懂懂，却固执地坚信所见到就是最真实的，相信世界是按照既定的规则不断运转，并对这些规则有种信徒般的崇拜，最终导致在现实里处处碰壁，从而对现实与世界产生了怀疑。因为了解得太肤浅，所以“看山是山，看水是水”。

滚滚红尘之中充斥着太多的诱惑，我们肉眼所看到的也并不一定是真实的，一切都仿佛是雾里看花，亦真亦幻，似真还假，无不令我们在现实里迷失方向，随之而来的是迷惑、彷徨、痛苦与挣扎，有的人就此沉沦在迷失的世界里。于是，我们开始更加用心去体会这个世界，对一切事物都多了一份理性对现实则多了一份思考。此刻，山不再是单纯意义上的山，水也不是单纯意义的水了。随着年龄渐长，人在经历过无数的苦难与挫折之后，开始逐渐了解到人生的深意，就不再有刚开始的心态，而开始小心谨慎，这个时候看山也感慨，看水也叹息。一个人倘若停留在人生的这一阶段，那就苦了这条性命了。人会这山望了那山高，争强好胜，永无休止和满足的一天。

大多数人到了第二重境界就走到了人生的终点，穷其一生，却始终无法达到自己的理想，于是抱憾终生。但是有些人通过修行，终是能把自己提升到了第三重人生境界。这是一种洞察世事后的返璞归真，但不是每个人都能达到。需要人生的经历积累到一定程度，不断的反省，对世事、对自己的追求有了一个清晰的认识，认识到“世事一场大梦，人生几度秋凉”，知道自己追求的是什么，要放弃的是什么，人在这个时候便会专心致志做自己应该做的事情，不与旁人有任何计较，无求无欲，与世无争，面对世俗之事，一笑置之。这时，看山还是山，水还是水，只是这山这水，看在眼里，已有另一种内涵了。

第四节 为明除弊事 不肯惜余年

70 多岁的裘师每天诊察五、六十位患者之余，还要阅读大量的专业资料，孜孜不倦地温习经典，始终保持良好的学习状态，其工作量可想而知。俗话说："师傅领进门，修行靠自身。"裘师年轻时有幸遇上名医名师，得到他们的指点，但更重要的还是他善于学习和总结，善于从经典中学习，并且应用于临证。

我国外科鼻祖裘法祖先生曾感叹："德不近佛者不可为医，术不近仙者不可为医。"医学的根本任务在于济世救人，良好的医德必须以精湛的医术为载体。中国历代医家都十分重视把"精术"作为"立德"的根本和基础，而精湛的医术本身也是医德内涵中的重要一部分，医生的医德应体现在热爱生命、对生命充满敬畏和实行人道主义。孙思邈在《大医精诚》中首先强调了医学乃"至精至微之事"，故"学者必须博极医源，精勤不倦"，一个医生若无精良医术，即使厚德仁心，也不能被认为是一个合格的医生；不能救人于疾病危难之中，医德纵然高尚也是一句空话。健康所系，性命相托。医生的服务对象是人，人命大于天，分秒中的诊断便决定着一条性命的去留、一个家庭的悲欢，因此作为医生需时刻谨慎，一丝不苟。当知识不断堆积，理解不断深入，会有融会贯通、水到渠成的一天。

在裘师书房里，有着中医经典的一系列丛书，甚至有些还备有两个以上版本，裘师时不时地予以翻阅。裘师常常对我们晚辈讲述"流水不腐，户枢不蠹"的道理，告诫我们一定注意脑子是越用越灵活的。学生作业上面的每个字，裘师都是仔细阅读并认真书写评语，不曾有一丝懈怠；对于每一句经典，老师必亲自查询其出处，若有不符，还得继续查找其他版本，直至正确无误，包括标点符号。记得有次写文章的时候随便引用了别的作者取自《黄帝内经》里的一句话，当时也没有在意，直到第二天看到老师评语时乃知正是自己的不慎导致老师昨晚熬夜查了四个版本的《黄帝内经》，方才恍然大悟也倍觉羞愧难当。因此，老师每次的评语于我们而言无疑是非常之珍贵。老师严谨的治学精神时刻影响、督促着我们，乃至于后来只要写文章有引用的段落，大家势必反复详查其来源，务求达到万无一失的境地。

距今 2000 多年前的东汉，该是个月朗星稀的夜晚，一道颀长的身影在斗室之中奋笔疾书："余每览越人入虢之诊，望齐侯之色，未尝不慨然叹其才秀也"，搁下笔，他继而又起身踱步至窗前眺望那遥远的星空。独自一人站在历史的高度上倚风凭栏，苍茫四顾。我分明看到，自他的双眸中迸射出的，是一股凛冽的心灵之光，它犀利似剑，泠然有声，凝聚了无穷的历史感悟。

它使我想起了裘师当年眼底的烟云。所以，不管如何转变了角度端详，总还是能感觉到老师的目光微含忧郁，抑或是期待：淡淡的，淡淡的，宛如壮士断腕，又像是英雄凭栏……我们几个私下里常常打趣：果然先觉者都是超前的，超前者都是孤独的，孤独者总是忧郁的，在忧郁中抉择，在期待中觅路前行，这似乎便成了古往今来那些智者们生命的基本造型。

张仲景出生于一个地主家庭，拥有比较优渥的学习条件。早年便能阅读到大量的医学书籍，为后来的行医著书打下了坚实的基础。《难经·六十一难》提到“经言望而知之谓之神”“望而知之者，望见其五色，以知其病”“经言以外知之曰圣，以内知之曰神，此之谓也”。自古都认为望诊有天赋“作祟”，大多数人往往穷极一生都难以望其项背。仲景深为扁鹊给蔡桓侯望诊的故事所感动，遂萌生了学医的念头。

“疾在腠理，汤熨之所及也；在肌肤，针石之所及也；在肠胃，火齐之所及也；在骨髓，司命之所属，无奈何也。今在骨髓，臣是以无请也”。《韩非子·喻老》中《扁鹊见蔡桓侯》的故事不可谓不是家喻户晓，妇孺皆知。“扁鹊望诊之境界真可谓是通晓天地阴阳，洞悉人体内外，无所而不到也”。浅显易懂的故事塑造了一个讳疾忌医的君王的同时，更为千百年来后世医家奠定了最高的行业准则——“揣其外而知其内”。

中医典籍浩如烟海，而这之中裘师最为推崇的当数仲景《伤寒论》的序言了，每每读到此处，裘师都很慨叹古人投身医学纯粹的品质。裘师常常和我们说：“医道之所以能够传世，不仅仅是因为它能具有枯骨生肉、起死回生效力，而是因为这其中包含着的修身齐家的智慧和胸襟。”一直以来，他是这么说的，也是这么做的。

“序”的开端这样写道：“怪当今居世之士，曾不留神医药，精究方术，上以疗君亲之疾，下以救贫贱之厄，中以保身长全，以养其生，但竞逐荣势，企踵权豪，孜孜汲汲，惟名利是务，崇饰其末，忽弃其本，华其外，而悴其内，皮之不存，毛将安附焉。”东汉时期，巫医盛行，“卒然遭邪风之气，婴非常之疾，患及祸至”之时，仲景振臂高呼，对于那些轻视医药的统治者们患病后“降志屈节，钦望巫祝，告穷归天，束手受败”的现实给予了无情的嘲讽，并以自己扎实的医学功底为人民群众治疗疾病，与巫医进行斗争。这是仲景所发出的高呼，句句振聋发聩，字字露骨见血。

张仲景青年时代曾拜同乡张伯祖为师学习医术。“宋刻伤寒论序”有曰：“始受术于同郡张伯祖，时人言，识用精微过其师。”觅得名师，尽得其所传，然而，真正促使他走上医生道路的，还是当时连年战争造成的瘟疫盛行的大环境。诚所谓“时势造英雄”莫过于此。正如他在《伤寒论》序中所言：“余宗族素多，向余二百，建安纪年（公元196年）以来，犹未十稔，其死亡者，三分有二，伤寒十居其七。”故此，他“感往昔之沦丧，伤横夭之莫救，乃勤求古训，博采众方，撰用《素问》《九卷》《八十一难》《阴阳大论》《胎胪药录》，并平脉辨证为伤寒杂病论合十六卷，虽未能尽愈诸病，庶可以见病知源，若能寻余所集，思过半矣”。

“勤求古训，博采众方”八字作为千古名句，至今仍被裘师挂于案头，奉为圭臬。古今中医人何其多，然而真正能发力“勤求古训”，潜心研习经典之人并不多，所以“勤求古训，博采众方”不仅仅要挂于案头，更要落地实践。仲景语豪气冲天，然而确是所言非虚，可惜现如今“能寻余所集”之人太少，所以自是不能“有方时会其用”，更谈不上“无方处会其神”了。

裘师建立了系统的重症肌无力辨证体系，并精选方药，既畅医理，又裨实用。彼饱受重症肌无力病痛缠身，或是辗转各地病情加重，或是因药物反应身心俱损的患者，求诊于裘师，经治疗病情显有改观，许多患者甚至停用西药而不复发，也有部分完全康复，恢复生活工作能力。裘师还根据重症肌无力发病机制，亲制成药——自制炙马钱子胶囊，获得国家发明专利，并对炙马钱子胶囊的药物炮制、量效关系，以及适应证、用法用量、毒副作用的防治等进行了深入研究总结，并且应用于临床，成为治疗重症肌无力或运动神经元病的专用药，以申古人之所欲，补前贤之未备。此药给许多重症肌无力患者带去了生活下去的希望，求药者遍及海内外，裘师常不吝相送。对于运动神经元病导致的“渐冻人”裘师有独到的中医认识和辨证治疗方案，从“痿证”入手，责之于肝脾肾三脏，益气活血、滋补肝肾，自成体系，许多患者经治疗阻止了病情发展，延长了生命，改善了生活质量。对于脊髓炎，裘师总结为四期病程，按疾病不同时期进行分期论治，方案简洁精炼，临床尽获神效。对于癫痫，裘师总结为风痰闭窍是发病之本，以此为纲领，进行兼证辨证，形成较为固定的基础方，以此基础方作加减，治疗后许多患者发病频率明显减少，或不发作，甚至部分患者完全停药亦不复发。对于中风、面瘫、头痛、三叉神经痛、焦虑、抑郁、顽固性失眠、吉兰—巴雷综合征、帕金森病、痴呆等顽疾，西医治疗已无新法甚至束手无策，裘师遵循中医思维，奉行中医辨证论治之精髓，探源总结，厘正医道，多有发微，形成了行之有效的治疗法则，疗效常常辄应如响，解人之困，延人之寿，故觅诊者盈门，人皆以为神经病学之神医。

裘师在运用中医药治疗神经系统疾病方面达到了很高的造诣，其诊治尊经而有探索创新，博学而能汇通中西医，不存疆域之见，阐明医理，随诊遣方，颇多新学，并有自创新药，形成独特的神经系统中医诊治学术体系。裘师还撰写和发表论文40余篇，参与编写《实用中西医结合神经病学》第二版、《神经内科手册》《实用中医内科手册》《中西医结合睡眠障碍诊疗学》等多部著作。其医名显于浙江省内外，来学者恒多，列门下数十人，亦有外籍中医师前来进修学习，裘师俱以传道授业解惑，毫无保留，来者皆感收获颇丰。我亦有幸成为裘师门生，受其点化教导，学习恩师临证经验和为人处世之风格，实为荣幸之至。“路漫漫其修远兮，吾将上下而求索”。裘师常言学医如“逆水行舟，不进则退”，告诫吾辈非发奋勤学无以明其道，非清虚淡定无以悟其理，“勤有功，戏无益”，不可懈怠，自当须“博极医源，精勤不倦”，学医当须博学为基；为医者须以德养心，医德修身，“欲成事先成人”，德才兼备方可为良医，“天行健，君子以自强不息；地势坤，君子以厚德载物”，学医当以济世救人为要；裘师常常提醒吾辈须心灵纯净，知我内省，胸怀博大，堂堂正正，以正气庄重之风貌面对患者，保持“铿锵话语，浩然正气”，不因一己私欲而损人，此诚为医之体。裘师奉行无言之教，以自身行为影响吾辈，治学严谨、处事审慎、为人谦卑、心平气和、豁达慈悲、正心诚意、谦逊恭敬，诚如成熟的稻穗始终低着头。裘师之教导如春风化雨，注入心田，师从裘师，我提升的不仅是医学之真知，更是道德之修养。

“夫天布五行，以运万类，人禀五常，以有五藏，经络府俞，阴阳会通，玄冥幽微，变化难极，自非才高识妙，岂能探其理致哉！上古有神农、黄帝、岐伯、伯高、雷公、少俞、少师、仲文，中世有长桑、扁鹊，汉有公乘阳庆及仓公，下此以往，未之闻也”，谈及此，裘师并不赞同仲景将后世医学的突破一竿子打死，“但我们确实继承不够，古中医渐行渐远是不争的事实。余本非‘才高识妙’之人，但求‘探其理致’，故全力专注于《黄帝内经》《伤寒论》的研习，唯愿有朝一日能将仲景之志传承乃至于发扬开去”，裘师对此笑着回忆，“也确实有那么一个阶段，急功近利，专注于某种技法或专攻某种疾病，偶得成功案例便急于示人，所幸终是悟得苦读经典乃学医之正途。”

孔子云：“生而知之者上，学则亚之，多闻博识，知之次也。余宿尚方术，请事斯语。”

《伤寒论》序的后半段是写给现在的医生的：“观今之医，不念思求经旨，以演其所知，各承家技，一直顺旧，省疾问病，务在口给，相对斯须，便处汤药，按寸不如尺，握手不如足，人迎趺阳，三部不参，动数发息，不满五十，短期未知决诊，九候曾无似乎，明堂厥庭，尽不见察，所谓窥管罢了。夫欲视死别生，实刁难矣。”当今社会，中医和西医之说终究只是两门学识，而学识之间本身并无对错，真正的对错取决于利用这两门学识的医生。

裘师认为，作为一个医生，首先要有创新精神，不能总是墨守成规，遵循老一套办法去给患者看病。张仲景在序言中批评那些人“按寸不及尺，握手不及足”的诊断方法。他在继承前人关于辨证论治思想的基础上，精心钻研，创立了一整套辨证论治的诊病原则，极大地推动了祖国医学的发展。毫无疑问，脉证对于判断疾病愈后和转归，判断患者吃了我们开的中药是否真的起效都是最客观的指征。当今社会，在医生诊治过程中虽然脉诊环节仍在，然而人迎、趺阳不参也可，寸口亦多为摆设或补充。《黄帝内经》《难经》大量篇幅讲授脉诊，《伤寒论》开篇即为“辨脉法”和“平脉法”，《伤寒论》正文标题更是开宗明义“辨 ×× 病平脉证并治”，不去苦心钻研脉诊，脉诊就永远只是摆设。

羡慕那些“生而知之者”，但我们都只是凡人。裘师告诫我们：“学习中医并没有太高的门槛，只要秉承淳朴的治病救人的本心，不为举世的浮华所纷扰，全力追求至真的医理，又何须‘生而知之’？”

“大医精诚”是孙思邈对于“如何成为一名好医生”这个命题在几千年前就做出的解答。所谓行大医者，要以解决众生疾苦为大，然而只有具备精诚者，方可承大医之名。孙思邈“精”于高超的医术，认为医道乃“至精至微之事”，习医之人必须“博极医源，精勤不倦”；“诚”于高尚的品德，以“见彼苦恼，若己有之”感同身受的心，策发“大慈恻隐之心”，进而发愿立誓“普救含灵之苦”，且不得“自逞俊快，邀射名誉”“恃己所长，经略财物”。

“博学而后成医，厚德而后为医，谨慎而后行医”，生命的知识不是文字，他需要我们用心领悟，在脑海里深深地刻上一幅生命的图谱。在医院的时候，经常能感觉到身边凝重的空气，患者的呻吟及家属的落寞。“当别人把生命交到你手中的时候，再多辛劳不算什么，分分秒秒你要做的事就是和死神赛跑，你能赢的筹码就是你现在踏踏实实走的路”。

裘师的一言一行使我深深领会了行医之人所肩负的使命和责任，他以实际行动让我们懂得“从决定从医那一刻起我们便没有松懈的理由，没有抱怨的权利，这要求我们在学习医学基础知识期间，要勤恳奋斗、持之以恒，以后行医的过程中更要精益求精，学而时习之。”

第五节　衷中从其本　参西汇百家

裘师进入医院工作后，开始接触中医临床，逐渐体会到中医学的博大精深，深知为医者不可不知中医之奥，救济民众不必分中医或西医，多一种治疗手段就会给患者带来多一份希望。彼时中西医结合蔚然成风，于是裘师参加了中医班学习，系统接受中医理论教育，由于裘师刻苦勤奋又悟性极高，苦习中医不分昼夜，曾经的临床工作经历，让他感受到西医不是万能的，而中医不仅有其独特治法，而且有显著疗效，痛感悟道之迟。自此遍览方书，纵观医理，废寝忘食，未曾厌倦。除学校课程书籍之外，裘师潜心研究《黄帝内经》《伤寒论》《金匮要略》《温病条辨》《脾胃论》等经典医书；研习中西医结合首创者的经典著作：张锡纯之《医学衷中参西录》、恽铁樵之《群经见智录》、唐宗海之《中西医汇通医经精义》等，细心体味名家医案，抄存经验，形成了系统的中医学理论基础，为其在中医事业的发展打下了坚实基础。

除了《伤寒论》以外，裘师还非常推崇近代中西医汇通派代表人物张锡纯的《医学衷中参西录》。此书乃“汇集十余年经验之方，其屡试屡效者，适得大衍之倍数。方后缀以诠解与紧要医案，又兼采西人之说与方中义理相发明”，名之曰《医学衷中参西录》，从理论及临床实践上探索中西医结合之路。这与裘师从事的神经内科也不无关系，老师的一些治疗思路常常来源于此。

“人生有大愿力而后有大建树。一介寒儒，伏处草茅，无所谓建树也，而其愿力不可渭没也”。年轻时第一次接触这本书时，张锡纯《医学衷中参西录》的序言第一句读罢便自此久久萦绕在裘师心头。“观子之书，多能发前人所未发，于医学诚有进化，然今凡百事皆尚西法，编中虽采取西人之说，而不甚采取西人之药，恐于此道仍非登峰造极也”。古之立大事者，不唯有超世之才，亦必有坚韧不拔之志。寿甫汇通中西之医学，复兴庠序之教化，开创新一代中医院之先河，竟古人未竟之事业，“令吾中华医学大放光明于全球之上”，其志向不可谓不高远。“正所谓，志圣而圣，志贤而贤，后世吾侪，虽根性愚钝，仍当有迎难而上之决心”，裘师这样说道，“这应该算是触动我内心，决心一定要拜读一下这本当世第一可法之书的缘由所在了。”

从前听人说，古人往往会把传世之作藏在金匮里，后世的读书人想要看这样的经典，也会非常郑重地沐浴更衣，焚香祈祷，宁神定志，既是出于发自内心的恭敬之情，亦是企求神明加持能够真正读懂先贤的奥义。“《医学衷中参西录》虽然不能堪比《黄帝内经》，但我当时却把它视为指引我通往医学殿堂的一把金钥匙，在决定开启阅读的那个清晨，我也效仿着古人的样子，起床洗漱完毕后，平心静气，备好充足的资粮，打开了这部沉甸甸的著作。”尽管早已年逾古稀，时至今日裘师依旧毫不掩饰对该书的崇敬之情。

当裘师第一次读到寿甫先生关于各种内科杂病的方证讲解时，毫不夸张地形容，他顿时有一种发自内心的相见恨晚之感，他确信这就是自己苦苦找寻已久的医学书。

“年轻时，我曾经找过几本当代名医的医案和院校教材企图认真学习，但总是觉得当前的中医学教材有些不足之处——这些书要么是论述病症有详，解析方剂从略；又或者分析组方有详，而对于方剂所举之病例未加讲解”，历来的教材都这样，这倒无所谓对错，“但即便我把这几种书对照起来看，仍然有一个突出的不足之处，那就是现今中医书籍对脉证论述极其简略，往往一两句话带过，似有搪塞之嫌。打开《医学衷中参西录》，张锡纯讲杂病，从病因入手，深入浅出；讲辨证，四诊一一具足分毫不虞；遣方药，则分条缕析娓娓道来。”

“也有一段时间，不知何时起觉得读白话文的书时思维开始莫名发散难以集中，而文言之作言简意赅，骈散互衬，读起来确是饶有兴致。但中医的古籍赜隐艰涩，不易直探，寿甫先生之书言辞儒雅，义理平易，正好折中两难，读来倍感语言文字之间附带一种亲切感”，就是自始至终怀着这种景仰、亲近之情，裘师朝暮不知厌倦地耕读，在极短的时间里便将寿甫先生的书通读一遍，“虽然先辈著作中的很多宝贵思想还来不及消磨运化，但仍然感觉受益颇丰。”

张锡纯（字寿甫）著书尊古而不泥古，参西尤重溯本。所谓尊古，是他剖析病因病机必引《黄帝内经》《难经》，论述药性皆追述《神农本草经》。就裘师钻研的神经内科疾病而言，如对于三期内外中风方篇，虽然仅引用《黄帝内经》寥寥数语，但其析辨中风之旨依旧“昭然若揭”：在“金元四大家”中，刘河间论治中风属于气厥不下型；李东垣论治中风为脑缺血所致；朱丹溪论治为湿生痰热之厥风……其指点诸家无不有典可寻，见解独到，不可谓不是高屋建瓴。又如书中的“沟通中西原非难事”“大气诠”“三焦考诸”等篇，皆以《黄帝内经》为摹本，参西学相印证，甚而旁征博引各家诸经，裘师说：“我研习愈深，愈感寿甫先生的学术思想其融贯越广博，其根基愈深厚。”所谓不泥古，是指先生深谙经方之传统，辨证也不离乎先贤六经八纲之祖法，但处方之时却常在与古代圣贤思路不相违背的前提下，变化之，引申触类之。例如，先生最常用的“白虎汤”，临证之时往往会以山药代替粳米，山药既补益胃气，又比粳米黏腻，能更为持久地将石膏之辛凉留于中焦以清化阳明之热邪。对此裘师深有感触，他常常说：“学习经方时不能拘泥于其用量和具体的某一种药，因为人有体质强弱之殊，地域也有南北温寒之差，药应该因人、因地制宜。”

记得曾经有几位朋友提醒我说应该少看寿甫先生之书，责其太杂，不遵循经典。裘师却告诉我们说：“书的好坏是要亲自读了才知道的，凡事不目见耳闻，而臆断其有无，这不是一个成熟的医家该有的行为。”张锡纯先生被誉为“古今中西医汇通第一人”，诚与其溯本求源、遵法经典的雄厚根基有关，参西无不是基于衷中的基础之上。

裘师认为，处方用药不在于多，贵在辨证的精准，凭借药物之间的化合以此弥补和增强药效。纵观全册，书中不乏寿甫先生用单味药治瘥疾病的案例，其遣方用药一般都控制在六、七味，最多也仅十一二味。而书中所涉及的药物种类也很少，基本都包含在第四期药物讲义的七十几种之内。例如，运用一味山茱萸重剂以固脱救急；运用铁锈加茵陈治愈脑充血之昏厥；用石膏加滑石治疗温病兼癃闭；即便是脑充血门篇的眩晕之症，只要确定不是由于大气下陷所致，一般都能借代赭石以重镇降逆，芍药以柔肝，再参合寒热虚实增减些许药味，往往便能起到较好疗效。

寿甫用药如此之少却能随手奏效，我认为其辨证之准和药物化合之妙乃关键所在。平心而论，我在读寿甫的医案时，也会根据病症或脉象默处方药于大脑，虽然也能包含先生遣方用药之中的数味，但用量却不敢如此之大，究其原因，我认为自己的处方完全是条件反应式的药症对应，而缺乏对病因病机的细致分析，因此也缺乏了自信的诊断，如此便需要加多药类以应周全，但却不敢加大剂量以达病灶。真是治病之难，不在用药，而全在于辨证啊！所谓药物化合，是指寿甫常常能凭借方中为数不多的几味中药相互化合共奏新效。比如芍药味苦，加甘草味甘，甘苦相合竟能达到人参之效；又如“甲己化合为土”，方中如果有酸甘两种性味的药，合起来用还能补脾。

当代中医名家徐文兵曾说过：“中医学源于伏羲神农黄帝，祖是一个，列宗分支很多，绵延至今形成各种流派。这是中医的特点，而不是缺点。任何试图把中医标准化统一化的思想和作为都是狂妄愚蠢徒劳的。”

为什么不同的流派能并存，其用药风格迥异却又能同时治好相同的疾病呢？由此猜测不同时代的气候特征可能是造成同病异治的一个很大因素，那么造成流派分支的形成似乎成了历史环境的必然，学习五运六气应该能够更好地帮助我们理解历史上各家学派的理论思想，如果仅仅在读错是非上争论高下，应该没有必要，因为这些历史名家都是治愈过千万人，经得起当时老百姓考验的。

裘师博采西医之所长，发扬中医之特色，力主汇通中西医，乃开创中西医治疗神经内科疾病的先行者，在浙江省内首创一帜。其精于医理，专于格物，中医四诊望闻问切全面审查，西医望触叩听毫不含糊，疑证、不疗者，经裘师诊治，每每收效喜人甚至沉疴顿除，医者皆为之折服。

中医的生命在于疗效，好的疗效来自精确的辨证用药。老师认为重症肌无力以虚证为多，尤以中气虚弱和脾肾两虚型为最多，主要归属中医学“痿证”范畴。清末民初的张锡纯认为“西医用药在局部，其重在病之标，中医用药求原因，是重在病之本也。究之标本原宜兼顾”。书中张锡纯主张运用阿司匹林加中药治疗肺结核，认为“阿司匹林为治疗肺结核良药，而发散太过，恒伤肺阴，若兼用玄参、沙参诸药以滋肺阴，则结核易愈”。他的这种学术思想深深影响了裘师，尤其在裘师擅长的重症肌无力治疗方面体现得淋漓尽致：裘师认为，中西医结合治疗并非简单的中药加西药，不是“1+1=2”，而是“双管齐下、标本兼治、相辅相成、相得益彰”乃“1+1 ＞ 2”也。这一点充分体现在重症肌无力的治疗中，无论是激素，还是免疫抑制剂的治疗，老师根据治疗不同阶段辨证使用中药，达到较好的疗效。

张锡纯在《医学衷中参西录》中提到“痿证之大旨，当分为三端：有肌肉痹木，抑搔不知疼痒者。其人或风寒袭入经络，或痰涎郁塞经络，或风寒痰涎，互相凝结经络之间，以致血脉闭塞，而其原因，实由于胸中大气虚损。盖大气旺，则全体充盛，气化流通，风寒痰涎，皆不能为恙。大气虚，则腠理不固，而风寒易受，脉管湮淤，而痰涎易郁矣；有周身之筋拘挛，而不能伸者。盖人身之筋，以宗筋为主，而能荣养宗筋者，阳明也。其人脾胃素弱，不能化谷生液，以荣养宗筋，更兼内有蕴热以铄耗之，或更为风寒所袭，致宗筋之伸缩自由者，竟有缩无伸，浸成拘挛矣；有筋非拘挛，肌肉非痹木，唯觉骨软不能履地者，乃骨髓枯涸，肾虚不能作强也”。此处把痿证的病因病机归为气虚痰郁、宗筋失养、骨髓枯涸三个方面。裘师认为上述第三种证候与重症肌无力的证候颇相吻合。

马钱子属马钱科植物云南马钱（俗称皮氏马钱、长籽马钱）的成熟种子，味苦，性温，有大毒；入肝、胃经，功能通经络、散结止痛；其主要成分士的宁能选择性提高脊髓兴奋功能，治疗剂量能使脊髓反射的应激性增高，反射时间缩短，神经冲动容易传导，骨骼肌的紧张度增加，从而使肌无力症状得到改善。董刚等研究证明马钱子治疗重症肌无力可能与改善神经肌肉接头传导，降低血清 IgG 和胆碱酯酶浓度有关。副作用主要有头晕，肌肉颤动感，肌张力增高以致肢重、乏力、走动困难甚至跌倒，称为“肌凝”症状，毒副作用与剂量相关，裘师认为严格炮制，分次服用，逐渐增加剂量是预防患者发生副作用的有效措施。其主要成分为生物碱，包括士的宁等，此外还含有番木苷、脂肪油、蛋白质及绿原酸等。裘师从医 40 余年，不仅在临床工作中取得了重大的突破，同时对于科研也未曾有过懈怠。裘师从二十世纪七十年代末开始应用炙马钱子于重症肌无力的治疗，获得满意的疗效，已成为重症肌无力患者必备良药，他认为马钱子可单独应用，也可与中药汤剂同时服用。

前人已有用马钱子治疗痿证的经验：张锡纯认为，“其开通经络，透达关节之力，实远胜他药”。马钱子性虽有毒，但只要经过严格的炮制、合理的用药，中毒完全可以避免，并总结出“小剂量渐加量法；分次服用，单剂量不超过 0.4g；观察药物有效反应，适时调整剂量”的用药经验，开创了治疗重症肌无力的先河。

而今，炙马钱子胶囊的应用范围扩大到包括运动神经元病、吉兰－巴雷综合征，进行性肌营养不良、急性脊髓炎、脊髓损伤等以肌无力、肌肉萎缩为主症状的疾病，其疗效亦获得肯定。成人口服起始剂量每日 3 次，每次 1 粒，以后酌情每周增加 2 粒，分次服用，常规剂量每日 6 ～ 8 粒，分 3 ～ 4 次服用，每次最多 2 粒，当周身出现肌肉跳动为最佳剂量。

纵观医学发展史，西医和中医同作为东西方不同的医学门派，都为人类的生存、繁衍和发展做出了巨大贡献，都是人类文明的共同财富。但其在理论和实践中均有各自的特点，并强调自己的侧面和优势。两种医学体系都是为诊断和治疗疾病服务的，如果能相互学习，取其之长、补己之短，形成中西整合医学体系，定能事半功倍。裘师正是中西医整合思想的坚决拥护者和贯彻者，在临床上注重中西医间的取长补短，相得益彰，每每能取得奇效。裘师在神经内科疑难疾病的诊治中具有独特的视角，疗效甚佳，就连浙江省内实力强大的三甲医院神经内科医生也是经常介绍患者来诊，当然更多是外地患者，他们有的一家一家来，甚至整个小区或村庄的患者都慕名而来，工作量可想而知。

裘师以为，学医要学医魂。国学大师南怀瑾经纶三大教，出入百家言，记得有学者曾这样谈论老先生，认为他要是学医，不过就是背几位药的事而已，不为罢了。诚然，自古仁人志士都将“良医”与“良相”相提并论，革命家章太炎先生既是一位国学大师，又精通医学。正如《黄帝内经》所言：“善言天者，必有验于人；善言古者，必有合于今；善言人者，必有厌于己。”中医学强调“天人合一”的整体观念，故而先哲们常以自然界变化的道理来阐述人体生命活动的机理。自然界的阴阳更迭、消长胜复，均可在人体的生理病理变化中得到印证。古今事理相通，借古可以鉴今，李世民所云的“以史为镜，可以知兴替”大抵就是这个意思，言古人的经历得失，可以作为当前的借鉴。对医学来说，古代医家的学术经验，必须要求能为今人所用，学以致用，方才可贵，医理与天理、伦理确实是不可分割的；空谈理论，不切实际，谈不上“善言”，只有理论与实践相结合，才能使“道不惑”，要求学医之人必须具有广博的知识和丰富的实践经验而后方可以言医。

《黄帝内经》将中医分成三等，“上医治国，中医治人，下医治病”。裘师告诫我们在学习中医理论的过程中，应该不断受熏于历史上各朝各代名医大家的人格魅力，以此“善养吾等之浩然正气”（《孟子》），期待终有一天能够完善自身人格，以自己的德行感化一方，风行草偃，泽被万世，这才是一个真正中医人应当具备的品质和气度。此乃儒家之所谓：“计利所当计之天下利，求名所应求之万世名！”纵观中华民族的近代史，寿甫先生“究天人之际，通古今之变，成一家之言”，与他同时代的陆渊雷、唐容川做到了，裘师当然也做到了，他们是鲁迅笔下中国人的脊梁，是我们这群后辈学子一生所努力追随的方向。

第四章

高超医术

怕什么真理无穷，进一寸有一寸的欢喜。

第一节　精诚岐黄术　悬壶济于世

一直以来，“术精岐黄，悬壶济世”八字始终作为裘师从医的终极目标而为他所恪守。多年来，裘师始终致力于神经内科疑难杂病的中西医结合诊治，尤其是对于重症肌无力及帕金森病的诊治更是倾注了大量的心血，取得了丰硕的成果。

一、重症肌无力

裘师多年以来致力于重症肌无力的临床研究，总结出了重症肌无力辨证施治和选方用药体系，并且自制炙马钱子胶囊进行治疗，中医疗效显著，使糖皮质激素能顺利减量不复发，有部分患者甚至完全停用西药，减少了西药的副作用，减轻了患者的痛苦。

重症肌无力（myasthenia gravis，MG，以下简称 MG）主要是由血清中烟碱型乙酰胆碱受体抗体（AchR-Ab）介导的，具有细胞免疫依赖和补体参与的，累及神经－肌肉接头处突触后膜上乙酰胆碱受体（AchR）的自身免疫性疾病，部分与胸腺瘤有关，临床以肌无力为主要表现。肌无力可累及肢体肌肉，还可累及头面部肌肉（眼睑肌、眼外肌、咽喉肌等），典型者为朝轻暮重，活动后加重，休息后减轻。轻症者表现为上眼睑下垂、眼球活动受限不灵活、斜视、复视等眼肌受损症状；重症者表现为全身疲倦、动则乏力、抬头及上肢上举乏力、行走持久力差、易疲劳、咀嚼无力、吞咽困难、饮水咳呛，甚至呼吸困难、咳痰无力等症状；部分患者可伴有肌肉萎缩。

目前临床上对于该病的治疗主要有免疫抑制剂、胆碱酯酶抑制剂、胸腺切除术、血浆置换和免疫球蛋白等，主要以抑制患者自身免疫反应、提高神经肌肉接头的传导功能为治疗目的，但仅能控制症状，对疾病的进展趋势不能较好地控制，更不能治愈，许多患者因为感染、创伤、其他免疫疾病影响及药物使用不当等因素突发 MG 危象而威胁生命。而且长期西药治疗副作用明确，如胆碱酯酶抑制剂可出现胃肠道痉挛疼痛、腹泻、恶心、呕吐、心动过缓、心律失常，气道分泌物、泪液、唾液增多；糖皮质激素减量或停药困难，可引起中枢神经系统兴奋，出现欣快感、易激动、失眠等，还可引起消化道溃疡、高血压、动脉硬化、骨质疏松、电解质紊乱、水钠潴留、诱发或加重感染、影响生长发育等不良反应；硫唑嘌呤可出现肝毒性、白细胞减少、流感样症状等；环孢素具有肝毒性、肾毒性等；环磷酰胺可致脱发（75%）、白细胞减少（35%）、胃肠道反应（25%）、患膀胱癌风险增加等。西药虽然有较为明确的疗效，但须长期使用，减量或停用困难，往往副作用也明显。特别是一些特殊人群的 MG 患者，如妊娠妇女服用免疫抑制剂有致畸的风险，儿童服用免疫抑制剂或糖皮质激素可影响发育等。所以裘师针对 MG 临床治疗效果不理想、减药或停药困难、易反复、副作用明显等困惑，实践总结了中医治疗 MG 的理论体系，临床验之效如桴鼓。

（一）病名范畴

裘师对 MG 的疾病认识追根溯源于中医数千年的文化发展，MG 在中医学属于“痿证”“睑废”的范畴。医籍记载，《素问·痿论》曰：“阳明者，五脏六腑之海，主润宗筋，宗筋主束骨而利机关也……阳明虚，则宗筋纵，带脉不引，故足痿不用也。”四肢肌肉宗筋痿软无力，运动不利即为痿证，与阳明经气亏虚密切相关。而眼睑肌无力致“上睑下垂”“目不开”“视歧”等，《诸病源候论》中称为“睢目”：“若血气虚……其皮缓纵，垂覆于目。则不能开，世呼为睢目”，症状重者在《目经大成》中称为“睑废”；“视歧”即为复视，《灵枢·大惑论》提到“五脏六腑之精气皆上注于目而为之精……精散则视歧”“眼通五脏，气贯五轮”，中医学“五轮”学说中“上胞”为“肉轮”，又称“土轮”，在脏属脾，脾为后天之本，脾胃为“仓廪之官”，主运化水谷之精气，以生养肌肉，濡养四肢，脾运强健，清阳得升，肌肉得养，使肢体发达丰满而强劲有力，若脾气虚弱，气虚下陷，清阳不升则肢体肌肉痿软，眼睑无力下垂。脾虚日久伤肾而致肾气亏损，肾为一身阴阳之根本，主藏精，主纳气，能温煦五脏六腑，若先天和后天亏虚不足，在临床症状上，除有肌肉无力以外，常伴有声音嘶哑、呼吸困难、面色无华、泄泻清冷、腰膝酸软等表现。《灵枢·口问》云："上气不足……头为之苦倾，目为之眩……皆由脾胃先虚，气不上行之所致也。"大气下陷则为"呼吸困难""气息微弱"。《金匮要略》有载"大气一转，其气乃散"；《医学衷中参西录》云："胸中大气下陷，气短不足以息，或努力呼吸，有似乎喘，或气息将停，危在顷刻。"中医学理论认为 MG 与脾气不足、中气下陷、清阳不升密切相关，裘师对 MG 的相关症状分析如下。

1. 眼睑下垂、复视、斜视

脾为后天之本，气血生化之源，脾主升运，脾虚则升举无力，眼睑受脾所司，故提睑无力而下垂；脾气虚弱，波及肝肾，以致精血不足，不能上注于目，故出现复视、斜视。

2. 四肢乏力

脾主四肢肌肉，主运化，脾气亏虚，水谷精微运化失司，四肢肌肉失于濡养，而四肢痿软无力，脾虚及肾，脾肾两虚，而致形寒肢冷、更衣不实、夜尿频多诸症。

3. 吞咽困难，口齿不清

脾主升，胃主降，脾胃亏虚，则升降之枢机不利，受纳无权，而致吞咽困难；又因脾虚及肾，足少阴肾之脉循喉咙，挟舌本，肾虚则口齿不清，吞咽困难。

4. 呼吸困难

脾主升清，脾虚中气下陷，胸中大气难以接续，气短而不足以息，则呼吸困难；若胸中大气下陷，则气息将停，危在顷刻。盖脾为生痰之源，肺为储痰之器，肾主纳气，脾虚则痰湿内生，肺气虚则豁痰无权，以至于痰涎壅塞气道；肾气虚，则喘息呼吸困难甚至窒息死亡。

裘师认为，MG 患者是由先天禀赋不足、后天失养、元气虚衰所致，涉及脾、肝、肾三脏，虚证是其根本，也可兼夹痰湿、外邪等证候，出现虚实夹杂，究其根源皆为虚损所致，故重在调补脾肾，以补虚为主，可分为脾虚气弱型、气阴两虚型、肝肾两虚型、脾肾两虚型、大气下陷型等，并确立相应的治法治则有健脾益气升阳法、益气养阴补血法、柔肝祛风润筋法、温肾补脾益精血法、补气升陷固脱法。自制炙马钱子胶囊广泛用于治疗 MG，疗效显著，特别是用于MG危象患者，提高了疗效，并且形成了炙马钱子胶囊的临床使用规范和中毒反应的预防措施。

（二）病因病机

裘师从虚证认识MG，认为气虚是其病机的重点，认为MG病位在肌肉，脾主肌肉，故脏腑病位在脾胃。脾胃为后天之本，气血生化之源，运化产生水谷精微以滋养脏腑经络、四肢百骸。MG患者素体禀赋不足，疾病迁延难愈，脾胃虚弱，运化失常，气虚清阳不升，营阴、津液、血液等化生乏源，进而影响肝藏血、肾藏精的功能，导致肝肾两虚、脾肾两虚等证候。又因脾为生痰之源，脾虚运化水湿失司，痰湿内生，阻滞气机，久而化热，故当肝肾两虚证或脾肾两虚证患者兼夹痰湿内蕴或痰湿化热，将使MG症状加重而更加难治。若MG患者不慎遭遇外感、创伤、过劳等因素，进一步损伤元气，重者引起元气衰败，病情可突然加剧，引发大气下陷证，出现全身肌肉严重乏力，活动困难，呼吸微弱浅表、急促难息，言语低微不能续，甚至窒息，危及生命。由此病机入手，裘师临床总结MG的证型：脾虚气弱证（包括运化失常证、清阳不升证）、气阴两虚证、肝肾两虚证、脾肾两虚证、大气下陷证，可兼夹痰湿内蕴证或痰湿化热证。裘师认为MG患者“虚”是其本质，甚者会虚至极点以致脱证，而“实”是假象或兼证。

（三）辨证论治

1. 脾虚气弱

（1）脾虚气弱

脾胃居于中焦，五行中脾为中土，以灌四旁，是气机升降之枢纽，后天之本。《素问·经脉别论》云：“食气入胃，散精于肝，淫气于筋，食气入胃，浊气归心，淫精于脉。饮入于胃，游溢精气，上输于脾，脾气散精，上归于肺，通调水道，下输膀胱，水精四布，五经并行。”此句说明脾主运化，脾升而胃降饮食化生精微物质，化成气血津液送达全身，补养脏腑，维持人体脏腑经络的正常功能。《素问·太阴阳明论》云：“土者生万物。”脾胃为气血生化之源，气机升降之枢纽，脾胃是阳气生发输布之本，脾胃虚弱，气血不足，升降失司，三焦气机不畅，导致机体疾病的产生。“脾主四肢”“脾主肌肉”肢体肌肉灵活有力和正常功能发挥有赖于脾气健运、散精和化生气血得以濡养。若脾气不足，运化失司，清阳不布，则四肢肌肉失养，倦怠乏力甚至痿软无力。MG患者脾虚气弱症状非常典型，肌无力明显，乏力易于疲劳，劳则更甚，休息后可缓解是其临床表现。“劳则气耗”，过劳则耗气更甚，故乏力症状更明显，休息后气血得到调适，乏力可减轻，然而严重者休息后仍不缓解，而且终日疲倦乏力，精神萎靡，脉细弱。MG患者皆为素体亏虚，脾虚气弱，脾胃运化失常，气血生成乏源，饮食入于胃不能得到充分运化，水谷精微生成不足，中气不足。《灵枢·口问》曰：“中气不足，溲便为之变，肠为之苦鸣。”故会有乏力萎靡、动则气短、纳差便溏之病症。

（2）脾虚运化失常

脾胃运化的是水谷、水液、气血。《素问·奇病论》云：“夫五味入口，藏于胃，脾为之行其精气。”饮食入于胃中，经胃之腐熟和小肠之化物，形成水谷精微和糟粕，脾胃的运化作用帮助消化吸收水谷精微物质，并且通过脾气散精输布全身。脾气具有消化吸收、化生、转输水谷精微的功能，水谷精微是气血化生的主要来源和生命活动的物质基础。《医宗必读》云：“一有此身，必资谷气，谷入于胃，洒陈于六腑而气至，和调于五脏而血生，而人资之以为生者也，故曰后天之本在脾。”脾胃运化功能减退则饮食消化不良，水谷精微吸收输布障碍，则出现食欲不振、腹胀便溏、完谷不化、消瘦倦怠等症状。脾具有运化水液的作用，吸收、输布水液，又能将多余水液排出体外，调节全身水液代谢的平衡。若脾运化水湿的功能减退，则水液的转化输布障碍，脾虚生内湿，湿聚为水，积水成饮，饮凝成痰，故脾为生痰之源。《素问·至真要大论》“病机十九条”云：“诸湿肿满，皆属于脾。”而痰湿又可阻滞中焦，困阻脾胃功能，气机升降失常，出现腹胀纳差、大便溏泄等；而痰湿流注经络肌腠，阻滞气血运行，营养不足，致肌肉乏力、筋骨痿软、肢体麻木等。叶天士在《外感温热篇》中提出“湿胜则阳微”，因湿为阴邪，可阻滞气机，损伤人体阳气，且湿邪首先困脾，令脾阳不振、运化无权；湿性重浊黏滞，致病则肢体困重、全身乏力，病势缠绵，病程长久难愈。MG患者皆有典型的脾虚运化失常的症状：纳差、泄泻、乏力、倦怠、精神萎靡、面色萎黄、虚胖浮肿、舌淡苔薄白或厚腻、脉弱等，皆为脾气、脾阳不足之征象。

（3）脾虚清阳不升

《临证指南医案》提到“脾宜升则健”，脾主升清，将运化的水谷精微，向上输布至心肺、头面，通过心主血行血、肺主气司呼吸等作用化生气血，以营养全身。《素问·玉机真脏论》云：“脾不及则令人九窍不通。”MG患者常见头晕颈项乏力、复视、耳鸣等症状。其原因主要是脾气虚弱，枢机不利，清阳不能上升，清窍失养，则头昏头晕、耳鸣耳聋、视物模糊，或复视。《灵枢・口问》云："上气不足，脑为之不满，耳为之苦鸣，头为之苦倾，目为之眩。"因清阳不升，头面气血滋养不足，而脑髓上窍失养。"上气不足"则易犯过劳头痛颈项痿软，正如《张氏医通》云："烦劳则头痛，此阳虚不能上升。"过劳气血暗耗，加重上气空虚，使头面经络失于濡养。《素问・脉要精微论》云："头者精明之府，头倾视深，精明夺矣。"其中头倾视深便是颈项痿软无力。对于MG眼肌型患者单纯出现上眼睑下垂、眼球活动受限不灵活、斜视、复视等眼肌受损症状，中医学将眼睑肌无力致上眼睑下垂在《目经大成》中称为"睑废""上睑下垂""目不开""睢目"等；将眼球活动受限不灵活、斜视、复视等称为"视歧"等，《灵枢・大惑论》提到"眼通五脏，气贯五轮""五脏六腑之精气皆上注于目而为之精，精散则视歧"，中医的"五轮"学说称上眼睑为"上胞""肉轮"，又称"土轮"，在脏属脾，脾为后天之本，主运化水谷之精气，脾主肌肉，以濡养全身肌肉，脾之运化功能强健，清阳得升，肌肉得养，若脾气虚弱，中气不足，气虚下陷，清阳不升则肢体肌肉痿软，眼睑无力下垂。《诸病源候论》云："若血气虚……其皮缓纵，垂覆于目。则不能开，世呼为睢目。"由此可见眼睑肌无力、上眼睑下垂与脾虚清阳不升之"上气不足"有密切关系。脾失升清，饮食不能充分运化成水谷精微，经脾气散精上输全身，可出现完谷不化、下利泄泻。《素问・阴阳应象大论》云："清气在下则生飧泄。"MG患者大多有大便稀溏，在服用溴吡斯的明治疗的患者，因肠蠕动增加，便溏、腹泻的症状会更加明显。

2. 气阴两虚

《易经》云："一阴一阳之谓道。"阴阳交感是阳气与阴液相互化生动态平衡的最佳状态，也是人体生命存在的基础，正如《老子》云："道生一，一生二，二生三，三生万物，万物负阴而抱阳，冲气以为和。"阴阳平衡，阴平阳秘，相互化生，相互促进，互根互用，保证身体的健康状态。脾胃化生水谷之气是人体生命活动得以正常进行的物质来源，胃司受纳，脾司运化，一纳一运，化生精气，脾升而胃降，纳运相得益彰，水谷精微化生气血，濡养四肢百骸。《景岳全书》云："故凡为七窍之灵，为四肢之用，为筋骨之和柔，为肌肉之丰盛，以至滋脏腑，安神魂，润颜色，充营卫，津液得以通行，二阴得以调畅，凡形质所在，无非血之用也。"脾胃之气的盛衰，运化功能之强弱，直接影响着阴精、血液等物质的生成和功能的发挥。MG患者素体禀赋亏虚，脾气失司，运化无权，以致水谷精微化生乏源，中气不足，然又病常迁延，加之劳倦、思虑过度、饮食不节、外感等损伤脾胃，长此以往则后天精气匮乏，无以充养先天之精，肾中精气虚损更甚，以致肾阴肾阳俱虚。清代吴谦的《医宗金鉴》云：“然大而无力，劳役伤脾气也。极虚者，内损肾阴精也。”所以气阴两虚是MG脾胃气虚发展的一个阶段。脾胃亏虚化生营阴、津液、血液不足，则五脏六腑、四肢经络失于营阴之营养、津液之滋润、血液之濡养，进而加重肌肉无力的症状，肢体痿软乏力，精神倦怠，脏腑功能低下，易感外邪，而且出现面色无华、肌肤干燥、口干咽燥、心烦易怒、视物模糊、舌红少津、脉细数等症状。

3. 肝肾两虚

肝藏血，肾藏精，精血互化，精血同源，肝肾同源。血是脾胃化生水谷精微奉心化赤而成，肾中之精受之于先天之精，得后天水谷精微补养而充盈，故精血的化生与充养都依赖脾胃之水谷精微，精血的充盈和功能的正常都有赖于脾胃功能的盛衰。《素问·宣明五气》云：“肝主筋”“肾主骨。”肝之气血经疏泄流至经络，营养筋膜。《素问·平人气象论》云：“脏真散于肝，肝藏筋膜之气也。”肝之气血不足，失于滋养，则筋病，肢体不利。《素问·上古天真论》云：“丈夫……七八，肝气衰，筋不能动。”肾精可化生骨髓，骨骼的生长、发育、壮实依赖肾精的调节与滋养，肾精充足，骨髓充盈，骨骼强壮，肢体活动自如。而脾主肌肉，脾胃水谷精微以养肌肉。《素问·太阴阳明论》云：“今脾病不能为胃行其津液，四肢不得禀水谷气，气日以衰，脉道不利，筋骨肌肉，皆无气以生，故不用焉。”MG患者脾胃亏虚，气血化生不足，久则肝血不充，肾精亏虚，肌肉筋骨失于濡养，肢体运动无力，甚至肌肉萎缩、痉挛不舒、四肢痿软等。MG肝肾两虚证患者肌无力症状严重，可出现肌肉萎缩、痉挛，表现为眼球运动受限或固定不移，四肢痿软，抬头举臂困难，腰膝酸软，肌颤等。

4. 脾肾两虚

《素问·上古天真论》云：“肾者主水，受五脏六腑之精而藏之。”五脏六腑的精气盛衰直接影响肾中精气的盈亏，故脏腑虚衰日久皆可致肾中精气不足，“久病及肾”。脾为后天之本，肾为先天之本。肾中精气有赖于水谷精微的补养，才能保持充盈发挥作用；脾之运化水谷精微、散精输布全身、化生气血功能，需有肾阳的推动温煦调节。且脾阳根于肾阳，两者相互补助、相互促进、相互影响。脾虚日久可致肾气不足，肾阳不足更加重脾阳亏虚，出现畏寒肢冷、五更泄泻、下利清谷、舌质淡胖、苔白滑、脉沉迟无力等症状。

病程迁延日久脾肾两虚，出现水谷精微运化、吸收、转输及排泄二便功能障碍，则久泻久利，又五更之时为寅卯之交，阴气极盛，阳气未复，故泄泻更甚，发为“五更泻”，严重者可为泻下清冷水液、完谷不化，伴四肢倦怠乏力，腰膝酸软冷痛，甚者阳虚阴寒内盛，气机凝滞，表现出形寒肢冷、面色㿠白、加被不解等。脾肾阳虚具有明显的虚寒之象，而人体因阳虚失于温运，脾阳虚土不制水，水湿内生，肾阳虚气化失司，不能温化蒸腾水湿，进而导致湿聚痰凝，内生痰湿。痰湿致病缠绵复杂，见证多端，故有“百病多因痰作祟”“怪病多痰”之说。MG 痰湿内蕴的患者症状改善慢，且可转为痰湿化热，治疗更加困难，临床这些患者往往合并有胸腺瘤。故脾肾两虚证的 MG 患者症状表现重且复杂，治疗比较困难，伴发痰湿证则会增加治疗难度。

5. 大气下陷

脾胃是气机运动之枢纽，升清降浊是气机升降出入运动的一种形式，中气掌升降之权，中气旺则脾升而胃降，木火金水之气得以运行，阴阳得以转化。中气弱脾胃亏虚则木火金水皆失运行，当中气严重亏虚脾气下陷，升清作用几无或严重不及，而下降迅猛难挽，则木火金水无法运转，生命危急。其表现最明显的是与心肺相关的宗气，《灵枢·邪客》云：“宗气积于胸中，出于喉咙，以贯心脉，而行呼吸焉。”《医学衷中参西录》又云：“而此气，且能撑持全身，振作精神，以及心思脑力、官骸动作，莫不赖乎此气。此气一虚，呼吸即觉不利，而且肢体酸懒，精神昏愦，脑力心思为之顿减。若其气虚而且陷，或下陷过甚者，其人呼吸顿停，昏然罔觉。”宗气由脾胃化生的水谷精微和肺吸入的清气聚于胸中形成，脾胃气虚中气下陷，则胸中宗气衰弱，“贯心脉而行气血”功能微弱，则出现心悸胸闷、面色苍白、脉搏微弱；“走息道而司呼吸”功能衰竭，则出现呼吸微弱浅表急促、唇甲发绀、言语低微不能续、活动困难等。喻嘉言《医门法律》云：“五脏六腑，大经小络，昼夜循环不息，必赖胸中大气，斡旋其间。大气一衰，则出入废，升降息，神机化灭，气立孤危矣。”此处说明人体的生命活动和精神思维与胸中大气盛衰关系密切，大气衰竭，生命活动难以持续。张锡纯《医学衷中参西录·治大气下陷方》云：“胸中大气下陷，气短不足以息，或努力呼吸，有似乎喘，或气息将停，危在顷刻”“有呼吸短气者，有心中怔忡者，有淋漓大汗者，有神昏健忘者，有声颤身动者，有寒热往来者，有胸中满闷者，有努力呼吸似喘者，有咽干作渴者，有常常呵欠者，有肢体痿废者……”其中描述的大气下陷证的临床症状与 MG 危象的临床表现非常符合，因此后世医家将 MG

危象的证型确认为大气下陷证，且认为元气不足或元气大伤是MG危象发生的根本原因，患者因感染、创伤、过劳、分娩等因素均可损伤元气，重者甚至引起元气衰败，病情突然加剧，引发大气下陷证。

裘师从虚证认识病机和辨证，总结出MG的辨证分型：脾虚气弱证（包括运化失常证、清阳不升证）、气阴两虚证、肝肾两虚证、脾肾两虚证、大气下陷证，可兼夹痰湿内蕴证或痰湿化热证。

（四）临证特色

1. 治法治则及用药分析

裘师从虚认识病机、辨证分型，从而确立相应治法治则：健脾益气升阳、益气养阴补血、柔肝祛风润筋、温肾补脾益精血、补气升陷固脱，并以此进行精炼用药。

（1）健脾益气升阳

健脾益气升阳是裘昌林教授用以治疗MG的基本通用治则，贯穿MG各证型治疗的始终。裘师认为MG患者的病症主要是由脾主运化、升清功能失职所致，因先天禀赋不足，脾胃功能失调，运化失司，气血生成乏源，清阳不升，且遭遇外感、饮食不节、劳倦过度、忧思日久，损伤脾土，使病症加重。所以临床上MG的证型中脾虚气弱证、脾失运化证、清阳不升证多是相互并现，相互影响，共同存在于以脾虚为主证的患者中，所以健脾、益气、升阳成为治疗MG患者的基本原则和通用法则。《素问・太阴阳明论》云："黄帝问曰，太阴阳明为表里，脾胃脉也，生病而异者何也……故阳道实阴道虚。"其中"阳道实，阴道虚"是对脾胃病机和变化的高度概括，"阴"为太阴之脾脏，"阳"为阳明之胃腑，脾病则运化无权，清阳不升。脾病者，临床表现多虚、多寒，故有"虚则太阴"之言，治疗当以补脾气亏虚为主，同时固护胃气。《灵枢・口问》云："上气不足，脑为之苦满……皆由脾胃先虚，而气不上行之所致也。"所以脾胃亏虚、清阳不升是上气不足的基本病机，故治疗以健脾益气升阳为主。

裘师常用健脾益气之药有黄芪、党参、生晒参、白术、山药、炙甘草，升举清阳之药有升麻、柴胡等，即以补中益气汤为基础方。

黄芪：裘师应用黄芪以益气补中，剂量为全方最大，一般80g，小儿或合并痰湿阻滞者减至60g，症状稳定西药已完全停药的患者，黄芪使用30g。黄芪具有益气升阳、益卫固表、利水消肿等功效，归脾、肺经，主治脾胃气虚、中气下陷证，表虚自汗、气虚外感证，血虚气弱证，气虚水肿证等。《神农本草经》记载黄芪主“补虚”；《名医别录》提出黄芪“补丈夫虚损，五劳羸瘦”；《日华子诸家本草》记载黄芪“助气壮筋骨，长肉补血”。裘师认为黄芪能补益并提升 MG 患者的气血，又能固表止汗，可以减轻疾病的症状和严重程度，其与党参、生晒参皆为补气之要药，党参补气之力平，专补脾肺之气，生晒参补气之力强，大补元气，而黄芪虽补气作用弱于人参，但有升举阳气、固表防脱之功，裘师使用黄芪一般为炙黄芪，其温补作用更强。

党参：裘师使用党参 30g 以补中益气、养血生津。党参具有补中益气、生津养血的功效，归脾、肺两经，适用于中气不足证、气津两虚证等。《本草从新》提到党参“主补中益气，和脾胃，除烦渴，中气微弱，用以调补，甚为平妥”；《本草正义》云：“力能补脾养胃，润肺生津，健运中气，本与人参不甚相远。其尤可贵者：则健脾而不燥，滋胃阴而不湿，润肺而不犯寒凉，养血而不偏滋腻，鼓舞清阳，振动中气而无刚燥之弊。”裘师认为党参虽无甘温峻补之功，却有甘平清补之力，健脾滋肾润肺，振奋中气，在治疗 MG 患者中是不可或缺的必用之品。

生晒参：裘师使用生晒参 9 ～ 12g 以大补元气，主要用于气虚症状明显、脾肾两虚、西药减量过程中的 MG 患者。生晒参具有大补元气、补脾益肺、生津安神等功效，归心、脾、肺经，适用于气虚欲脱、脉微欲绝的危重证、脾虚气弱证、气血两虚心神不安证等。《神农本草经》载人参“主补五脏，安精神，定魂魄，止惊悸，除邪气，明目，开心益智，久服轻身延年之功效”;《本草纲目》提出人参“治男妇一切虚证，发热，自汗，眩晕，头痛，反胃吐食，痎疟，滑泻久痢，小便频数、淋沥，劳倦内伤，中风，中暑，痿痹”等诸病。裘师认为人参大补元气，其中生晒参又能补益气阴，是治疗严重气虚，或复发性，或难治性 MG 患者的益气固脱之良药。

白术、山药：裘师用炒白术 12g、怀山药 15g 以健脾和中，怀山药更有固肾益精的作用。《本经逢原》记载白术“制熟则有和中补气，生津止渴，止汗除热，进饮食，安胎之效”。《神农本草经》记载山药“气味甘平无毒，主伤中，补虚羸，除寒热邪气，补中益气力，长肌肉，强阴，久服耳目聪明，轻身不饥延年”；又有《本草正义》云：“山药，能健脾补虚，滋肾固精，治诸虚百损，疗五劳七伤。”所以白术和山药皆是补益虚损之常用药。裘师认为白术甘温补中，培补脾胃；山药甘平缓和，补气滋阴，能补能收，补而不滞，滋而不腻，为 MG 患者补益脾胃和中之要药。

炙甘草：裘师用炙甘草 6g 以调和缓急、益气补中。《神农本草经》提到甘草“主五脏、六腑寒热邪气，坚筋骨，长肌肉，倍力”。裘师认为甘草能调和药性，又能健脾补气，类似皮质激素样作用，对调节免疫功能有很好疗效。

升麻、柴胡：裘师认为 MG 患者脾气虚衰不能升发阳气，用升麻 6g，柴胡 6g 升阳之品，助甘温之药上行，使清阳得以升发。升麻、柴胡皆具有升举阳气之功，《本草纲目》记载升麻“治阳陷眩晕，胸胁虚痛，久泄下痢后重”。《名医别录》记载柴胡治“劳乏羸瘦，下气消食，宣畅气血”；《日华子本草》提出柴胡“补五劳七伤，除烦止惊，益气力”。裘师以升麻、柴胡合用升清阳之气而举陷，升麻升阳明之清气，柴胡升少阳之清气，作为治疗气虚下陷 MG 患者之引经药。

（2）益气养阴补血

裘师认为MG患者脾气、脾阳不足是其根本，益气温阳是其治疗主要法则，但“少火生气”“壮火食气”“气有余便是火”，阳药过用变生热邪，火热之气消灼阴液，甚者迫津外泄，气随津泄，使气更加耗损；又脾胃气虚则营阴、津液和血液化生乏源，使阴液更加亏虚，故而气阴两虚。益气法是李东垣创立的“补土派”之大法，重视“土药为万物之母”；养阴法是朱丹溪创立的“养阴派”之治法，强调“阳常有余，阴常不足”。益气养阴法结合两种治法，补气虚兼顾阴血不足，是气阴两虚证的常用方法。脾胃为气血生化之源，脾气不足往往伴随血虚之象，所以同时兼顾养血之法。裘师常用益气养阴补血之药有黄芪、党参、当归、制黄精、麦冬、五味子等。

当归：裘师用炒当归 12g 以补血养血，因生当归润肠通便作用较强，故炒用以增温补之效。《名医别录》记载当归能治“虚冷，补五脏，生肌肉”。裘师认为气能生血，血能载气，MG 患者气虚常伴血虚，补气需同时补血，因此炒当归是必用之品。

制黄精：裘师认为黄精经九蒸九晒而成制黄精，增加了滋补的功效，具有平补气血、益精填髓的作用，归脾、肾、肺经，常用制黄精 30g。《名医别录》载制黄精“主补中益气，除风湿，安五脏，久服轻身延年”；《本草正义》载制黄精“味甘而厚腻，补血补阴而养脾胃是其专长”。裘师认为制黄精对 MG 体虚气血不足、脾胃虚弱、神疲乏力患者有很好的改善作用，既有补气之功用，又有养阴益精血之效，如《滇南本草》之言制黄精能“补虚填精”。

麦冬、五味子：人参、麦冬、五味子组成生脉散，裘师常以此治疗 MG 气阴两虚的患者，具有益气生津、敛阴止汗功效。《神农本草经》记载麦冬“主心腹结气，伤中伤饱，胃络脉绝，羸瘦短气”；五味子“主益气，咳逆上气，劳伤羸瘦，补不足，强阴”。《名医别录》提出麦冬可疗“虚劳客热，口干烦渴……保神，定肺气，安五脏，令人肥健”。裘师认为麦冬、五味子能补阴血、清虚热、止汗敛阴，上可清肺生津，下可滋肾固精，生津液，敛精血。

（3）柔肝祛风润筋

裘师认为MG患者脾虚气血不足，肝血亏虚则易生风，此风在MG患者中多表现为眼球活动受限甚至固定不移，复视，肌颤或肌肉萎缩。而祛风药多为寒凉或温燥之品，寒凉伤脾胃，温燥耗津血，故裘师在使用祛风药时非常慎重，多为养血柔肝、补脾肾之类，而对舒筋止痉药谨慎使用，往往会与大补气血、补益肝肾之品同用，是为一张一弛，君子之道也。裘师常用滋补肝肾、祛风养血柔筋之药有葛根、蝉衣、僵蚕、全蝎、制黄精、当归。

葛根：裘师常用葛根12g以升清气、柔筋解痉，多在MG患者眼球活动障碍或固定不移时使用。裘师认为葛根小剂量可升清阳，鼓舞脾胃之阳气上升，而且有缓解肌肉痉挛的作用。

蝉衣、僵蚕、全蝎：裘师认为虫类药祛风止痉力强，入肝经，能舒筋通络。且蝉衣又能发散风热、明目；僵蚕能化风痰；全蝎为“肝经诸风通用之品”。故裘师治疗肝肾亏虚、虚风内动之眼球固定不移的MG患者往往会选用此类虫类药，蝉衣、僵蚕还用于合并风热外感、咽喉疼痛、目赤头痛的患者。《本草纲目》载蝉衣“治头风眩晕，皮肤风热，痘疹作痒，破伤风及疔肿毒疮，大人失音，小儿噤风天吊”；《本草图经》载僵蚕“治中风，急喉痹”；《开宝本草》载全蝎“疗诸风瘾疹及中风半身不遂，口眼㖞斜，语涩，手足抽掣”。裘师认为蝉衣、僵蚕既能祛外风，又能熄内风、解痉；全蝎专入肝经，为治痉挛抽搐之要药，性平，寒热皆可使用。MG肝肾亏虚、虚风内动患者虫类祛风药与补益精血之药同用，抑制其燥性，彰显其舒筋活络之作用。

（4）温肾补脾益精血

裘师认为MG患者脾虚日久必兼肾虚，脾肾两虚中多为脾肾阳虚证，即虚寒证，而脾虚证候往往更加深重，故温补脾肾中更加重视补脾，补肾不若补脾，脾气充盛则肾精可得补养。治宜温补为用，温补脾阳为主，同时温肾壮阳，以解阳气不足、阴寒凝滞之象。温补学派之薛己、张介宾、赵献可、李中梓等强调温补以脾胃、肾气、命门为主，脾肾之阳气是温补之重点。《景岳全书》云：“养正积自除。”《素问·生气通天论》曰：“阳气者，若天与日，失其所，则折寿而不彰。”温补的重点在于脾阳和肾精。《素问·阴阳应象大论》云：“形不足者，温之以气；精不足者，补之以味。”形，指外在的阳气，阳气不足者，治以甘温补气、温热壮阳之药补其阳气；精，指内在的阴精，阴精不足者，治以酸甘化阴、填补肾精之药滋阴液益精血。裘师常用温补脾肾、益气温阳之药有淫羊藿、干姜、附子、紫河车等。

淫羊藿：裘师以淫羊藿 30g 温补肾阳，用于脾气虚累及肾阳不足的 MG 患者。《本草纲目》记载淫羊藿“性温不寒，能益精气，真阳不足者宜之”。裘师认为淫羊藿之补肾助阳益精血功效有利于改善脾肾两虚型的 MG 患者症状，而且作用温和，燥性不强。

附子、干姜：裘师认为附子和干姜皆有辛热之性，为温里之药，能温阳祛寒、温运脾阳，还能回阳救逆。《本草正义》云：“附子本是辛温大热，其性善走，故为通行十二经纯阳之要药，外则达皮毛而除表寒，里则达下元而温痼冷，彻内彻外，凡三焦经络，诸脏诸腑，果有真寒，无不可治。”《本草求真》云：“干姜，大热无毒，守而不走，凡胃中虚冷，元阳欲绝，合以附子共投，则能回阳立效。”裘师认为 MG 的脾肾阳虚患者因脾阳虚累及肾阳亏虚，以附子振奋少阴之肾阳，干姜温复太阴之脾阳，附子与干姜相须为用，共奏温中回阳之功。而附子、干姜辛热，燥性强，久用须防阳气过旺伤阴。

紫河车：裘师认为紫河车为血肉有情之物，能气血阴阳并补，是很好的强壮剂，常用紫河车 6g 吞服。《日用本草》记载紫河车“治男妇一切之虚损劳极，癫痫、失志恍惚。安心养血，益气补精”。裘师往往在 MG 患者久病及肾、激素减量过程、全身型、眼球固定的眼肌型、预防肌无力危象等情况时应用紫河车，以补肾益精血。

（5）补气升陷固脱

裘师认为 MG 患者大气下陷证是极其危重的证候，出现元气衰败、心肺衰竭危象，急当西医积极抢救，以维持呼吸、心律、血压等基本生命体征，根据 MG 危象的不同类型，采取相应的抢救方案：维持呼吸，防止窒息；积极控制感染；应用免疫球蛋白、糖皮质激素、新斯的明、血浆置换等治疗措施，以尽快改善患者症状，渡过危象期。中药治疗以补气升陷固脱为要，升举下陷，收敛耗散。裘师常用黄芪、人参、升麻、柴胡、附子、干姜、龙骨，自制炙马钱子胶囊等中药治疗。

马钱子最早载于《本草纲目》，具有通络止痛的功效，但苦寒、有毒，须经砂炒、油炸、醋泡、甘草制等炮制方法，可达到减毒作用，才能入药。《医学衷中参西录》记载马钱子具有“开通经络，透达关节之力”的作用。马钱子含士的宁等多种生物碱，可兴奋延髓呼吸中枢和血管舒缩中枢，兴奋脊髓反射，大剂量时可致惊厥，麻痹感觉神经末梢。裘师认为毒药猛剂善起沉疴，自制炙马钱子胶囊是裘师的自制发明药，获得国家发明专利，用于 MG 危象治疗时初始剂量 1 片，一日三次，逐渐加量可达 2 片，一日三次，可以兴奋呼吸，增加肌肉收缩力，缓解 MG 危象，减少西药的用量及用药时间，提高疗效。裘师自制炙马钱子过程是将生马钱子浸泡水中半个月，洗除毛，晒干切片，再用香油煎至棕黄色，过滤，用六一散吸干，筛去六一散，打粉装胶囊，每粒 0.2g。生马钱子经炮制后，减少了毒性，提高了药物安全性，但临床须注意剂量和症状观察，不宜久服多服，一旦出现惊厥、肢体震颤、步态不稳等症状，当及时减量或停药。

2. 中医药协同糖皮质激素治疗

糖皮质激素是控制 MG 的主要药物之一，但减量或停药不慎可引起复发和反跳，甚至引发 MG 危象，而且副作用多，长期服用可引起机体代谢紊乱，特别是小儿脏腑稚嫩，气血未定，治疗以培土健脾胃为要，用糖皮质激素后副作用明显，且影响生长发育，不主张发病初期就用糖皮质激素。所以中医药防治糖皮质激素副作用，帮助顺利减量或停药对 MG 的预后很有意义。使用糖皮质激素后会出现 MG 中医证型改变，在不同的治疗阶段出现不同的证候表现，治则用药也须相应改变。裘师在治疗 MG 时对使用糖皮质激素（以下称为“激素”）非常谨慎，从中药药理的性味归经认识激素特性，分析激素使用后及激素减量或停药过程中 MG 证型变化规律，分不同阶段进行辨证论治，减毒增效，帮助激素顺利减量或停药，并防止 MG 复发和反跳。

（1）激素的性味

裘师认为 MG 临床表现为严重的虚证、阳气不足证，维护阳气、补益中气是基本治疗大法，激素治疗能减轻神疲乏力、精神萎靡、纳食不馨，甚至呼吸困难、MG 危象等症状，可将其归于温补之类。裘师认为，从中药性味来分析，激素应属阳药，具有温热、兴奋、上升、推动、化气的特性，而临床阳药过用，可形成热毒之邪，则易于伤阴、生风动血，甚至扰乱心神；阳药突然停用，可加重气虚、阳虚症状，使肌无力加重，形成危象，危及生命。在激素使用过程中随着阳气的消长变化可出现不同的激素副作用，直接引起临床证型变化。

（2）中医药协同激素辨证分期治疗

激素由肾上腺皮质合成分泌，具有抑制免疫、抗炎、抗休克、抗过敏、参与应激反应等作用，同时影响人体的糖、蛋白质、脂肪代谢，引起水钠潴留、电解质紊乱、血压升高、精神兴奋、骨质疏松、二重感染、消化道溃疡等，如果骤然停药有发生肾上腺危象、病情反跳的风险。裘师认为机体正常分泌的激素或疾病时适量使用的激素是一种起着温煦生化温养作用的阳气，而过度使用激素则使火热偏盛，消灼阴津，变成一种火热之邪，“诸热瞀瘛，皆属于火”。《素问·阴阳应象大论》云：“壮火食气，气急少火。”可见生理性激素和合适治疗量激素属于“少火”，过量激素的副作用属于“壮火”，骤然停用激素或不恰当减少激素引发的MG危象则属于大气下陷、阳气外脱。中医辨证分期有脾气亏虚期（激素初用或减量时）、气阴两虚期、脾肾阳虚期、大气下陷期。

1）脾气亏虚期：可出现在MG患者激素治疗的初始阶段，以及经治疗症状控制稳定不复发持续一段时间，进行激素减量或停药的状态。在这两种阶段，激素使用后患者肌无力症状得到改善，而激素的副作用表现不明显，出现“少火生气”“文火温养”的疗效。患者可出现中气不足证的轻微症状，表现出略有肢体疲乏、精神倦怠、舌淡苔薄白、脉沉细等。此时中药治疗能很好地改善症状，不会导致病情加重或反跳。当然须防止“感冒”“腹泻”“过劳”等因素发生，以及不恰当的减量。

裘师以健脾益气升阳之法治疗，以减少激素的使用量，药用黄芪80g，当归12g，党参30g，生晒参12g，白术12g，山药15g，淫羊藿30g，防风9g，炙甘草6g，炒薏苡仁15g，升麻6g，柴胡6g。裘师重视脾胃，认为脾胃为气血生化之源，气机升降之枢纽，故以调理脾胃、补气升阳为基本大法，中药补气升阳有助于减少激素初始治疗剂量，稳定病情，减少以后激素维持的用量。部分患者早期中药治疗就可缓解病情，从而避免激素的长期使用。

当MG患者处于相对稳定状态进行激素减量或停药阶段，外源性激素支持减少，脾气亏虚的症状仍可出现，严重者不得不重新加用激素。为配合激素减量或停药，在此阶段裘师在健脾益气升阳的基础上，加用温补肾阳之品，药则加用仙茅、补骨脂、紫河车粉、鹿角霜、淡附子、干姜等。温补肾阳药有类激素样作用，能保护肾上腺皮质功能，有利于激素顺利减量。

2）气阴两虚期：出现在MG患者激素维持治疗阶段。在此阶段，激素的温阳之性逐渐形成“壮火”，久而火热邪毒内蕴，“壮火食气”，耗气伤阴，灼伤阴血。MG 气虚之症状尚未完全改善，而阴虚之象却已显现，出现气阴两虚、阴虚内热之象，表现为乏力、口燥咽干、面色潮红、心烦易怒、夜寐不安、舌红少津、脉弱而细数等。激素减量则 MG 病症加重，继续维持治疗则阴虚症状更甚，西医治疗出现两难境地。

在此阶段，裘师在健脾益气的基础上，加用滋阴凉血之药，欲清虚阳，必滋其阴，药则加用制黄精、生地、麦冬、天冬、五味子、山萸肉、女贞子、丹皮、地骨皮、黄柏、知母等。但在选择养阴药时，须谨慎使用柔筋、镇静之品，如白芍、木瓜、牛膝、葛根、天麻、钩藤、龙骨、牡蛎等。健脾益气是治疗 MG 原发病的基本大法，配以滋阴凉血纠正激素引起的阴虚内热副作用，使机体重新达到“少火”状态，有利于激素减量调整治疗。

3）脾肾阳虚期：出现在 MG 患者较大剂量激素长期治疗阶段。部分 MG 患者激素治疗敏感性一般，或治疗过程中因“感冒”“腹泻”“过劳”“应激”等因素使病情加重，不得不加大激素剂量。而长期大剂量服用激素，由于下丘脑－垂体－肾上腺反馈机制导致肾上腺皮质功能受到抑制甚至萎缩，机体的肾阳“命门之火”渐衰，使阳气亏虚的症状加重，表现出脾肾阳虚、阳虚湿困之象。脾气不足，脾阳不振，运化无权，肾阳衰微，气化失司，湿聚为水，积水成饮，饮凝成痰，使痰湿内生，出现脾肾阳虚、痰湿内停之症，临床表现为肌无力明显、肢体困重、精神不振、口淡纳差、面色晦暗、畏寒肢冷、腹胀便溏、腰膝酸软、小溲清长、面足浮肿、满月脸、舌淡胖、苔厚或白腻、边有齿痕，脉细滑而弱等。此时西医治疗不但无法减用激素剂量，反而会增加激素剂量，进入恶性循环的状态。

在此阶段，裘师在健脾益气升阳的基础上，加用补肾壮阳、温化痰湿之品，药则加用淡附子、干姜、肉桂、巴戟天、紫河车粉、炒扁豆、芡实、制半夏、藿香、佩兰、川朴、苍术等。补气升阳同时，温补命门以资少火，健脾土以养肾精，以避免一味加用激素而使副作用越加严重，防止因激素过用导致肾上腺皮质功能减退。

4）大气下陷期：此期往往在 MG 患者激素骤然停用或不恰当减量时出现。此阶段 MG 症状可突然加重引发肌无力危象，出现大气下陷、阳气外脱之证，危及生命。表现为肢体困倦无力、眼睑下垂、气短难续、言语低微、面色苍白晦暗、食少便溏、舌淡苔白、脉缓弱等，此时治疗则显棘手。

在此阶段，裘师认为治疗应以西医综合集束化护理为主，包括大剂量激素冲击、丙种球蛋白、溴吡斯的明、呼吸支持、抗感染、营养支持、积极护理等，

裘师还加用自制炙马钱子胶囊和中药鼻饲，四逆汤、参附汤、独参汤等回阳救逆，加快病情康复。

（五）小结

裘师从长期治疗MG患者的临床经验中总结出系统的辨证思路，认为MG的病机主要是先天不足，后天失养，导致元气虚衰，虚证为本，与脾、肝、肾三脏有关，也可兼夹痰湿、外邪等证候，出现虚实夹杂，然究其根源皆为虚所致。辨证分型有脾虚气弱证、气阴两虚证、肝肾两虚证、脾肾两虚证、大气下陷证，可兼夹痰湿内蕴证或痰湿化热证，脾虚气弱证贯穿于各型之中，故“虚”是其本质，甚者会虚至极点以致脱证，而“实”是假象或兼证，并确立了相应治法治则：健脾益气升阳、益气养阴补血、柔肝祛风润筋、温肾补脾益精血、补气升陷固脱，在选方用药方面亦有自己的理解和体会，达到辨证准确、用药精炼。

激素是治疗MG的主要药物，也是把“双刃剑”，在治疗过程中因激素用药时程、剂量、合理性等影响，患者会出现不同的临床副作用。裘师总结激素的中医药特性，在治疗的不同阶段，按激素使用后机体阳气消长的变化，协同激素减轻副作用，减量不反跳，其经验值得认真总结传承，并予推广应用。

（六）医案举例

郑某，女，15岁。主诉：双眼睑下垂、复视进行性加重2年半。患者于2011年6月出现双眼睑下垂、复视，在儿童医院治疗，查胸腺CT未见异常、乙酰胆碱受体抗体阴性、新斯的明试验阳性，诊断为MG，眼肌型。初始予以甲泼尼龙冲击治疗，泼尼松维持口服，溴吡斯的明口服治疗，眼睑下垂明显改善。后因感冒、腹泻等，肌无力症状明显加重，致使泼尼松逐渐加量至23片，每日一次，但症状控制仍不理想，患者不能耐受，遂于2012年9月至裘师处就诊。

刻诊时患者双眼睑下垂（3、9点钟），复视，眼球活动不到边，抬头疲劳，双上肢上举疲劳，朝轻暮重，无呼吸困难，无行走困难，伴纳呆，满月脸，大便稀溏，腰膝酸软，畏寒肢冷，舌淡胖，苔白根腻，脉细滑。查免疫球蛋白基本正常，复查胸腺CT未见明显异常。

患者重症肌无力数年，眼肌无力，脾主肉轮，故眼睑下垂。劳则耗气，疲劳加重病情，为脾气不足，脾不升清，气血不足则不能视，故复视，上气不足，颈项肌肉乏力，肌肉失于荣养则抬头疲劳，上肢上举困难。脾气不足清阳不升，清气下泄，则纳呆便溏。久病及肾，脾气虚可致肾气亏虚，脾肾阳虚则腰膝酸软，畏寒肢冷。肾主水，脾主运化，脾为生痰之源，脾肾阳虚则水液不化，内生痰湿，故舌淡胖，苔白根腻，脉细滑。中医辨证为脾肾阳虚、痰湿内停证，治宜温补脾肾、祛湿化痰。处方：炙黄芪 80g，炒当归 12g，党参 30g，生晒参 12g，白术 12g，山药 15g，淫羊藿 30g，防风 9g，炙甘草 6g，炒薏苡仁 15g，升麻、柴胡各 6g，淡附子 9g，干姜 6g，巴戟天 12g，炒扁豆 15g，藿香 12g，佩兰 9g，川朴 12g，苍术 9g。

14 剂后患者复诊，眼睑下垂减轻（2、10 点钟），上午复视消失，下午时有复视现象，眼球活动好转，抬头举臂明显好转，再予以服用 1 个月。患者再次复诊，眼睑无下垂，疲劳试验阴性，无复视现象，眼球活动自如，抬头举臂正常，纳可，大便成形，无畏寒肢冷，舌淡红苔薄白，脉滑。减用激素至 20 片，每日一次。中医辨证为中气不足，治宜健脾益气、兼补肾阳。处方：炙黄芪 80g，炒当归 12g，党参 30g，生晒参 12g，白术 12g，山药 15g，淫羊藿 30g，防风 9g，炙甘草 6g，炒薏苡仁 15g，升麻、柴胡各 6g，仙茅 12g，补骨脂 12g，淡附子 9g，干姜 6g，巴戟天 12g，紫河车粉（吞）6g。

7 剂后，患者症状稳定。续服 21 剂，患者无眼睑下垂，无复视现象，眼球活动自如，抬头举臂正常，遂减用泼尼松片 2 片。

至今患者在裘师处坚持服药治疗已达 2 年余，MG 症状稳定，无复发，逐渐减少了泼尼松的用量。目前泼尼松片服用量 4 片，每日一次，患者无明显肌无力症状。

治疗期间患者曾出现咽痛、咳嗽，咳痰、痰多略黄的呼吸道感染症状，病情未加重，激素未加量，中医治宜补中益气、清肺化痰。处方：炙黄芪 80g，炒当归 12g，党参 30g，生晒参 12g，白术 12g，山药 15g，淫羊藿 30g，防风 9g，炙甘草 6g，炒薏苡仁 15g，升麻 6g，柴胡 6g，制半夏 9g，化橘红 6g，黄芩 15g，金荞麦 30g，鱼腥草 15g，蝉衣 9g，桔梗 9g。7 剂后患者呼吸道症状基本消失，继续原方案治疗，根据病情变化进行适当药物加减。

二、帕金森病

裘师对于帕金森病（Parkinson disease，PD）的诊治亦有独到见地，巧妙运用中西医结合方法治疗帕金森病，认为虽不能阻止疾病的发展，但对于改善患者的症状，尤其非运动症状，提高患者的生活质量方面有显著疗效。在40多年的临证中，裘师深感帕金森病患者运动障碍造成震颤、肌强直、动作迟缓、姿势平衡障碍等反复摔跤甚至活动不能的痛苦，同时也感受到患者因二便障碍、流涎、性功能障碍等最基本的日常生活能力丧失而带来的苦楚，因此如何减轻患者的运动症状、非运动症状，提高患者的生活质量，成为裘师时常思考并为之努力的方向，临证时格外用心。

（一）病因病机——诸风掉眩，皆属于肝

中医学经典文献中没有对应帕金森病的独立的病名，明朝孙一奎的《赤水玄珠》曰："颤振者，人病手足摇动，如抖擞之状，筋脉约束不住，而莫能任持，风之象也。"与帕金森病的震颤相吻合，因此，裘师认为在病名上，以"颤证"最为相似。纵观古代文献和现代帕金森病的流行病学资料，帕金森病患者发病年龄在中年以后，王肯堂《证治准绳》曰："此病壮年鲜有，中年以后乃有之老年尤多。夫老年阴血不足，少水不能制盛火，极为难治。"

不难看出，颤证多为老年病，《素问·至真要大论》指出"诸风掉眩，皆属于肝""诸暴强直，皆属于风"，裘师认为这两句经典高度概括了帕金森病的发病机制，在脏属肝，病理因素属风，肝风内动，筋脉失养乃颤证的最基本病机。其病理性质为本虚标实，肝肾阴虚为本，肝风内动为标。当然，颤证的发病机制并非如此单纯，临床上常常夹痰、夹瘀、夹火，虚中夹实，虚实夹杂证。因此，《张氏医通》认为本病多因风、火、痰、瘀、虚所致。

（二）辨证论治——病证结合，审证求因

裘师认为中医的精髓在于辨证论治，重点在辨证，临证时，最重要的是分清证型，辨明标本虚实。"证同治亦同，证异治亦异"，证是决定治法药最可靠的依据，同时裘师非常重视病证结合。裘师将颤证分为风阳上扰证、痰热动风证、肝肾不足证、气血亏虚证、阴阳两虚证五种证型。在颤证早期：风阳上扰证、痰热动风证、肝肾不足证多见；晚期则以气血亏虚证、阴阳两虚证为多，与病程长、脏气亏损及长期使用西药造成的副作用有关。遣方时各型均可配伍熄风止颤之品。

裘师多年的临床经验表明，本病临床上肝肾不足证最多见，表现为头目

眩晕，肢体震颤，步履艰难，汗出不止，更衣不畅，舌质偏红少津，脉细数等症，此时治疗以滋阴为主治其本，熄风治其标。裘师自拟滋阴熄风汤，基本方由熟地15g，山萸肉12g，龟板15g，白芍15～30g，天麻9～12g，钩藤15～20g，僵蚕12g，全蝎3～6g，石决明30g组成。本方分为三部分，熟地、山萸肉、龟板、白芍以滋阴为主；天麻、钩藤、僵蚕、全蝎以熄风为主；石决明可平肝潜阳。当然中医学最强调的还是辨证论治，个体化治疗，因此必须随证加减。仲景云："观其脉证，知犯何逆，随证治之。"以下为具体加减情况。

1. 阴虚内热

除上述震颤症状以外，还兼见五心烦热、大便秘结、舌红苔薄、脉细数者，为阴虚内热、肠道失润所致，可适当选用知母、丹皮、地骨皮、炙鳖甲、鲜石斛（若舌光剥者）等以滋阴清热除烦、润肠通便。

2. 风阳内动

此型症见肢体震颤明显，动作迟缓，筋脉拘急，伴有头晕目眩，面红目赤，情绪激动，舌红苔薄、脉弦者，选用珍珠母、紫贝齿平肝熄风，重者羚羊角粉3g另吞，可起到迅速缓解肌张力的作用。

3. 痰湿阻滞

症见肢体震颤，同时肢体重着，伴有胸脘满闷，痰涎壅盛，苔白腻，脉弦滑者。此时当减熟地、山萸肉、龟板等，或熟地配砂仁者亦可，加上化痰药，多用姜半夏、胆南星、石菖蒲等化痰熄风。若伴有认知障碍，选用益智仁、石菖蒲、郁金，清心化痰开心智。

4. 气血两虚

症见震颤细微，乏力纳差，失眠多梦，舌淡苔薄脉细，选用当归、黄芪、川芎补气养血。血虚生风，血行风自灭；同时加用熄风药，但滋阴药如山萸肉、生地、熟地必去除，以免滋腻。

（三）分期治疗——中西合璧，增效减副

对于帕金森病的治疗，西药有着起效快、疗效明显、作用机制明确等无可比拟的优点，但同时经典的左旋多巴替代治疗随着"蜜月期"的结束而疗效减退并出现症状波动、异动症、精神症状等副作用，而如何最大程度发挥中药的稳定疗效，调整阴阳，改善症状，巩固疗效，特别对于非运动症状如便秘、出汗、流涎、抑郁、失眠等症状治疗的优势，裘师逐渐形成自己的见解。

裘师认为帕金森病的精准治疗必须根据疾病所处不同时期而治。

1. 疾病早期

患者虽已发病，但尚未显著影响其日常生活和工作能力，尤其是年龄小于 65 岁的患者，一般主张尽量推迟使用左旋多巴类药物或者使用小剂量左旋多巴类，此时中医药的介入，甚至单纯中药治疗为很好的切入点，体现中医“不治已病治未病”“既病防变”的观念，中药对于延缓疾病的进展，多靶点作用保护神经，推迟左旋多巴的使用时间上取得良好的成效。此期本虚现象不明显，治疗当以清热熄风化痰为主，裘师处方多用天麻、钩藤、石菖蒲、远志、胆星等。

2. 疾病中期

患者震颤强直症状已明显，单用中药起效慢，且力量单薄，因此常常在使用左旋多巴制剂、金刚烷胺、苯海索、吡贝地尔、司来吉兰、思他卡朋等西药基础上辨证施治，可以减少西药导致的恶心、便秘等胃肠道反应及症状波动等副作用，巩固疗效。这一期，西药治标、中药固本，中西合璧，相辅相成。裘师认为使用西药后，患者的中医证型会有所改变，因此处方时多加用健脾化湿之品，即是顾护后天之本，求其本，清其源，同时也是减轻西药的胃肠道反应，一举两得。

3. 疾病晚期

无论中西药物，表现均不尽人意。本期气血亏虚、肝肾阴虚已极度突出，甚至肾阴阳两虚。治疗当重视补益肝肾，治病求本。此时遣方以扶正为主，虚则补之，多以滋补肝肾、益气养血、调补阴阳为法。气血亏虚者，佐以人参、黄芪、白术、甘草、当归、熟地等；兼有血瘀，加鸡血藤、桃仁、红花；肾阳不足者，巴戟天、肉苁蓉、淫羊藿等；肾阴不足者，加山萸肉、熟地、黄精、龟板等。

裘师常常提倡现代中医师应是全面掌握西医理论知识，又能对中医有很好的领悟力。喜欢并致力于中医事业的人，即便是德高望重的名中医，也应用好西医西药这一现代化武器，取长补短。中医药是世界传统医学的杰出代表，而中西医结合体现了不同文化包容发展的精神，是传统与现代相结合的整合医学的典范。调查表明，中国超过 71.2% 的患者会选择中西医结合的治疗方法，整合医学在我国医疗卫生体系中发挥不可替代的作用。

（四）临证特色——善用虫药，兼顾脾胃

帕金森病为神经系统的慢性进展性疾病，临床属于难治，预后较差，目

前尚无有效的方法阻止疾病的发展或逆转疾病，而只能改善症状，常规用药有时并不能取得良好的疗效，尤其中晚期患者，症见关节拘急、痉挛、活动不利。裘师在多年临证基础上总结出自己的一套理论与经验，善用搜风止痉之虫类药，裘师认为“草木不能建功，故必借虫蚁入络搜剔络内久踞之邪”。正如《医学衷中参西录》有关蜈蚣的记载“走窜之力最速，内而脏腑，外而经络……其性尤善搜风，内治肝风萌动，癫痫眩晕，抽掣瘛疭，小儿脐风；外治经络中风，口眼歪斜，手足麻木”。裘师善用虫类药根据病程新久亦有阶梯之讲究，病证轻时，佐以地龙、僵蚕、全蝎、乌梢蛇，次之蜈蚣、蜂房、蕲蛇，而白花蛇作用最强。然虫类药性偏温燥，尤其蜈蚣，阴虚少用或不用，不宜久服，中病即止，易伤脾胃。裘师在用虫类祛风活络之时，不忘兼顾脾胃，常佐以砂仁、川朴、枳壳、炒谷芽、炒白术醒脾健胃、养胃生津、滋阴柔肝之品。时刻谨记“脾胃为后天之本”，脾胃亏虚，气血生化乏源，“精血同源”，肾精不足，肝血亏虚，筋脉失养，诸症加重也。

（五）人文关怀——疏肝解郁，心理调护

帕金森病病程长，症状迁延不愈，并逐渐加重，终身服用左旋多巴，但晚期仍会出现运动功能的丧失，终致卧床不起，生活不能自理，并发肺部感染，尿路感染等。中医在改善其症状，尤其是改善患者非运动症状方面有一定的疗效，如出汗、便秘、抑郁、失眠、痴呆等，而这些症状，尤其抑郁，患者长期患病，情绪低落非常常见，对康复很不利，因此改善患者的非运动症状能显著提高患者的生活质量。在药物方面，肝郁化热者宜清热疏肝解郁，可用丹栀逍遥丸；心火亢盛者，可加生地、百合、淮小麦或甘麦大枣汤；若是梅核气、吞吐不利、咽之不下、吐之不出、嗳气、心情不畅者，则用半夏厚朴汤。如抑郁焦虑症状明显者，西药给予氟哌噻吨美利曲辛片或帕罗西汀等抗抑郁治疗。而更重要的是，裘师除辨证用药外非常注重心理治疗，平时常常鼓励患者参加一些力所能及的户外活动，在药物治疗改善震颤、提高运动的协调性等方面的同时，给予良好的心理关爱，鼓励患者正确认识疾病，树立长期与疾病做斗争的必胜信念，增强患者的治疗信心，向他们传递正能量，以期改善患者的精神状态，提高生活质量。长期临证中，裘师早已摸索出一套独特的诊治经验，早期轻症患者可单独应用中药对运动症状和非运动症状进行治疗；稍重者中药加少量多巴胺受体激动剂治疗；对晚期左旋多巴衰竭，左旋多巴维持 5 年或 10 年以后，半数以上出现疗效减退和症状波动、运动障碍和诸多非运动症状的患者，中医药从整体观念辨证论治，结合西药的多品种、小剂量（适宜剂量）、多靶点、多环节的“鸡尾酒疗法”，是目前较为理想的治疗方案，但裘师也提到传统西医治疗仍处于核心地位，这是不争的事实，作为全国名老中医药专家学术经验继承工作指导老师，裘师时刻提醒自己肩负重任，努力做好传承工作，将自己的宝贵经验倾囊相授。

（六）特色优势——非运动症状的诊治

尽管帕金森病最引人关注的是它的运动症状，但在运动症状得到了积极的控制之后，日益突显的问题却是它的非运动症状。疼痛、疲劳、睡眠障碍、自主神经功能紊乱，尤其是焦虑、抑郁和认知功能障碍，严重影响了患者的生活质量。裘师认为，帕金森病非运动症状的治疗为中医提供了很好的切入点，尤其伴发频率较高的便秘、出汗、睡眠障碍、排尿障碍、性功能障碍等。PD合并便秘多见阴虚、气虚、阳虚、痰湿内滞型，治以养阴、益气、温阳、化痰导滞；合并汗证则虚证居多，肺卫不固、心血不足、阴虚火旺，而鲜见邪热郁蒸型，治以益气、养阴、补血、调和营卫；合并不寐时兼顾到肝肾阴虚、肝火旺盛、心火亢盛、心肾不交等特点，治以滋阴降火、清肝和胃、宁心安神、交通心肾等。排尿障碍则多由肾气不足、下元亏虚所致，治宜温补下元方。性功能障碍也很常见，若由肝肾亏虚引起者，则滋养肝肾、填精补髓、平肝熄风；若是肾阳亏虚所致，则当温肾壮阳、平肝熄风。但由PD引起的上述症状，虽然可以单独为病，但必须兼顾到PD本身的影响因素，其主体仍是PD（颤证），临证时必须谨记。

1. 排便障碍

便秘是PD最常见的非运动症状之一，甚至可能出现于PD之前。Abbott等对7000例男性的排便习惯进行24年的随访研究发现，原发性便秘（大便次数少于每天1次）的男性10年后患PD的比例是正常人的3倍。尤其病重、晚期患者多见，由于其活动减少，年老体弱，排便动力减退，肠道功能紊乱，肠蠕动减弱。本病伴发的便秘呈现出顽固性、反复性、波动性及难治性等特点。目前西医普遍认为便秘是由于肛门直肠的肌肉运动不协调而导致，常用的缓泻剂有时反而会加重症状。中医学“颤证”和“便秘”分属两个疾病。临证时辨病辨证的主体应是“颤证”，由PD引起的便秘，虽然有不同的表现，但必须兼顾到PD本身的特点。裘师认为辨证论治仍是最核心的。本病临床上多见阴虚便秘、气虚便秘、阳虚便秘、痰湿内滞几种情况。治疗仍以帕金森病的运动症状为主体，在此基础上，分别酌加养阴、益气、温阳、化痰导滞之品，达到使大便通畅的目的。

（1）阴虚便秘

在颤证基础上，大便干结如羊屎状，形体消瘦，伴有口干舌燥，头晕耳鸣，舌红少苔脉细数，拟养阴生津润下法，选用增液汤加知母 12g，葛根 15 ～ 20g，决明子 15 ～ 30g 等。

（2）气虚便秘

大便并不干结，虽有便意，但排便困难，用力则汗出短气，舌淡苔薄脉弱，拟益气润肠法，可用枳术丸，裘师认为宜用生白术且用量要大（30g），可加火麻仁。若气虚下陷甚至可用黄芪汤（《太平惠民和剂局方》）加减：黄芪 20 ～ 30g，升麻 6 ～ 9g，火麻仁 30g，白蜜 30g。

（3）阳虚便秘

大便干或不干，但排出困难，四肢不温，小便清长，舌淡胖苔薄，脉沉，拟温阳通便法，可用济川煎加减，苁蓉 15 ～ 20g，锁阳 15g，当归 15g，怀牛膝 12g，枳壳 12g。

（4）痰湿内滞

大便不干但难以解出，胸闷恶心，舌苔白腻，脉濡滑，拟化痰理气除湿法，用瓜蒌仁 15 ～ 30g，阳春砂 6g，川朴 12g，枳壳 12g。痰湿重者，可酌加少量桂枝温阳通络，达到气行而湿除的目的。

裘师认为帕金森病多为老年人所患，老年人或真阳亏损，温煦无权，阴邪凝结；或阴亏血燥，大肠液枯，无力行舟，多以虚证为主，结合帕金森病的肝肾阴虚的发病特点，以阴虚便秘最为常见，治疗时以补虚为主。对于顽固性便秘，裘师常加用一味桔梗，认为“肺与大肠相表里”，桔梗归肺经，开宣肺气而通大便，实乃“提壶揭盖”法，寓意相当巧妙。裘师还非常注重调护，饮食合理，多吃粗纤维食物，并养成按时排便的好习惯，有利于胃肠功能的恢复。大便是否通畅直接影响患者的情绪。

2. 出汗异常

出汗异常也是帕金森病患者的常见非运动症状之一，以多汗为主。早在 1893 年，Gower 即描述了帕金森病患者汗腺分泌异常的现象。目前认为多汗是帕金森病患者自主神经功能障碍的表现。多汗症状可发生于帕金森病的任意阶段，与病程长短无关。其发病机制尚不十分明确，目前普遍认为与自主神经功能障碍有关，可能出现于自主神经受损的早期，成为帕金森病早期诊

断的线索之一。目前治疗方法有限，使患者深受其苦。

中医学方面有关汗证的描述，早在《素问·阴阳别论》已有“阳加于阴，谓之汗”之清，“汗是由阳气蒸化津液从毛窍达于体表而成”。汗证分为生理性与病理性，生理性汗出具有调和营卫、滋润皮肤等作用。汗为心之液，与血同源，汗出于腠里皮毛，与肺卫之气宣发相关；肾为水脏，主五液，故汗又为肾所主。病理性汗证乃腠理不固、营卫失和致汗液外泄失常，当责之于心、肺、肾之功能。

裘师认为帕金森病合并汗证的辨证仍强调抓住主要矛盾，颤证总体病机为肝肾不足，其中以阴虚为主，而“津血同源”“汗血同源”，颤证患者其本是阴虚，合并汗证不足为奇，同时两者互为影响，因此有效治疗汗证，保存津液对于颤证非常重要。裘师认为颤证合并汗证虚证居多，肺卫不固、心血不足、阴虚火旺临证时多见，而邪热郁蒸型少见。治疗时予以益气、养阴、补血、调和营卫，适当加用麻黄根、浮小麦、糯稻根、五味子、瘪桃干、穞豆衣、牡蛎等固涩敛汗之品。

（1）肺卫不固

在颤证基础上出现汗出恶风，易于感冒，体倦乏力，或短气，面色晄白少华，苔薄白，脉细弱或脉缓无力等症。此时用玉屏风散加味：黄芪 30g，白术 15g，防风 9g，党参 30g 等益气健脾固卫。

（2）心血不足

症见自汗或盗汗，神疲气短，面色不华，舌质淡，苔薄白，脉细。加用归脾汤、生脉散，同时裘师常常加熟地 12g，制首乌 12g，山萸肉 12g，淮小麦 30g 补益精血以敛汗。

（3）阴虚火旺

症见五心烦热，两颧色红，舌红少津，脉细数。裘师常加用麦味地黄丸补益肺肾、滋阴清热，或加淮小麦 30g，瘪桃干 12g，浮小麦 30g，糯稻根 15g 收敛止汗。潮热出汗者，加地骨皮 15g 清虚热。

3. 睡眠障碍

几乎所有的 PD 患者都有睡眠障碍并且在疾病的早期就会出现。PD 的一些帕金森病非运动症状（NMS）如夜尿增多、不宁腿综合征等导致频繁起夜，或翻身困难等都会影响患者的睡眠质量。几乎所有用于治疗 PD 的药物都会影响夜间睡眠。通过多导睡眠监测发现，PD 患者慢波睡眠、快速眼动睡眠比例、非快速眼动睡眠 3 期和 4 期、总睡眠时间、睡眠潜伏期及睡眠效率均减少。系统回顾国外多项临床研究显示，睡眠障碍是PD最常见的导致其失去生活能力的非运动方面的并发症之一。其病变除了可累及黑质致密部多巴胺能神经元以外，还可导致蓝斑、中缝核、孤束核、迷走神经背核、网状结构等神经元变性缺失，使唤醒系统受损，影响睡眠–觉醒周期；黑质神经细胞的减少，使黑质纹状体多巴胺的含量减少，出现一系列运动症状；帕金森病进展期，去甲肾上腺素能、5–羟色胺能和胆碱能神经细胞的数量减少也是睡眠障碍的发病机制之一。

PD的睡眠障碍属中医学“不寐”等范畴。不寐的总体病机为阳盛阴衰、阴阳失交。临床上颤证多因肝肾阴虚，脏腑功能失调，气阴两虚，筋脉失于濡养所致，而PD睡眠障碍多在此基础上，出现肾阴不足，不能滋养肝木，肝阳亢而肾水竭，阴阳失交；或肾阴亏于下，不能上奉于心，水火不济，心火独亢，火盛神动，心肾失交，神志不宁。正如《景岳全书·不寐》所说：“真阴精血不足，阴阳不交，而神有不安其室耳。”

裘师在治疗颤证合并不寐时兼顾到肝肾阴虚、肝火旺盛、心火亢盛的特点。若是心肾不交，心烦不寐，心悸多梦，腰膝酸软，潮热盗汗，舌红少苔、脉细数者，加用交泰丸滋阴降火、交通心肾，黄连6g清心降火，肉桂2g引火归元；若是肝火旺盛，不寐多梦，急躁易怒，口干口苦，舌红苔黄、脉弦数者，可用丹栀逍遥散加减养血健脾、疏肝清热；若是痰热扰心，心烦不寐，胸闷脘痞，口苦头重，舌苔厚腻者，予以黄连温胆汤清胆和胃安神，或半夏秫米汤和胃健脾、交通阴阳。裘师尤其推崇《黄帝内经》十三方之一的半夏秫米汤，半夏9g，北秫米15～30g，药物组成虽简单，但本方有通有补，有升有降，半夏秫米共成补虚泄实、沟通阴阳、和利营卫之功，真有“覆杯则卧”之效；也有肝血不足，阴虚内热，虚烦不寐，心悸不安，头目眩晕，咽干口燥，舌质红，苔少，脉弦细，舌淡苔白脉细等症者，加用酸枣仁汤加减养血安神、清热除烦，此时酸枣仁用量宜大（30g）。

4. 排尿障碍

夜间多尿是PD患者最早的症状之一，表现为尿频、尿急甚至尿失禁，可能与逼尿肌的高反应有关，排尿不畅和迟缓、尿无力发生率为17%～27%，小便后仍频繁解小便发生率在71.7%。夜尿频多临床上亦是虚证为主，可见于下元虚寒证，症见头晕耳鸣、腰膝酸软、小便频多、小便失禁、舌红淡红、脉沉迟，证属肾气不足，下元亏虚，膀胱气化失司，摄纳无权。治宜温补下元，可用巩堤丸合桑螵蛸散（《本草衍义》）合缩泉丸（《妇人大全良方》）加减：淡附子 6g，熟地 15g，山萸肉 12g，怀山药 15g，菟丝子 12g，补骨脂 12g，益智仁 12g，桑螵蛸 12g，乌药 9g，淫羊藿 15g，同时加主方中的柔肝解痉熄风药。

5. 性功能障碍

性功能障碍在 PD 患者中很常见，发生率为 15.5%，最常见的问题是勃起障碍和射精障碍，可能与睾酮水平下降有关，同时治疗抑郁和心血管病的药物可能导致性功能障碍。中医学属于“阳痿”范畴，病位在肝、肾，病性属虚证，临床多见肝肾亏虚、肾阳亏虚两型。

（1）肝肾亏虚

除主症外，可见年老体弱，形体消瘦，腰脊酸软，眩晕耳鸣，阳事不举，舌质多红，苔薄，脉细弦，乃肾阴不足、精髓不充、宗筋失养所致。治当滋养肝肾、填精补髓、平肝熄风，可选用《景岳全书》左归丸加减：生、熟地各 15g，山萸肉 12g，怀山药 15g，枸杞子 15g，龟甲 15g，鹿角片 10g，怀牛膝 12g，菟丝子 12g，加主方中的熄风柔肝解痉药。

（2）肾阳亏虚

除主症外，伴有年老体衰，面色㿠白或黧黑，头晕耳鸣，腰膝酸软，形寒怕冷，阳痿不举，舌质淡红，脉沉细无力，证属肾气亏虚、命门火衰，治当温肾壮阳、平肝熄风，选用《景岳全书》右归丸加减：鹿角片 10g，枸杞子 15g，山萸肉 12g，当归 12g，苁蓉 12g，菟丝子 12g，巴戟天 12g，仙茅 12g，淫羊藿 15g，蛇床子 10g，淡附子 6g，肉桂 6g，同时加重主方中的熄风柔肝解痉药。

总之，帕金森病的非运动症状越来越受到医生和患者的重视，其治疗的难度也是可想而知的，西医一直在寻求最佳的治疗方案，对于运动症状的改善随着新药的不断问世而获益；而对于非运功症状，中医的整体辨证论治显示出更好的优势，郑国庆等认为这种优势是中医复方多种有效成分具有对人体多环节、多层次、多靶点的整合调节作用，符合人体发病及病理环节多态性的特点，对 PD 神经保护可能有一定的作用。因此在当前非运动症状治疗过程中，中医整体治疗可能有更广阔的应用前景。

（七）典型医案

陈某，男，1943 年 11 月出生，主诉：行动不便，右侧肢体活动不灵活 2 年。患者 2 年前发现行动不便，右侧肢体活动不灵活，肢体强直，震颤少见，流口水多，大便不畅，一周一次，干结难解，无小便障碍，睡眠不佳，服用多巴丝肼1/2，每天三次，普拉克索1/2，每天三次。症见：形体消瘦，面容刻板，动作迟缓，右侧肢体僵硬，下肢浮肿，流涎频多，睡眠不佳，大便干结难解，舌红苔薄，脉弦细。辅助检查：头颅MRI+MRA示双侧大脑半球少量缺血灶，MRA（-）。西医诊断：帕金森病；中医诊断：颤证，肝肾不足证。因肝肾阴虚，筋脉失养；虚风内动，肢体震颤；虚火上扰，心神不宁；治法：滋补肝肾，柔肝熄风，宁心安神。自拟滋阴熄风汤加减，处方：熟地15g，山萸肉12g，龟板15g，天麻9g，钩藤20g，川牛膝15g，地龙9g，木瓜30g，葛根20g，白芍30g，川朴12g，枳实12g，郁李仁30g，白蒺藜12g，蔓荆子10g，决明子30g，紫贝齿（先煎）30g，龙齿（先煎）30g。同时予多巴丝肼1/2，每日三次，吡贝地尔1片，每日一次，4天后加量1片，每日二次。

2014年1月14日二诊：患者服药后肢体僵硬症状好转，入夜盗汗，夜寐不佳，容易惊醒，大便2～3天一次、颜色黄，舌红苔薄，脉细弦。加苁蓉15g，知母15g。

2014年1月28日三诊：患者夜间出汗多，大便干结，舌红苔薄，脉细弦。去白蒺藜、蔓荆子，加瓜蒌仁30g，糯稻根15g，麻黄根10g。

2014年2月11日四诊：患者出汗减少，惟大便干结难解，舌红苔薄，脉细弦。去瓜蒌仁、决明子、麻黄根，加芦荟0.5g。患者病情稳定，长期服药。

按：本案以行动不便，右侧肢体活动不灵活为主诉，西医诊为帕金森病，而中医诊为颤证。患者年过七旬，病来2年，形体消瘦，脏气亏虚，肝肾阴虚，筋脉失养，故步态不稳，肢体僵硬，易向前冲；阴津亏虚，肠道失润，故大便干结难解；肝肾阴虚，虚火上扰心神故夜寐不安，舌红苔薄、脉弦细为肝肾阴虚之象。

本案为颤证最常见证型——肝肾不足型。初诊即以裘师经验方滋阴熄风汤加减。本方由三组药物组成（滋阴：熟地、山萸肉、龟板；平肝熄风：天麻、钩藤、决明子、紫贝齿；柔肝解痉：白芍、木瓜、葛根）随证加减。裘师认为颤证最主要的病机是肝肾不足、筋脉失养。《素问·至真要大论》提到“诸风掉眩，皆属于肝”“诸暴强直，皆属于风”。临床主要有风阳上亢、痰热动风、肝肾阴虚（不足）、气血亏虚、阴阳两虚五型，而肝肾阴虚（不足）为常见证型，其主症为头目眩晕，肢体震颤，步履艰难，更衣不畅，舌质偏红，脉细数。本案即为肝肾阴虚型，予以滋阴熄风汤滋补肝肾、柔肝熄风、宁心安神。二诊患者即感全身僵硬好转，但仍便秘，故加用润肠通便之苁蓉、知母。三诊患者则以出汗较为突出，故加用收敛止汗之品。从患者多次就诊来看，肢体僵硬、行动不利好转较快，可能与西药的使用有关，而便秘、出汗、睡眠障碍等帕金森病的非运动症状时刻困扰着患者，影响患者的生活质量。因此中西医结合治疗帕金森病，可起到相互补充，相辅相成的作用，比单用西药治疗有更好的疗效。

总之，裘师从中医方面对帕金森病病名、病因病机、辨证论治的一般规律进行了深入研究，结合自身丰富的临床经验，提出了帕金森病（颤证）临床上肝肾阴虚最为多见，故治疗以滋阴为主治其本，熄风为辅治其标，自拟帕金森病经验方——滋阴熄风汤随证加减，对于非运动症状的治疗尤其擅长。

第二节　仁心施仁术　着手方回春

“医仁术也，仁人小人，必笃于情。笃于情，则视人犹己，问其所苦，自无不到之处”。临证之时裘师总是耐心听取患者的苦衷和曲解，告之以开解和安抚。常怀仁慈之心，拥有高超医术，裘师将“心”与“术”揉成一体，一位“仁医”由此促生。

一、不寐

（一）病因病机

不寐是由多种原因如情志失调、饮食内伤、气血亏虚等引起心神不宁、心失所养而致的以经常不能获得正常睡眠为特征的一类病证。其主要表现为睡眠时间、深度的不足及不能消除疲劳、恢复体力与精力，轻者入睡困难，或寐而不酣，时寐时醒，或醒后不能再寐，重则彻夜不寐。

裘师认为不寐的病因病机主要可归纳为以下两个方面。

其一，脏腑功能的失常，主要包括如因情志所伤引起肝郁气结，进一步郁而化火，邪火扰动心神，心神不安而不寐；或因思虑太过而伤心脾，耗伤心血，或脾虚生化不足不能上奉心神；或因饮食不节，或使脾胃受损，或饮食壅遏，终致胃气失和，阳气浮越于外而卧寐不安。

其二，病理因素的产生。各种原因导致的痰瘀内滞使得气血运行被碍，进一步引起阳不入阴而成不寐。

（二）辨证论治

裘师认为不寐的总病机是阳不入阴，体现在辨证论治上主要可分为从心论治、从肝论治、从脾（胃）论治及从病理因素（痰瘀）论治。

1. 从心论治

从心之主要生理功能来说，心藏神，为神明之脏，主宰精神意识思维及情志活动，在不寐中有着重要地位，《景岳全书·不寐》中记载“盖寐本乎明，神其主也，神安则寐，神不安则不寐”，心神被扰动则可导致不寐。

（1）清心火定心神

裘师认为心神易被火热之邪扰动，心神不宁则见心烦、失眠等。而火热之邪又可分为虚与实。五志过极，七情郁结，或嗜肥腻厚味及烟酒等物，化火内扰，此为实火扰动心神；肾阴（阴血）不足，不能上承于心，以致心火偏亢，此为虚火扰动心神。故治则上以此出发，多重清心以去虚实之火而安心神。裘师常以药对配伍以清心，黄连配肉桂，酸枣仁配焦山栀，黄连配竹叶等。

黄连配肉桂：黄连，味苦性寒，可清热燥湿、泻火解毒；肉桂辛甘大热，其浑厚凝降，守而不走，偏暖下焦，能助肾中阳气，并能纳气归肾、引火归源。故二药配伍，黄连清泻心火，肉桂温补肾阳，一寒一热，寒热并用，相辅相成，有泻南补北、交通心肾之功用，使阴从阳化、水火交济。故常用于心火亢盛、肾阴不足之心肾不交失眠。

黄连配竹叶：黄连专入心经，兼入肝、胃、大肠经，本品大苦大寒，为泻心火、除湿热之佳品，它既能清心泻火（以清泻心、胃之火为主）、清心安眠，凉血止血，解毒止痢，又能治心火内炽、破血妄行；竹叶味甘淡、性寒，入心、胃、小肠经，上能清心泻火而除烦，下能通小便而利尿。裘师以此二药相伍，意在以黄连清热泻火直折火势，使之热退神安，以竹叶使心火下行从小便而清。

酸枣仁配山栀：山栀味苦、性寒，入心、肝、肺、胃、三焦经，生用泻火。酸枣仁甘酸而润，可养心安神、清心除烦、敛汗益阴；山栀质体轻浮，可清热泻火、清心除烦、凉血解毒。裘师指出酸枣仁以补为主，山栀以泻为要，一补一泻，相互为用，适于心火亢盛所致的烦躁不宁、失眠、多梦等。

医案：患者徐某，中年女性，因“睡眠不佳 2 ～ 3 个月”前来就诊，主要表现为多梦、易醒，醒后难以入睡，心烦焦躁，晨起口苦。患者素体肾阴渐亏，水火失于既济，心肾阴虚，君火上炎，扰动神明故不寐，而心烦焦躁，其舌红苔少，脉细数，即为阴虚火旺、水火不济之象，四诊合参，患者证属心肾不交。故予交泰丸加味，处方：黄连6g，肉桂（后下）2g，半夏9g，北秫米15g，丹皮10g，焦山栀12g，柴胡9g，远志9g，炒当归12g，炒白芍12g，川朴6g，玫瑰花6g，小青皮6g，炒枣仁30g，合欢皮12g，夜交藤30g，茯苓15g。

按：裘师指出，心为阳，属火，居上焦；肾为阴，属水，居下焦，两脏之间有着密切的关系，必须相互交通。在本方中亦可见酸枣仁配山栀之药对。在清心的药对选择上，除交泰丸之黄连配肉桂、酸枣仁配山栀外，裘师亦多用黄连配竹叶。

（2）益心血养心神

《灵枢·邪客》提出心为“五脏六腑之大主”，因其主血脉功能，人体各脏腑形体官窍的生理功能，包括神志活动，都离不开血气的充养。只有当心主血脉的功能正常，全身各脏腑形体官窍才能发挥其正常的生理功能。若心主血脉的功能发生障碍，就可影响到各脏腑形体官窍。血是神志活动的物质基础之一，心主血，脾为生血之源，心脾亏虚，血不养心，神不守舍而致失眠，此为血不足。故在此治则上裘师多重养心，主方用归脾汤，参、芪、术、草甘温之品补脾益气以生血，使气旺而血生；当归、龙眼肉甘温补血养心。

医案：患者陈某，中年男性，因“睡眠不佳7年余”前来就诊，以入睡困难、睡后易醒为主，夜梦频多，醒后难再入睡，平素多思多虑，时有头晕健忘，动则汗出，时有轻生念头，服用“艾司唑仑片1片”，能睡4个小时左右。胃纳欠佳，小便正常，大便时常易腹泻，每日1～2次。处方：党参12g，炒当归12g，炒白术12g，炙黄芪20g，炙甘草6g，茯苓15g，酸枣仁30g，远志6g，炒木香6g，合欢皮12g，夜交藤30g，煅龙骨（先煎）30g，煅牡蛎（先煎）30g，红枣15g。方中党参、炒白术、炙黄芪、茯苓益气健脾；炒当归、红枣、远志、夜交藤、合欢皮、酸枣仁养血安神；炒木香健脾行气；炙甘草健脾且调和诸药；煅龙骨、煅牡蛎收敛固汗。

按：患者年近五旬，脏气渐亏，加之思虑过度，暗耗营血，心脾两虚，气血不足，心神失养，故多梦易醒；气血不荣头面，脑失所养，故面色少华，时有头晕健忘；脾气亏虚，故动则自汗；运化失常，可见胃纳欠佳，大便易腹泻；

舌淡苔薄，脉细弱，为气血不足之象。故考虑其心脾两虚，予归脾汤加减。

2. 从肝论治

肝之主要生理功能为调畅情志，肝气的疏泄功能，能调畅气机使人心情舒畅。情志活动分属五脏，虽由心所主，但其与心主血脉密切相关，而血的正常运行，又要依赖于气机的调畅。病理上，肝失疏泄，肝气郁结，肝郁化火，肝火上炎，扰乱心神乃三层次含义：其一，情志失调致肝郁气结为一层次；其二，气结日久则化生为热扰肝魂，此为第二层次；其三，邪火循经上扰心神，为第三层次。

首先，情志异常引起不寐与肝气的疏泄功能失常有密切关系，故治疗情志病时应着重调理肝气，如赵献可《医贯·郁病论》说："予以一方治其木郁，而诸郁皆因而愈。一方日何？逍遥散是也。"除此之外，裘师临床运用五花芍草汤（玫瑰花 6g，佛手花 6g，绿萼梅 6g，白扁豆花 6g，厚朴花 6g，白芍 15g，炙甘草 5g）治疗肝气郁结之不寐亦可取得较好的疗效。此方为魏长春老师治疗郁证之经验效方，以玫瑰花理气和血，开达郁结；佛手花舒肝理气，和中化痰；绿萼梅调气散郁，平肝和胃；白扁豆花清暑化湿，调和脾胃；厚朴花理气宽胸，消胀化湿。以五花配五脏，合之芳香调气为主，佐以芍药甘草汤柔肝养血，达到理气不伤阴、养血不滞气之目的。裘师指出，如前所述郁证气结可致不寐，而不寐影响生活质量，又可加重郁结，故在临证须重视开郁，可以此方顺气开郁、条畅气机。

其次，从心论治中提到以清心之法治疗上扰之邪热，即前述中第三层次，在此则更要深究火之源头、病因，即前两层次，气结及化火，治则亦以初期疏肝、清肝、不忘养肝为要义，常用逍遥散、丹栀逍遥散、柴胡疏肝汤、龙胆草泻肝汤等。用药常以柴胡、郁金、合欢皮、玫瑰花等疏肝解郁；以丹皮、焦山栀、黄芩、龙胆草等清肝泻火；以丹参、当归、白芍、酸枣仁养肝柔肝。

医案：患者因"入睡困难 2 年"前来就诊，且易醒难以复睡，心烦焦躁，头晕头胀，母亲有失眠病史，舌红，苔薄，脉弦细。处方：黄连 6g，肉桂 2g，姜半夏 9g，北秫米 15g，柴胡 9g，炒当归 12g，茯苓 15g，丹皮 10g，焦山栀 12g，炒枣仁 30g，首乌藤 30g，合欢皮 15g，柏子仁 15g，紫贝齿 30g，龙齿 30g，炙甘草 6g。

按：在本方中，除交泰丸、半夏秫米汤之外，考虑到其平素急躁，舌红，有气结化火表现，故有重肝之治则的体现，有疏肝之品柴胡、合欢皮，清肝之品丹皮、焦山栀，养肝之品炒当归、炒枣仁、首乌藤。

3. 从脾（胃）论治

脾胃是卫气形成的基础，是一身上下之枢纽，《张氏医通》中记载“胃不和则卧不安也”，营卫化生不足，枢机不利升降失常，也是不寐产生的病因病机。治疗上以和胃化滞、宁心安神为主，常选半夏秫米汤，北秫米有和胃安眠作用，半夏能通阳降逆而通泄卫气，二者共奏泻阳和阴之效，使经络通畅、阴阳相和、营卫运行正常而病愈。脾胃之病也多涉及他脏他因，如心脾亏虚、肝脾不和、痰热中阻，须综合考虑、审证论治，在此不赘述。且在本章论述所举病案中多可见半夏配秫米之运用。

4. 病理因素

（1）降痰火宁心神

《景岳全书·不寐》记有“痰火扰乱，心神不宁，思虑过伤，火炽痰郁而致不眠者多矣”，五志过极或情志不遂等可致气血逆乱，津液留滞而成痰，或火邪伤津，津耗而成痰，总致气机失常、扰乱心神。治疗主方黄连温胆汤，以半夏、陈皮、竹茹化痰降逆，茯苓健脾化痰，枳实理气和胃降逆。另善用远志、菖蒲这一药对，远志味苦性温，归心、肾、肺经，偏于苦降以消上逆痰浊。石菖蒲味辛性温，入心、肝、胃经，偏于辛散以化痰湿。二药伍用，交心肾、通心窍，开窍宁心之力增强。

（2）化瘀血安心神

《医林改错》云：“夜寐多梦是血瘀，平素平和，有病急躁是血瘀。”裘师认为，前人有“久病入络”“久病多瘀”之说，故顽固不寐者多需考虑到由血络瘀滞、心神不宁、阳不入阴而成。故以清代王清任“能使周身之气通而不滞，血活而不瘀，气通血活，何患疾病不除”之通窍活血汤主之。使气血畅达，郁结得化，脏气与腑气相接，神魂自安。

医案：患者于某，3 年前一次考试，受惊后就一直胆小怕事，稍有小事即失眠，心慌，情不自禁摸自己心跳，感肢体麻木，常面孔发红，小便无力，性欲减退。只要一提起考试症状尤明显。一个人在工作时，感觉有人在耳边催促。有时头昏，总担心脑供血不足。予养心安神之治则用药后，睡眠好转，半个月来仅发作心慌，当时心跳快，感肢冷，2、3 分钟后缓解。诊其舌暗紫，舌下瘀青，苔微黄，脉弦。处方：姜半夏 9g，黄连 6g，制胆星 12g，茯苓 15g，焦山栀 10g，丹皮 10g，川牛膝 15g，赤芍、白芍各 12g，川芎 12g，红花 6g，益元散（包煎）15g，石菖蒲 12g，桃仁 6g，淡豆豉 10g。

按：裘师指出，一方面因愤懑恼怒、受惊紧张等精神因素，可致肝失条达，气机不畅，以致肝气郁结，又因气为血帅，气行则血行，气滞则血瘀，气郁日久，影响及血，使血液运行不畅而形成瘀血；另一方面精神紧张，使脾气郁结，又可因肝气郁结之后横逆侮脾，均可导致脾失健运，使脾的消磨水谷及运化水湿的功能受到影响，脾运失司，水湿内停，滞为痰浊。故患者病史较长，而后期可见痰瘀互结之象。治疗上当有所兼顾，才能收到较好的治疗效果。

（三）临证特色

1. 善用药对

除前面的药对以外，裘师常以酸枣仁配伍。酸枣仁味酸入肝，既养心阴又益肝血，临床常重用。除前已述酸枣仁配山栀外，另有酸枣仁合柏子仁，酸枣仁配五味子。酸枣仁养肝、宁心、安神、敛汗，味甘、酸，性平，入心、肝、胆经。临床有生、炒两种。生枣仁能宣通肝胆二经之滞，以通利血脉、清泻虚热为妙；炒枣仁可收敛肝脾津液，以补肝体制肝用。柏子仁味甘，性平，入心、肝、脾经，气香能通心脾，既能养心血而宁心安神，又能润燥通便。酸枣仁合柏子仁二药相伍，相得益彰，裘师常用此治疗血虚心失所养、心阳外越所致的失眠、惊悸、心悸等。五味子，因其五味具备而得名，入肺、心、肾经，既可益气生津、补肾养心，又可敛肺气归肾，而止咳平喘。酸枣仁配五味子，入肝经，走肾经，内收外敛，除烦安神作用较强。裘师常用其治疗阴血不足所引起的心神不宁、惊悸失眠、烦躁多汗等症，惊悸甚者，常与青龙齿等伍用，烦躁甚者，合以栀子豉汤。

龙骨配牡蛎："人身阳之精为魂，阴之精为魄，龙骨能安魂，牡蛎能强魄，魂魄安强，精神自足，虚弱自愈也"。龙骨，质体沉重，黏涩，其味甘、涩，性平，入心、肝、肾经，生品功专镇静安神、平肝潜阳，煅后功专收敛固涩。牡蛎味咸、涩，性微寒，入肝、肾经，质体重坠，既能平肝潜阳，又能软坚散结。裘师认为，龙骨潜上越之浮阳，牡蛎摄下陷之沉阳，即可"魂魄安强"，心神得安。

龙齿合紫贝齿：龙齿，味涩，性凉，入心、肝经，可镇心安魄、镇静安神，又除烦热；紫贝齿味咸、性平，入肝、脾经，能清肝明目、镇静安神。二药均质重味涩，重可去怯，涩可收敛，相伍为用，可镇肝潜阳，安魂定魄，裘师常言，此药对重涩，常用于治疗阳不入阴之不寐者，可兼见心神不稳、头昏、

头晕、目眩等。

2. 重视心理调护

中医学强调“整体观念”，故裘师在临床中不单单关注病证，更关心患者的家庭、工作、日常生活等，从中窥见疾病更深层的起源。裘师不仅关心患者本身，也会在了解患者家庭情况后记在心上，若有家属患病，在复诊时亦会关心家属身体康复情况，待患者亲厚如家人，望闻问切体察入微。裘师常说，心病不仅仅需要药医，更需要医家贴近患者的心灵，聆听、抚慰外在症状表象之下的心灵的呼求。

裘师曾接诊一学生，因睡眠不佳、夜间盗汗、精神紧张就诊，了解到他不愿上学，到校后便脑内空白，既往成绩优异而学习压力大等情况，裘师便用灵隐寺的对联“人生哪能多如意，万事只求半称心”来开导他，告诉他学会放低目标，让心灵得到休憩，如此便能更余裕地面对生活、学习中的不如意，也能以更好的状态获得自己原本期待的进步。

（四）特色治疗

1. 围绝经期合并不寐的诊治经验

围绝经期综合征为妇女在绝经前后由于卵巢功能衰退，雌激素水平波动或下降所致的以自主神经系统功能紊乱为主，伴有神经心理症状的一组证候群。在其证候群中，失眠是最常见和严重的症状，也是对生活质量影响最大、迫使患者就诊的主要原因。裘师指出，围绝经期失眠不同于一般失眠，其病机涉及五脏六腑，临证应结合患者年龄、月经状况、神经精神症状及面容、舌脉等，着眼于整体，进行辨病辨证。

裘师认为“肾气衰、天癸竭”是围绝经期的生理基础，然女子以血为本，以肝为先天，肝主藏血，主司人体气机之条达舒畅，故本病与体内之气血运行和情志活动的关系最为密切。妇女一生操劳，加之经孕胎产，耗伤阴血，易致肝体失荣，又妇人性善忧虑多愁，怫郁日久则致气机不畅而生肝郁气滞，至七七四九，逢肾精亏虚，乙癸之阴俱亏，虚热内生，消灼阴液、耗伤阴血，肾阴不足，不能上济心火，加之阴血亏虚，心神失养，阴不足而阳有余，阴阳不交。故围绝经期失眠的成因，肝郁是关键，心肝火旺、肾精亏虚、阴阳失调是基本病机。

而在辨证论治方面，除重视前文已述的调肝疏肝、养血清热及养心安神清热除烦外，也因其围绝经期的生理基础格外重视补肾，阴阳并调，以固先天之本。故裘师认为于调肝宁心法之中加入少许补肾之品，往往可以事半功倍。临证若伴见腰膝酸软，骨节酸痛，头晕健忘，耳鸣耳聋，甚则齿摇发落等肾虚见症者，则以桑寄生、续断、牛膝、狗脊等补肝肾、强筋骨；对于无明显肾虚见症者，可在牡丹皮、栀子等苦寒之品中加入巴戟天、淫羊藿、肉苁蓉等微温补肾之药，旨在防苦寒之药久用伤阴，又可微振命门之火，以“阳中求阴”，协调机体之阴阳平衡。

医案：患者，女，51 岁，睡眠不佳 4 年。患者自 4 年前出现月经不调伴有睡眠不佳，1 年前行阑尾手术，后又因父亲患癌症，自觉心理压力增大，失眠加重，现入睡困难，口服唑吡坦睡眠仍不佳，1 个月前出现下肢针刺感，肌电图未见明显异常，5 天前自觉下肢肌肉僵硬，睡眠愈差，另觉视力下降明显，潮热汗出，口苦，更衣不畅，舌边尖红，苔黄薄腻，脉弦细。考虑辨证属肝郁化热、心神失养。治以清热疏肝、养心安神法。处方：龙胆草 6g，黄芩 12g，丹皮 9g，焦山栀 10g，茯苓 15g，炒酸枣仁 30g，柏子仁 15g，合欢皮 15g，茯神 15g，肉苁蓉 10g，生地 15g，萸肉 12g，龟板 15g，阳春砂 6g，夜交藤 30g，黄连 6g，肉桂 2g，柴胡 6g。

按：患者年逾五旬，肾气渐衰，天癸将绝，肾之阴血不足，不能濡养肝木和上济心火，而致阴虚肝旺，故见脾气急躁，心中懊恼，潮热出汗，面红阵作，夜间难以入睡：后因自身及家人身体状况受情志刺激，致肝郁化热，劳伤心神，上症加重。心烦易怒、口苦、便干、舌边尖红、脉弦细均为肝经郁热之象，治当清热疏肝、养心安神，拟丹栀逍遥散加减。方中黄连、丹皮、焦山栀清心肝之热、清热除烦，柴胡、合欢皮疏肝安神，炒酸枣仁、柏子仁、茯苓养心安神；肉苁蓉温肾润下，以“阳中求明”之意诸药相组，共奏清热疏肝养心安神之功。

2. 重症肌无力合并不寐的诊治经验

裘师认为重症肌无力与先天禀赋不足、后天失于调养相关，而元气虚衰是重症肌无力的主要病因，涉及脾、胃、肾三脏，而主要病机是脾胃虚弱。对于本病的辨证论治也多补中益气，温补肾阳，健运脾土，滋养肝肾，从虚而论，用药清灵，培本为法，平调阴阳。

故在合并不寐时，裘师常强调对不寐的诊治切不可逾越重症肌无力本病，首先明确在治疗中一般不予潜降安神，因其多虚，应以补养为主，并且考虑到在使用激素后的阴虚火旺之证，则强调清虚火，或以滋阴为要，或以交通心肾、水火既济为旨，选用黄连阿胶鸡子黄汤、交泰丸等。

医案：何某，中年女性，因重症肌无力长期求诊于裘师处，重症肌无力控制情况尚可，近来出现睡眠欠佳，心情欠佳情况，略有胸部胀闷感，更衣不畅，舌淡红苔薄白，脉弦细。处方：炒当归 12g，炒白术 12g，炒黄芪 60g，党参 30g，鸡内金 9g，茯苓 15g，枳壳 12g，合欢皮 12g，炒枣仁 30g，炒白芍 15g，焦山栀 12g，阳春砂 6g，生麦芽 12g，火麻仁 15g，姜半夏 9g，煅代赭石 15g，旋覆花 9g，僵蚕 9g，蝉衣 9g，枇杷叶 9g。

按：在抓住该患者的主要矛盾即重症肌无力，予常用健脾补气药如炒黄芪、党参、炒白术、茯苓，补血活血药如炒当归等，从虚而论之外，也针对其心情、睡眠欠佳情况，予炒白芍养肝柔肝，炒枣仁、合欢皮养心开郁，焦山栀清化肝经郁热，另因其自觉气机不畅，用药精巧予旋覆花、枇杷叶等使其下行，煅代赭石降逆，防邪留滞用姜半夏以开之。

总之，临床上不寐的诊治中，裘师在辨证论治的同时，时刻关注患者的心理因素，耐心听取患者的苦衷，并予以心理安慰，即施仁术，更要施仁心。

二、头痛

头痛作为临床三大主症之一，几乎每个人一生中都会有头痛的体验。头痛的病名繁多，病因病机复杂，常使得临床医生眼花缭乱。对于头痛的治疗，尤其是慢性头痛，西医很多情况下控制症状容易，但易反复，副作用大。临床上，裘师应用中医中药治疗各型头痛，可以明显减轻患者发病的次数、程度等，得到了众患者的广泛认可。以紧张型头痛、偏头痛、丛集性头痛为例。

（一）紧张型头痛

紧张型头痛是临床常见的慢性头痛类型，是指双侧颈枕部或全头部的紧缩性或压痛性疼痛。据流行病学调查发现，中国 69% 的城市居民有头痛经历，而紧张型头痛占头痛患者的 70% ～ 80%，近年来随着社会生活节奏加快，工作、学习压力增加，本病的发生有上升趋势，严重影响患者的生活质量。其发病机制尚不明确，可能与应激、紧张、抑郁等因素相关。西医治疗紧张型头痛主要用镇痛药、肌肉松弛剂和抗抑郁抗焦虑药等，上述药物虽然能缓解头痛症状，但不能减少头痛发作次数，且不良反应多，头痛易反复。中医药在治疗紧张型头痛方面有独特的优势，可以明显地缓解临床症状，改善患者生活质量。

1. 病名范畴

裘师认为中医学虽没有对应紧张型头痛的确切病名，但根据其临床表现及病因病机特点，可归属于中医学“头痛”“头风”“脑风”“内伤头痛”等范畴。

2. 病因病机

头为“诸阳之会”“清阳之府”，乃髓海所在，五脏之阴血、六腑之清气皆上注于头。故凡经络脏腑之病变皆可发生头痛。“脑为髓之海”，依赖肝肾所藏精血的濡养，以及脾所运化水谷之精微的充养。若肝、脾、肾三脏功能失调，可使气血瘀滞，使头部脉络闭阻，脑髓失养，而致头痛。裘师指出，紧张型头痛患者发病前多有情绪紧张、焦虑、抑郁等表现，临床多伴有睡眠障碍、心烦易怒、郁郁寡欢等情志不舒症状。这些症状主要与肝有关。《证治准绳》云：“怒气伤肝及肝气不顺，上冲于脑，令人头痛。”提示肝的生理功能与紧张型头痛患者病理基础有较大的影响。肝气疏泄失常，往往会引起情志活动的异常，而强烈或持久的情志刺激，又可影响肝的疏泄功能，使肝失疏泄、气机失和、气血津液失于输布而导致该病发作。正如《类证制裁》所言：“肝木性升散，不受遏郁，郁则经气逆。”肝气郁滞，气郁易于化火，气火上逆，肝火炽盛，而见头痛；或气火内郁，暗耗阴液，阴不制阳，肝阳上亢，而致头痛；肝郁气滞，气滞则津液运行不畅，停聚凝而成痰，遇风邪则合而为病，风痰上扰，痹阻脑窍，故见头痛；气滞痰凝日久，瘀血内停，头部脉络闭阻，不通则痛。加之肝气郁结最易发生“木乘脾土”，脾病气血生化匮乏，津液气血不能上荣，窍络失养，不荣则痛。肝火偏旺日久，耗伤阴液，肾阴亏虚，水不涵木，肝阳上亢，而致头痛。综上所述，肝失疏泄，则气滞痰凝血瘀，脑络不通，头痛时作；同时肝失疏泄是脾肾功能失调的基础，故裘师认为本病的发生虽与肝脾肾功能失调有关，但与肝的关系最为密切。

3. 辨证论治

（1）肝血不足型

肝为刚脏，体阴而用阳；肝阴由肝血所化，肝之阴血可滋养肝体，涵养肝气，使肝木条达，肝性柔和。张景岳言：“然肝藏血，人夜卧则血归于肝，是肝之所赖以养者血也……肝血不足……为目眩、为头痛。”血为气之母，若肝血不足，则肝气的化生不足，可见疏泄不及、升发无力之病证。表现为一系列因虚而郁滞的临床表现，如反复头晕头痛，忧郁胆怯，懈怠乏力，两胁虚闷，时常太息，舌淡，脉细等。或伴失眠多梦，面色口唇淡白，妇女月经量少、色淡。治疗上以滋养肝血为主，治疗以养血柔肝为法，四物汤加减。

（2）肝脾不调（肝胃不和）型

肝主疏泄，肝气条达，则气机畅达，脾升胃降之运动稳定有序，促进了饮食物的消化、水谷精微的吸收和糟粕的排泄。肝失疏泄，肝气郁结，则最易发生“木乘脾土”，脾病气血生化匮乏，津液气血不能上荣，脑髓失养，不荣则痛，故见头痛；若肝失疏泄，既可影响脾气升清，致脾失健运，清气下陷，则可见腹胀腹泻等症；又可横逆犯胃，胃失和降，致胃气上逆，则可见嗳气呕吐等症。以上在五行学说中均属“木乘脾土”，正如《血证论·脏腑病机论》所言：“木之性主于疏泄，食气入胃，全赖肝木以疏泄之，而水谷乃化；设肝之清阳不升，则不能疏泄水谷，渗泄中满之症，在所不免。”肝脾不调者，治疗上以调和肝脾为法，逍遥散加减；肝胃不和者，治疗上以疏肝解郁、理气和胃为法，左金丸合柴胡疏肝散加减；若肝气郁结，郁而化火者，治疗以清热疏肝解郁为法，丹栀逍遥散加减。

（3）风痰上扰型

头为诸阳之会，风为阳邪，易袭阳位；又风为百病之长，易与他邪合而为患；肝失疏泄，则气滞津停，痰饮水湿内聚，痰浊阻窍，与风邪合病，风痰上扰清窍，可见头痛头晕，胸脘烦闷，恶心呕吐，痰唾黏稠，舌苔白腻或薄白，脉弦滑。治疗以健脾化痰、平肝熄风为法，半夏白术天麻汤加减。

（4）肝阳上亢型

多因肝肾阴亏，不能潜阳，肝阳亢逆；或长期恼怒焦虑，气火内郁，暗耗阴液，阴不制阳，阳亢于上而成。临床表现为双侧或整个头部弥漫性疼痛，有箍紧或压迫感，头晕目眩，腰酸耳鸣，或头部沉重而胀，可伴面红目赤，性情急躁，心烦口苦，夜寐不佳，舌红苔薄黄而腻，脉弦滑。治疗以滋阴潜阳、平肝熄风为法，滋水清肝饮加减。

（5）肝火炽盛型

多因情志不遂，气郁化火；或嗜烟酒辛辣之品，酿热化火，犯及肝经，以致肝胆气火上逆而成。临床表现为头目胀痛，眩晕，面红目赤，口苦口干，急躁易怒，失眠多梦，耳鸣耳聋，或伴胸胁灼痛，或耳内流脓，或吐血衄血，大便秘结，小便短赤，舌红苔黄，脉弦数。治疗以清热平肝为法，龙胆草泻肝汤加减。

裘师特别指出，肝阳上亢与肝火炽盛二型，在病机与症状上均有类似之处，都有阳热亢逆的病理变化，如头晕胀痛，面红目赤，耳鸣耳聋等，并伴有急躁易怒、失眠多梦等神志不安的症状。但二者的区别在于，肝阳上亢型是肝肾阴虚为本，肝阳偏亢为标，病程较长，病势稍缓，属虚实夹杂，为上盛下虚；而肝火炽盛型是肝经火盛，气火上逆，病程较短，病势较急，病性纯属实证。

4. 临证特色

（1）疏肝与柔肝并举

裘师指出，肝之阴血不足，肝体失柔是导致头痛反复发作的内在病理基础。肝为藏血生血之脏，血属阴；血液来源于水谷精微，生化于脾而藏受于肝，肝的生理功能依赖于肝的阴血滋养才能正常；血属阴，肝为刚脏，肝“体阴”，非柔润不能正常。本病多因肝失疏泄所致，故疏肝解郁、理气止痛为本病的治疗大法。然肝为刚脏，体阴而用阳，治疗时宜柔肝而不宜伐肝。疏肝理气药大多辛温香燥，若久用或配伍不当，易于耗伤肝阴，甚至助热化火，故裘师指出，临证使用疏肝理气药时，宜选用轻灵平和之品，如玫瑰花、佛手、玳玳花、绿梅花之类，另外，须配伍养血滋阴柔肝之品，以固护肝阴，如用四物汤加减，逍遥散中柴胡与当归、白芍并用，滋水清肝饮中柴胡与生地的配伍等。

（2）清肝与平肝合用

清代名医叶天士在《临证指南医案·肝风》言：“经云，东方生风，风生木，木生酸，酸生肝。故肝为风木之脏，因有相火内寄，体阴用阳，其性刚，主动，主升……”肝内寄相火，其气主升主动，动者为阳，故肝阳易亢。裘师认为，凡肝经实火循经上逆所致头痛者，采用清肝泻火、平肝降逆法。常用药物有夏枯草、龙胆草、焦山栀、菊花、冬桑叶、蔓荆子等。肝肾同源，若肝经火盛，或肝郁化火，不仅耗损肝阴，且日久必伤及肾阴，导致肾阴亏虚，阴不潜阳，而见肝阳上亢，此时宜在滋补肾阴基础上，平肝潜阳，即“壮水之主，以制阳光”之法。常用药物有白蒺藜、天麻、钩藤、石决明、决明子、紫贝齿、生牡蛎等。

（3）引经药直达病所

裘师承用丹溪之法，临证时对部位局限的紧张型头痛常加用少量引经药；头痛部位在颈项和枕部属太阳经，颞部属少阳经，额部属阳明经，巅顶属厥阴经；太阳经常选用葛根、羌活等，少阳经常选用黄芩、柴胡、川芎、蔓荆子等，阳明经常选用白芷、葛根、知母等，厥阴经常选用吴茱萸、藁本等。裘师指出，引经药多为风药，如葛根、羌活、柴胡、蔓荆子、白芷、藁本，风药轻扬，易达头部病所，以获较好疗效，但风药辛散，久服易耗气伤阴，气血不足，阴津亏虚者当与益气养血滋阴之品合用。

（4）久病入络配虫药

《素问·痹论》曰："病久入深，营卫之行涩，经络时疏，故不通。"叶天士有言："初为气结在经，久则血伤入络。"紧张型头痛久治不愈，病成痼疾，久病入络。临证时裘师常选用僵蚕、地龙、蝉衣等，并指出紧张型头痛一般头痛程度较轻，常伴头胀、头重、头部紧缩感，适当选用以上 3 味药足矣；对少数头痛、头胀明显者，可加用全蝎或蜂房。他同时指出，虫类药多属风药，其味多辛，《素问·脏气法时论》有"肝欲散，急食辛以散之"之说，虫类药性辛主散，轻扬上浮，性善走窜，有搜风通络之效，辨证运用可提高临床疗效；然其辛性香燥，易化燥伤阴，故用药中病即止，尚须顾及营阴，必要时加用养阴药物。

5. 医案举例

患者，戴某，男，41 岁，因头痛 5 个月余，于 2015 年 4 月 10 日首诊。患者 5 个月前房事不节后出现头痛，整个头部都痛，呈持续性，伴头胀，下午时有头晕，开车时易紧张，头胀加重，咽部时有阻塞感，睡眠尚可，大便每日 1 次、偏干。头颅 MRI（－）。诊查：神经系统检查（－），舌质正红，苔薄中白腻，脉弦滑。西医诊断：紧张型头痛；中医诊断：头痛（风痰上扰型）。治则：健脾化痰，平肝熄风。处方：姜半夏 9g，天麻 9g，钩藤 15g，白蒺藜 9g，蔓荆子 9g，茯苓 15g，合欢皮 12g，炒白术 12g，决明子 15g，紫贝齿 30g，龙齿 30g，厚朴 12g，苏梗 6g，淮小麦 15g，7 剂。

2015 年 4 月 17 日二诊：患者头痛、头胀较前好转，咽部阻塞感好些，近期工作疲劳后夜间耳鸣，入睡可，易醒，浅睡眠，口稍苦，舌质正红，苔薄白，脉弦。裘师于原方基础上去蔓荆子、龙齿、炒白术、决明子，加用灵磁石 30g，郁金 12g，蝉衣 9g，酸枣仁 30g，黄连 6g，肉桂 2g，14 剂。

2015 年 4 月 30 日三诊：患者诉头痛、头胀明显减轻，咽部阻塞感已不明显，耳鸣、口苦减轻，睡眠亦改善，纳便如常，舌脉同前。前方去厚朴、苏梗，加蔓荆子 9g，14 剂。

2015 年 5 月 15 日四诊：患者近两天来头痛未作，偶有头胀、头晕，耳鸣、口苦已无，睡眠较前好转，舌质淡红，苔薄白，脉弦细。前方去姜半夏、灵磁石、蝉衣、黄连、肉桂，加熟地 15g，炒白芍 15g，炒当归 12g，川芎 12g。继服 14 剂以巩固治疗。2 个月后随访，前方服后又转方 7 剂，刻下患者诸症已愈，已停服中药 1 个月余。

按：患者中年男性，房事不节精神紧张后出现头痛、头胀、头晕，咽部时有阻塞感，裘师辨其属风痰上扰所致头痛。肝失疏泄，则气滞痰凝，故见咽部阻塞感，即“梅核气”；痰浊阻窍，与风邪合病，风痰上扰清窍，故见头痛、头胀、头晕，舌苔白腻，脉弦滑，均为风痰上扰之象。裘师予半夏白术天麻汤合半夏厚朴汤加减，加用钩藤、白蒺藜、蔓荆子、决明子、紫贝齿、龙齿清肝平肝，合欢皮、淮小麦养心解郁安神；二诊时，患者出现耳鸣，睡眠不佳，伴口苦，故去蔓荆子、龙齿、炒白术、决明子，加用灵磁石、郁金、蝉衣平肝潜阳、熄风开窍，配以酸枣仁、黄连、肉桂交通心肾、养心安神。三诊时，患者头痛、头胀好多，咽部阻塞感已不明显，故去厚朴、苏梗，加蔓荆子以增强疏风之效；四诊时，患者头痛已愈，偶有头胀、头晕，耳鸣、口苦已无，睡眠较前好转，舌质转淡，苔薄白，脉弦细，故去姜半夏、灵磁石、蝉衣、黄连、肉桂，加四物汤改治其本，终获全效而收工。

总之，紧张型头痛为神经科的常见病，因其病程较长，反复检查并无其他器质性病变，给患者带来较大的思想负担，降低了患者的生活质量。裘师通过深入探究疾病的本质，提出了从肝论治的辨治思路，急则治其标，缓则治其本，取得满意的疗效。

（二）偏头痛

偏头痛是血管性头痛的一种，是因神经–血管舒缩功能障碍所致的疾病，临床表现为反复发作的偏侧或双侧头痛，严重时可伴有恶心、呕吐和烦躁不安，持续数日且疼痛剧烈，发作前可有先兆，女性多于男性，部分患者有家族史。

1. 病名范畴

本病在中医学文献中归属于“头风”“脑风”“头痛”“厥头痛”等范畴。

2. 病因病机

裘师认为，血管性头痛属中医学“内伤头痛”范畴，其痛暴发，痛势甚剧，多数疼痛部位比较固定，以一侧或两侧额颞部为主，头痛呈跳痛、刺痛，多呈反复发作，时痛时止，经久不愈。相当一部分患者面色晦滞，舌质紫暗或舌边尖有瘀点、瘀斑，舌下瘀筋。这些临床表现和体征均符合血瘀性疼痛的基本特点，由于病程冗长，根据“久病必瘀”“久病入络”“不通则痛”的中医理论，瘀阻脑络是本病最主要的病理。因此，活血化瘀、熄风通络是治疗本病的基本大法。

现代医学认为，偏头痛的发病机制有血管源性假说和神经源性假说，与遗传因素、脑血管舒缩功能失调、血脑屏障的缺陷、内分泌功能异常、血循环中缓激肽、5-羟色胺、组胺等血管活性物质浓度的改变、血小板聚集、黏附功能增强等因素有关。颅脑大血管壁扩张，以及由于吸附5—羟色胺导致血管壁过敏，组胺释放或缓激肽形成，是产生头痛的附加条件。许多研究表明，血管性头痛发作时血液呈高凝状态，血小板明显增高。这进一步为活血化瘀法治疗偏头痛提供了强有力的依据。

《灵枢·邪气脏腑病形》曰：“诸阳之会，皆在于面。”手足三阳经皆会聚于头面，故头为“诸阳之会”，无论外感六淫之邪，还是内伤七情、饮食劳倦均可影响机体五脏六腑，从而循经上承侵及头部脑络，以致邪阻脑络，脑失所养，久则脑络瘀阻，不通则痛。故许多外界因素，如光敏感，食用含酪胺的食品及酒精性饮料、乳酪、啤酒、动物肥肉、甜食和盐渍咸菜等食品，以及睡眠不足、环境噪声、缺氧、气候变化等也可诱发偏头痛。在诸多因素中神经精神因素如情绪紧张、工作压力过大、恼怒、焦虑、忧郁等均为偏头痛发作的重要诱发因素。

3. 临证特色

（1）活血熄风汤基本方

活血熄风汤是裘师治疗偏头痛的有效验方，由川芎、红花、赤芍、白芍、蔓荆子、白蒺藜、僵蚕、全蝎、蜈蚣、地龙等组成。

（2）用药特点

1）重用川芎：常用30g。《医学传心录》称“头痛必须用川芎，不愈各加引经药”。“必须”二字虽有过言之嫌，但川芎确属治疗头痛的要药。川芎辛可散邪，温能通行，气善走窜，为血中气药，走而不守，善治风寒湿邪阻络、气血失和、瘀血阻滞的各种痛症，尤以治头痛为至要。不但能化瘀止痛，而且能引诸药上升直达病所，为方中主药。裘师认为主药必须重用，故川芎用量必须用足30g，才能见效。但凡风、寒、湿、热、痰、瘀所致的头痛皆能治之。现代药理证实，川芎含有挥发油具有镇静作用，川芎内酯、川芎嗪、阿魏酸有解痉、扩血管作用，能显著增加毛细血管网数，加速血流，降低血管阻力，增加局部微循环血液灌流，降低血浆黏度，降低血小板表面活性，抑制血小板凝集，改善血液流变性，可使脑血管血流量增加，舒张脑血管，改善血液循环。

2）赤芍和白芍并用：赤芍长于活血化瘀，白芍长于缓急止痛，两者在血管性头痛时常一起使用，其疗效尤佳，裘师认为两者药效存在互补作用。现代药理证实，白芍对中枢神经的各个部位都有抑制作用，并能扩张血管，解除血管平滑肌的痉挛，且有镇痛作用。

3）活血化瘀与温经通络并施：根据“不通则痛”的中医学理论，通法为治疗偏头痛的基本大法之一。裘师认为寒性收引，寒性凝滞，本病发作因血管收缩舒张功能失调所致，发作时多为脑血管痉挛，故在活血化瘀的同时，又当温经散寒通络，常用白芷、细辛等。现代药理证实，白芷能兴奋血管运动中枢，调节血管的舒缩功能。由于此类药与川芎均为辛散、温热之物，易伤阴耗血，故须酌加滋阴润燥药以制其温燥，如生地、麦冬、玄参、白芍之品。

4）活血化瘀与虫类搜风药同用：在治疗偏头痛的处方中，经常选择性运用虫类药。裘师认为，头为诸阳之会，风为阳邪，易袭阳位；且风为百病之长，而虫类药具有搜风和络、熄风止痉之效。叶天士有言：“风邪留于经络，须以虫蚁搜剔。”裘师对久病入络者多喜欢选择性用全蝎、僵蚕、蜈蚣、蝉衣，起到搜风通络作用，运用得当，常收到较好疗效。现代药理证实，诸多虫类药均有解痉和止痛作用，对脑血管收缩有拮抗作用，能调整脑血管的功能，达到治疗目的。虫类药用量不宜过大，久用易耗阴血，痛止当逐渐减量，不宜久服。

5）急则治标，缓则治本：对于偏头痛的治疗，裘师强调一定要避免“头痛医头”“见痛止痛”的思路，要着眼于从整体出发，以辨证论治为主体，对人体功能进行调节，可起到较好疗效。本病急性期以实证为多，宜活血化瘀、熄风通络为主；缓解间歇期根据不同情况分别采取健脾化湿、益气养血、滋补肝肾、扶正固本法。治疗时强调机体正气，即提高机体免疫功能，可延长头痛发作周期，减少头痛发作机会。

6）注重生活调适：本病的发生常由紧张、恼怒、焦虑、忧郁、疲劳、睡眠不足、饮食不当、强光等所致。故裘师在治疗时往往嘱咐患者注意劳逸结合，保持心情愉悦，睡眠充足，避免强光、噪声，合理饮食。

用药注意：活血熄风汤活血化瘀作用较强，伴有出血性疾病时慎用，临床证候万变，宜随证加减应用，如夹有痰湿，以湿为主时宜加香白芷以祛风散湿止痛，以痰为主宜加石菖蒲、陈胆星以涤痰化湿开窍止痛；夹肝风者，宜加天麻、钩藤平肝熄风；肝火上炎者加夏枯草、黄芩、龙胆草清肝泻火；阴亏于下，虚风内动者，加生地、生白芍、生牡蛎以滋阴平肝；如见舌下瘀筋青紫粗黑者，尚可加水蛭、三棱、莪术；若气血虚弱头痛者，宜加黄芪、当归，减少虫类搜风药。

4. 医案举例

患者，女，38 岁，公务员，于 2009 年 8 月 16 日初诊。主诉：反复头痛 16 年，再发 1 个月。呈发作性跳痛，以颞侧为主，伴呕吐，吐出为胃内容物，需服止痛片才能缓解。平时月经血块多。近 1 个月来工作繁忙，发作次数明显增多，由原来 1 个月发作两次发展为一周数次，目前已服止痛片每次 5 片，大便 3 ～ 5 天 1 次。母亲有类似发作史。查体：神清，颅神经无殊，舌质偏紫，苔薄白，舌下瘀筋青紫，脉弦细。头痛已久，久病入络，久病必瘀，瘀阻脑络，不通则痛。诊断为偏头痛（血管性头痛），血瘀型，治则：活血化瘀，熄风通络。方药：裘师活血熄风汤加减。处方：川芎 30g，炒白芍、赤芍各 15g，全蝎 6g，蝉衣 9g，蜈蚣 3 条，防风 9g，蔓荆子 12g，白芷 12g，葛根 30g，白蒺藜 12g，细辛 3g，僵蚕 12g，知母 15g，炙甘草 6g，7 剂，每日 1 剂，日服 2 次，并嘱其注意劳逸结合和饮食禁忌。7 剂后头痛减半，患者自行原方再服 7 剂。

二诊：患者诉头痛次数明显减少，仅发作 1 次，已停用止痛药，大便 1 ～ 2 天 1 次、干燥，最近经期血块少，舌略偏红，苔薄，脉细，仍守原法，上方化裁，去防风、白蒺藜，加生地 15g，麦冬 12g，元参 9g，继服 7 剂。

三诊：患者诉头痛轻微发作 1 次，少时即愈，大便已畅，1 天 1 次，舌淡红，苔脉同前。前方去蔓荆子、蝉衣，再服 7 剂。7 剂后，患者头痛已愈。

按：患者，女性，38 岁，头痛已有 16 年，病程长，反复发作，久病必瘀，久病入络，其痛有定处，舌质偏紫，舌下明显瘀筋，经行血块多，都是瘀血致痛的特征，该患者疼痛部位在颞侧，颞部为少阳经循行之处，而川芎既为活血化瘀主药，又为少阳经引经药，故重用，与赤芍合用以达活血祛瘀之效；少阳经与肝胆有关，又肝体阴用阳，故用炒白芍，配伍炙甘草养血柔肝止痛；白芷、细辛温经散寒止痛；炒白芍配知母既能制约温热药过于温燥，又有润肠通便之功能；头为清窍，病位在上，故用葛根、防风、白蒺藜、蔓荆子升轻祛风之品，而重用葛根又有润燥作用。本例头痛由于经久不愈，疼痛较甚，频繁发作，非搜风和络不能速愈，故应用全蝎、蜈蚣、僵蚕、蝉衣虫蚁之品。

诸药相伍，共奏活血化瘀、熄风通络之功。初诊后，患者头痛明显减少，已停服止痛药，故去风药防风、白蒺藜；大便1～2天1次、干燥，且舌质转红，故加增液汤滋阴清热润肠。二诊后，患者头痛轻微发作1次，历时短暂，大便已畅，1天1次，故前方再去风药蔓荆子、蝉衣，再服7剂巩固治疗。三诊后，患者头痛已愈。

（三）丛集性头痛

从集性头痛是一种发作性、周期性和自主神经症状严重的原发性头痛。头痛往往呈丛集样反复发作，常突然发生，呈钻痛或撕裂样痛，多局限于一侧眼眶、眉棱角、颞部，发作期伴同侧眼流泪、鼻塞或流鼻涕，另外可伴有情感障碍和行为异常，表现为焦虑、烦躁、易激惹、睡眠障碍，甚至自杀倾向。本病发病率不高，但其反复发作，疼痛异常剧烈，严重影响患者的生活质量。

1. 病名范畴

裘师认为中医学中虽无丛集性头痛病名，而其诸多临床表现散见于历代医学文献中。《素问·脉解》有曰："所谓客孙脉则头痛、鼻鼽……"其讲的是内伤头痛而鼻流清涕，与本病头痛、鼻流清涕相似；《儒门事亲·头痛不止》曰："攒竹痛，俗呼为眉棱骨痛者是也。"《兰室秘藏·头痛论》云："又足少阳胆之脉，起于目锐，上抵头角，病则头角额痛。"明代医家方隅在《医林绳墨》中曰："半边痛者，亦曰偏头风，必眼鼻半边气有不利……"《普剂方·头门》载"夫偏头痛之状……痛连额角"。以上这些文献的描述，与丛集性头痛发作时病侧眼和鼻的症状极为相似，疼痛部位相吻合。从上述诸多文献中描述的症状来看，可以认为本病在中医学中应归纳在"偏头风""偏头痛"和"眉棱骨痛"范畴。

2. 病因病机

《杂病源流犀烛·头痛源流》曰："头痛，经气逆上，干遏清道，不得运行病也。"裘师认为这是头痛总的病因病机，大凡外感六淫，五脏虚损，抑遏清阳，脉络瘀阻，不通则痛，盖头为"清阳之府"，髓海之所在，六腑清阳之气，五脏精华之血，皆朝会于头，以至于五脏六腑气血经络功能不足均可影响到头。

本病头痛发作迅速，时发时止，《素问·风论》有言："风者，善行而数变。"本病与风邪关系密切，风邪来去无常，头为阳位，高巅之上，惟风可到，所以风邪是本病的主要病因。头为诸阳之会，风寒外袭，风邪上犯，寒主收引，气血凝滞，脉络不通，不通则痛。脾主运化，为后天之本，脾虚运化失司，痰湿内生，与风邪互结，风痰阻窍，脑络不通发为头痛。肝为刚脏，体阴而用阳，肝阴不足，阳化动风，清窍不利，脉络瘀阻，而致头痛；肝肾同源，肝肾阴虚，肝阳上亢，肝风内动，脑络痹阻而头痛；总之，肝脾肾脏腑功能失调是本病的病理基础，风寒外袭、风痰阻窍、阳化风动导致脑窍脉络痹阻，气血不畅，清阳被遏，脑失所养，不通则痛为其主要病机。而饮食不节、情志不畅、劳作过度亦是本病的诱发原因。

3. 辨证论治

老师临证时讲究辨证施治，认为丛集性头痛属内伤头痛，但可受外风和内风的诱发，其治疗与一般的头痛有别。本病偏侧头痛密集发作，来去无常，日发数次，痛势剧烈，痛无先兆，与风性“善行数变”特征相符。裘师强调以风论治，采用疏风、祛风、熄风与活血化瘀结合运用，临床常分三型辨治。

（1）风寒外袭

本型主要原有头痛宿疾，外邪引动头痛发作，而且多在夜间发作。主要表现为遇风寒后偏侧头痛发作，夜间尤甚，疼痛剧烈，作止无时，或见恶寒发热，鼻塞流涕，舌淡苔薄，脉弦紧。《景岳全书·头痛》曰：“凡诊头痛者，当先审久暂……以暂病言之，则有表邪者，此风寒外袭于经也，治宜疏散。”裘师以疏风散寒、通络止痛为法。常用处方：川芎、防风、白芷、羌活、荆芥、蔓荆子、蝉衣、全蝎、僵蚕、细辛、甘草。本方为川芎茶调散（《太平惠民和剂局方》方）加减而成，本型在临床上较为多见。

（2）风痰阻络

本型症见偏侧头痛，时作时休，身重，胸胁满闷，呕吐痰涎，伴口淡，食少，舌淡胖，苔白腻，脉弦滑。裘师多以燥湿化痰、祛风通络法治之。常用处方：姜半夏、天麻、胆南星、炒白术、茯苓、陈皮、全蝎、僵蚕、蜂房、甘草。清代《杂病源流犀烛·头痛源流》曰：“因风痰痛者，吐逆目眩，胸满吐涎，宜玉壶丸。”玉壶丸由胆南星、姜半夏、天麻、生姜组成。上方由半夏白术天麻汤（《医学心悟》方）和玉壶丸加减组成。

（3）风阳上亢

本型症见偏侧头痛或胀，每因情志变化诱发或加重，伴心烦易怒，目赤口苦，舌红苔黄，脉弦或弦数。拟平肝潜阳、熄风通络法。常用处方：天麻、钩藤、冬桑叶、焦山栀、黄芩、川牛膝、生地、生白芍、全蝎、地龙、生石决明、紫贝齿。本方为天麻钩藤饮（《杂病证治新义》方）加减而成。

4. 临证特色

（1）风为中心，内外呼应

本病风邪致病为主因，《医宗必读·头痛》云："外挟风寒，内成郁热，上攻头脑，下注目睛，则眉骨作痛。又有肝火壅热者，有风痰上攻者，有湿气内郁者。"由此可以看出，不但风寒、郁热可导致本病，亦有因心肝壅热、风痰上攻、湿气内郁等所致者。从集性头痛属内伤头痛，可受外风和内风的诱发，"外风"即"风邪"，为"六淫"之首，为阳邪，性开泄，易袭阳位，善行数变；"内风"是继发于热盛、阳亢、阴虚、血虚及阳气亏虚等病理变化基础上，其临床表现以眩晕、肢麻、震颤、瘙痒、抽搐等为主要特征。裘师从风论治，认为外风引动内风可致丛集性头痛发作。在本病的诊疗中，裘师根据风性的特点开创性应用疏风、祛风、熄风的治疗原则，对不同证型分别融入疏风药、祛风药和熄风药，治疗外风时选用疏风、祛风的药物，常选用防风、白芷、羌活、荆芥、蔓荆子、蝉衣等；治疗内风时选用熄风的药物，常选用天麻、钩藤、石决明等，以期达到和络、通络止痛的目的，这也是提高本病治愈率的关键，形成了老师的诊疗特色。

（2）活血祛瘀，贯穿始终

裘师认为对病程冗长、痛势严重的患者，要遵循"久病必瘀"之宗旨，尚须详细观察痛有定处、舌质暗紫、舌有瘀斑，或舌下瘀筋等诸血瘀体征，宜入活血化瘀通络之品，裘师临床喜用川芎，川芎性辛温，辛可散邪，温能通行，气善走窜，为血中气药，走而不守，善治瘀血阻滞的各种痛症，尤以治头痛为至要。李东垣提出"头痛须用川芎"，老师认为川芎善治少阳、厥阴头痛，本病从经络而言病在少阳，必用川芎，而且宜大剂量使用，每剂川芎用量为30g。现代药理证实，川芎含有的挥发油具有镇静作用，川芎内酯、川芎嗪、阿魏酸有解痉、扩血管作用，能显著增加毛细血管网数，加速血流，增加局部微循环血液灌流，降低血浆黏度，抑制血小板凝集，改善血液流变性，可使脑血管血流量增加。临诊时尚可酌情选用桃仁、红花、赤芍之品，以增强活血化瘀之效。

（3）善用虫药，顾护津液

裘师强调，本病搜风通络之品不能少，对久病反复头痛者，要考虑"久病入络"，正如叶天士所言："风邪留于经络，须以虫蚁搜剔。"可选用全蝎、僵蚕、地龙、蝉衣、蜈蚣、乌梢蛇（或蕲蛇）、蜂房等。其中蜂房一味，其性甘平，得风之性，祛风止痛作用甚强，可与全蝎、僵蚕、蝉衣等同用。由于本病治疗宜疏风、祛风、熄风，多用风药，裘师认为风性药多香燥，易化燥伤阴，故用药中病即止，尚须顾及营阴，必要时加用养阴药物。

（4）久病必虚，扶正祛邪

对久病头痛者，裘师还会顾及“久病必虚”，根据不同的虚证，分别采用补气、养血、滋补肝肾法以扶正祛邪。气虚症见神疲乏力，少气懒言，便溏，舌淡苔白者加用四君子汤或参苓白术散；动则易汗者加用玉屏风散；血虚症见面色少华，头晕眼花，心悸失眠，手足发麻，妇女月经量少，舌淡脉细者加用四物汤；若肝肾阴虚症状明显，症见五心烦热，遗精盗汗，舌红，可在六味地黄丸基础上加用二至丸、知母、莲须、五味子以滋阴清热、涩精止汗。

5. 医案举例

患者，男，34岁，2011年1月21日初诊，主诉：头痛5年，再发1周余。现病史：5年前出现头痛，以右额、颞为主，每年均在一二月份发作，每天均在早、晚（凌晨2～3点、夜间10～11点）各发作一次，疼痛严重影响睡眠，伴有右侧流泪、眼红、流鼻涕，痛甚时欲撞墙，疼痛持续2个小时后可自行缓解，发作时服止痛药（卡马西平每次1～2片）后有时可缓解，每次发作持续1个月左右，1周前上症又作，头颅CT示正常，外院予泼尼松治疗，前五天泼尼松片每日6片，头痛好转，第六天起改为每日4片，因担心激素的副作用，在泼尼松减至每日4片，服用2天时自行停药，2天后头痛复萌，呈跳痛，以右额颞部、眼眶部为主，发作部位和持续时间与以往完全吻合，疼痛引起夜里难以睡眠，舌质淡红，苔薄，舌下瘀筋，脉弦。西医诊断：丛集性头痛；中医诊断：偏头风、偏头痛。中医辨证：患者偏侧头痛由来5年，发作有时，新近再发1周，每每夜间发作，右侧额颞剧痛，连及眼眶，同侧目睛发红，鼻流清涕，痛则难以安寐，舌质淡红，苔薄，舌下瘀筋，脉弦，证属风邪外袭，循经入络，脑络瘀阻，清窍失养而发头痛。治以温经散寒、活血熄风通络。处方：川芎、炒白芍、生石膏（先煎）各30g，桂枝、全蝎、蕲蛇、制川乌、制草乌、炙甘草各6g，北细辛3g，白芷、僵蚕各12g，蜈蚣3条，地龙9g。7剂。

二诊：患者面露喜色，诉药后头痛渐轻，至第6天时头痛已差，惟药后更衣不实，日解1～2次，舌质淡红，苔薄脉弦。首投见效，拟宗前意，上方出入，去地龙，改生石膏（先煎）为15g，加炒薏苡仁15g，炒冬术12g，蕲蛇加至9g，再服7剂。

三诊：患者诉头痛未作，更衣正常，上方出入，续进14剂，以巩固疗效。随访2年未发作。

按：本案患者每年一二月份头痛发作，从季节上属冬末春初，对应的六淫病邪为寒、为风；且疼痛均在凌晨2～3点和夜间10～11点发作，此时为一天中阴盛之时，寒邪致病，寒主收引，故疼痛剧烈；头痛长达5年之久，发作时疼痛剧烈，部位固定不变，舌下瘀筋，与“久病必瘀”“久病入络”一致，符合瘀血致病的特点。因此本案以风、寒、瘀为其致病因素。方中北细辛、白芷、制川乌、制草乌、桂枝温经散寒，祛风通络，重剂量川芎活血化瘀和络；蜈蚣、僵蚕、全蝎、地龙、蕲蛇搜风通络；炒白芍缓急止痛，并与生石膏共同制约温药燥性；炙甘草和中，与炒白芍同用，有芍药甘草汤之意。全方温经散寒、活血熄风通络，首诊已见初效，而后因大便不实，作扶脾调整，二诊疗效满意，之后继进原意，巩固疗效，随访2年未再发作。

第三节　救死扶伤志　出神入化境

“来我这儿就诊的有些患者是可以治愈的，而有一些罕见病、疑难病目前是无法治愈的。”裘师如是说。医学的局限导致了很多疾病往往诊断明确，然而放之于现代医疗水平却仍束手无策，比如像运动神经元病、进行性肌营养不良等。然而在裘师这里，他总是尽全力给予患者最及时的治疗和最温暖的鼓励，让患者树立战胜疾病的信心，让患者满怀希望地活着。

一、运动神经元病

运动神经元病（motor neuron disease，MND）是指只累及脊髓和脑部的上、下运动神经元的一组缓慢进行性变性疾病。临床表现为上、下运动神经元损害的不同组合，特征表现为肌无力、肌萎缩、延髓麻痹及锥体束征，感觉通常无损害。按损害部位及临床表现分为肌萎缩侧索硬化（amyotrophic lateral sclerosis，ALS）、进行性脊肌萎缩、进行性延髓麻痹、原发性侧索硬化，临床上肌萎缩侧索硬化占绝大多数。本病西医至今无特效药，前几年的挑战冰桶运动其实就是为这些患者募捐。近些年，裘师通过中医辨证论治，可使患者部分症状得到有效缓解。

（一）病名范畴

中医学无此病病名，根据其临床多数表现主要是肌无力及肌萎缩，多属于中医学“痿证”范畴。因肌萎缩侧索硬化后期出现手足萎废不用，舌肌萎缩，舌謇不能言，短气等症状，属“喑痱”范畴。

（二）病因病机

裘师认为内脏亏虚，气血津液不足，肢体筋脉肌肉失却濡养，是本病的共同病机。本病慢性隐匿性起病，虽以痿证立论，然则常无外感温热之邪灼伤肺津过程，一旦出现肌肉萎缩、肌无力、肌束颤动等症状，便出现虚损之证，裘师认为本病以虚为主，以肝肾阴虚、脾肾阳虚、精血亏耗、气血亏虚为主要病机，涉及肝、脾、肾三脏。裘师更深刻地认识到络病是本病缠绵难愈的主要机制，认为本病因肝、脾、肾三脏虚损，毒邪内侵，瘀血停滞于络脉而成络病，多因久病络脉瘀滞而引起。虚损，邪毒、瘀血客于络脉，败坏形体，继而加重病情，变生诸症，形成恶性循环，缠绵难愈。

（三）辨证论治

裘师认为运动神经元病以虚为主，其治疗应遵循“虚者补之”的原则，根据病因病机的不同，分以下几型进行治疗。

1. 肝肾阴虚

本型临床最多见，症见肢体肌肉萎缩，尤以手部远端为主，握固无力，活动受限，甚至手呈鹰爪或猿掌，时有肌束颤动，或有手之颤抖，尤以用手握固时明显，情绪不稳，夜寐梦多，形体消瘦，大便干结，舌红少苔，舌体痿软薄瘦，脉沉细弦。治宜补益肝肾、滋阴柔筋法。方用地黄饮子加减：熟地黄 15g，山茱萸 12g，肉苁蓉 15g，巴戟天 12g，肉桂（后下）5g，淡附子 6g，全蝎 6g，蕲蛇 6g，砂仁（后下）6g，石斛 12g，姜半夏 9g，石菖蒲 12g。

2. 阴虚火旺

本型症见手掌肉削，肌肤干枯，肌腱间呈现凹沟，握之无力，或见肌颤，伴头晕耳鸣，两眼昏花，或潮热盗汗，或两颧潮红，口燥咽干，心烦口渴，声音嘶哑，舌红少津，有裂纹，脉象细数或沉细弦小数。治拟滋补肝肾、育阴清热法，方用虎潜丸加减：狗骨（先煎）30g，炙龟甲（先煎）30g，黄柏 12g，知母 12g，生地黄 30g，熟地黄 30g，白芍 15g，制首乌 30g，陈皮 6g，川牛膝 15g，地骨皮 15g，丹皮 10g。

3. 脾肾阳虚

本型症见肢体痿软，活动乏力，肌肉瘦削，皮肤松弛，精神疲惫，口淡纳少，面浮气短，面色不华，或伴阳痿早泄，舌苔薄白，舌体胖大，脉沉细。治拟温肾健脾、荣血养肌法，方用右归丸加减：熟地 15g，怀山药 15g，山茱萸 12g，菟丝子 12g，枸杞子 15g，鹿角霜 12g，杜仲 15g，制附子 10g，黄芪 30g，白术 15g，当归 12g，淫羊藿 15g。

4. 气虚血瘀

本型症见手指及肌肉削脱，双手痿软无力，神疲肢倦，易汗出心慌，口不干，纳食可，二便平，舌质暗或有瘀斑、瘀点，或舌下瘀筋，脉细涩，四肢软弱无力，行走困难，心悸气短，少气懒言，面色无华，自汗，口唇色淡，舌淡而嫩，苔薄白，脉细无力。治拟益气活血、通络起痿法，方药用补阳还五汤加减：生黄芪 30 ～ 50g，赤芍 12g，川芎 12g，炒当归 12g，地龙 9g，红花 6g，全蝎 6g，蝉衣 9g。

以上各型并不完全分开，常互相掺杂，临证时须灵活运用多种治法。

（四）治疗经验

裘师认为运动神经元病主要表现为肌无力及肌萎缩，虽属中医学“痿证”范畴，但痿证治疗各不相同，与重症肌无力之痿证相比，后者脾胃亏虚和脾肾两虚型最为多见，运动神经元病则以肝肾亏虚、肾阴阳两虚最多见，中医学认为人体是一个统一整体，五脏六腑相互维系，达到脏腑调和、阴阳平衡的状态，肾为先天之本，若肾虚则造成一系列虚损症状，故治疗以补肾为主，佐以熄风化痰，其主方首推地黄饮子。地黄饮子载于《圣济总录》治疗喑痱“舌强不能语，足废不为用”。方中熟地黄、山茱萸补肾填精，肉苁蓉、巴戟天温壮肾阳，为君药；附子、肉桂协君药温养真元、摄纳浮阳，麦冬、石斛、五味子滋阴敛液、壮水以济火，均为臣药；菖蒲、远志、茯苓交通心肾、开窍化痰，为佐药；加用姜、枣、薄荷，和其营卫，以达上下并治，标本兼顾，使水火相济，痰浊得除，为治疗喑痱之主方。老师认为此方温而不燥、阴阳双补，兼以化痰开窍，故适用于运动神经元病引起的多种病症，若是阴虚而痰火盛者，当去附子、肉桂之辛热，可加胆南星、天竺黄、竹沥清化痰热。裘师认为本病虽以肌无力为主，但同时伴有肌肉跳动，肌肉萎缩，后期出现饮水呛咳、吞咽障碍、舌肌萎缩等延髓麻痹症状，属“喑痱”。此时应在辨证论治的基础上多用虫类药，起搜剔经络、活血通络之功效，老师常用全蝎 6g，蜈蚣 2 ～ 3g，蝉衣 9g，蕲蛇 6g，僵蚕 12g，地龙 9g 等。同时裘师还认为“瘀”是本病的主要病理因素，常因脾、肾、肝三脏虚损，邪毒内侵，瘀血停滞于络脉而成络病，久病络脉瘀滞。针对络病易滞易瘀、易入难出、易积成形的病机特点，制定“络以通为用”的治疗原则，最擅长用虫类药，以全蝎、蜈蚣、蕲蛇为最佳，活血祛瘀搜风通络之力最强。同时在本病治疗中始终顾及脾胃，盖脾为后天之本、生化之源，常以砂仁、厚朴、枳壳、炒谷芽、炒白术醒脾健胃。

（五）临证特色

舌诊

舌诊是中医特色诊法之一，凡脏腑的虚实、气血阴阳的盛衰、病位的深浅、预后的好坏皆可反映于舌。运动神经元病，病变在脾、肾、肝。舌为脾之外候，足太阴脾经连舌本，散舌下；肾藏精，足少阴肾经挟舌本；肝藏血，主筋，其经脉络于舌本。故运动神经元病患者的舌象能较直观地反映病情变化。裘师诊治该病时非常注重舌诊，观舌时要求患者餐后一个半小时以上为好，空腹尤佳，以尽量避免因进餐而影响舌诊的准确性。诊舌重在舌体，以舌体为“经”，舌体变化定脏腑盛衰，确立治疗原则；以舌苔为“纬”，舌苔变化定夹邪病性，决定用药加减；以舌象转化定疾病进退，以裁方加减。

（1）胖大舌

胖大舌舌体肥大而厚，伸舌满口，常伴舌边齿痕，裘师认为该舌体多为本病最轻或初起时表现，临床表现常见部分肢体肌肉软弱无力，远端重于近端，可见轻度肌肉萎缩，以大、小鱼际肌，骨间肌为主。此时见舌苔薄白者，证属脾气亏虚，治以健脾益气法，方用补中益气汤、参苓白术散加减，此型临床少见。若舌淡白胖大、舌苔水滑，多属脾肾阳虚、水湿不化，治以温补脾肾法为主，常用右归丸合四君子汤加减为主。

（2）裂纹舌

裂纹舌舌面上出现各种裂纹、裂沟，深浅不一，多少不等，裂纹或裂沟中无舌苔覆盖，常伴舌色红绛或舌色淡白胖嫩。裘师认为，此乃“病之渐也”。《辨舌指南》认为“有纹者血衰也。纹少纹浅者，衰之微；纹多纹深者衰之甚”，由此可见依据裂纹的深浅、多少，可判断阴津虚衰弱的程度；舌红苔少，多为肝肾阴虚，阴津耗损，可用地黄饮子加减滋补肝肾、养阴柔筋。舌体瘦小，红绛裂纹，则阴虚火旺，津液耗竭，可用虎潜丸加减。

（3）碎舌

碎舌舌面如碎地，凹凸不平，舌体萎缩、瘦小，触之如死面，软中带硬，活动不灵活；多伴言语不清，吞咽困难，饮水呛咳，常见于肌萎缩侧索硬化晚期，肝、脾、肾三脏亏虚。《素问·痿论》云："脾主身之肌肉。"肌肉的营养有依赖于脾之运化，脾虚则舌肌萎缩瘦小；"肝主筋"，肝血亏虚，则筋不得濡养，则舌体僵硬不灵活；肾藏精，足少阴肾经挟舌本，是舌体活动灵活的物质基础，肾虚则舌体活动无力。故老师治拟滋补肝、脾、肾，滋阴补阳，常用熟地、萸肉、苁蓉、巴戟天、阿胶、麦冬、淡附子、肉桂等。

（4）蚯蚓舌

蚯蚓舌的部分舌肌纤维颤动，舌下如见细小、散见条状蚯蚓爬行，重则出现舌颤抖。《素问·阴阳应象大论》言："风胜则动。"裘师认为这些症状具有"动"的特点，属肝肾阴虚、虚风内动的一种病理状态。现代医学认为这是一种失去神经支配的肌纤维病理性异常兴奋的表现，是肌萎缩侧索硬化常见的伴随症状。治疗在滋补肝肾、养阴柔筋的基础上，裘师擅长用虫类药物，起搜剔经络、熄风通络之功效，裘师常用天麻、钩藤、蝉衣、僵蚕、全蝎、蜈蚣、蜂房、蕲蛇、地龙等灵活选用。同时依据病情常佐以治血药物，如补血凉血用生地黄，补血活血用当归，行气活血用川芎，活血柔筋用白芍，以求"治风先治血，血行风自灭"。依据舌下肌纤维的颤动情况，可判断疾病进展，如肌纤维颤动稳定或减少，则病情稳定，如肌颤动增多、增强，则疾病加重。

（5）舌下络脉瘀紫

舌下络脉粗胀或曲张，周边伴有紫色珠子状大小不等的瘀血结节，常伴舌边瘀点、瘀斑。裘师认为属久病入络、久病多瘀、络脉瘀滞而致。老师遵循"络以通为用"的治疗原则，治拟益气活血、通络起痿，常用补阳还五汤加减：黄芪、赤芍、川芎、当归、桃仁、红花、地龙。其最擅长加用虫类药搜风药，以全蝎、蜈蚣、蕲蛇为最佳，对久病者应用地鳖虫、水蛭，活血祛瘀、搜风通络之力最强。活血重在补气，补气以助血行，故黄芪用量常在 30 ～ 60g。

运动神经元病虚实夹杂，病史缠绵，形体败坏，经久难愈。"得神者昌，失神者亡"。望舌重在望神，《形色外诊简摩》指出"舌苔无论何色，皆属易治；舌质既变，即当察其色之死活。活者，细察底里，隐隐犹见红活，此不过血气之阻滞，非脏气之败坏也；死者，底里全变，干晦枯痿，毫无生气，是脏气不至矣，所谓真脏之色也”。肌萎缩侧索硬化，如舌体红活，则为有神，生存预后尚可，如舌体瘦小僵硬，活动不能，张口困难，舌色晦暗枯涩，舌面干燥无津，则为无神，说明正气衰败，生机已微，预后较差。

（6）专病专药

裘师在二十世纪七十年代研制出炙马钱子胶囊，并最早将炙马钱子胶囊应用于重症肌无力的治疗，获得满意的疗效。而今，老师已将炙马钱子胶囊的应用范围扩大到包括运动神经元病、吉兰—巴雷综合征、进行性肌营养不良、急性脊髓炎、脊髓损伤等以肌无力、肌肉萎缩为主要症状的疾病，其疗效亦获得肯定。马钱子味苦，性温，有大毒，入肝、胃经，功能通经络、散结止痛；属马钱科植物云南马钱的成熟种子，主要成分为生物碱，包括士的宁、马钱子碱，其中主要成分士的宁能选择性提高脊髓兴奋功能，治疗剂量能使脊髓反射的应激性增高，反射时间缩短，神经冲动容易传导，骨骼肌的紧张度增加，从而使肌无力症状得到改善。张锡纯《医学衷中参西录》中记载“其毒甚烈，其开通经络，透达关节之力，远胜于他药”。一直以来，其毒副作用限制了使用。为解决这一矛盾，老师认为马钱子的炮炙方法是关键。老师潜心研究，创造独特的炮炙方法，既保留了马钱子的药理作用，又减轻了其毒副作用，现已在浙江省中医院制剂室批量生产，临床已使用 30 余年。浙江省中医院研制的炙马钱子胶囊每粒 0.2g，含士的宁 1.5% 左右。其副作用主要有头晕，肌肉颤动感，肌张力增高以致肢重、乏力、走动困难甚至跌倒，称为“肌凝”症状，毒副作用与剂量相关，老师认为严格炮制，分次服用，逐渐增加剂量是预防患者发生副作用的有效措施。

运动神经元病病程较长，症状迁延不愈，并逐渐加重，故老师认为需长期服药，甚至是终身服用，对于晚期出现的吞咽困难、饮水呛咳、构音障碍、咳痰无力亦有一定疗效。本病西医尚无特效治疗方法，利鲁唑是目前最有效的药物，可延缓本病的进程及延长存活期，但未证明其可改善运动功能。中医对其症状的改善，尤其是改善患者气短乏力、自汗、腰酸、肌肉跳动及饮水呛咳等方面有一定的疗效，改善患者的生活质量，但终不能抵挡疾病的进展。老师认为本病是神经内科疑难病之一，病程较长，症状迁延不愈，到后期出现肌痿肉削，甚则挛缩舌痿，短气，进食困难，故支持治疗对保证患者足够的营养和改善全身状况颇为重要。针灸、按摩、康复理疗等均可采用，平时亦鼓励患者参加一些力所能及的户外活动，增强机体抵抗力，同时还须注重心理治疗，药物治疗以外给予良好的心理关爱，鼓励患者树立长期与疾病做斗争的必胜信念，增强患者的治疗信心，改善患者的精神状态，提高生活质量。

（六）医案举例

唐某，女，56岁，因“言语含糊，左侧肢体无力进行性加重半年余”于2007年8月3日就诊。患者自觉咽喉部不适1年，出现言语含糊说话费力半年余，伴饮水呛咳，吞咽尚无梗阻，同时伴左侧肢体无力，上肢尤甚，症状进行性加重，左上肢肌肉萎缩，以左手骨间肌、大小鱼际肌萎缩明显，舌肌轻度萎缩，伴肌肉跳动，言语含糊，舌淡红苔薄腻，脉细。肌电图检查：双手第一骨间肌，胸锁乳突肌纤颤（++），可见巨大电位，多相波增多，颈前肌纤颤（+），正相波（++），多相波增多，考虑运动神经元病。头颅MRI：两侧大脑半球白质区少量缺血灶。中医诊断：喑痱（肾虚痰浊上泛）；西医诊断：运动神经元病肌萎缩侧索硬化。治法：滋肾阴，补肾阳，开窍化痰。地黄饮子加减，处方：熟地黄15g，山茱萸12g，肉苁蓉15g，巴戟天12g，肉桂（后下）5g，淡附子6g，全蝎6g，蕲蛇6g，砂仁（后下）6g，川石斛12g，姜半夏12g，石菖蒲12g，配合炙马钱子胶囊1粒，每日3次，逐渐加量至2粒，每日3次维持。西药：复合维生素B、叶酸等。药后患者自觉言语较前清晰，咽部不适感减轻，守原方继服，饮水呛咳好转，肢体肌力改善不明显，但肉跳感明显减少。上方为主，随症加减连续服用3个月，症状稳定出院。

二、进行性肌营养不良

进行性肌营养不良（progressive muscular dystrophy，PMD）是一组原发性肌肉的遗传性疾病，其临床症状因类型不同，表现各异，主要表现为进行性肌力减退和肌肉萎缩。临床上有很多分型，其中最常见为假肥大型，遗传方式为X-连锁隐性遗传，具有典型的临床表现：肌无力、肌萎缩、肌肉假性肥大、肌强直等。辅助检查示血清肌酸激酶不同程度增高；肌电图呈典型肌源性损害特点；肌肉病理表现大致相似：肌纤维大小不同和肌纤维坏死、再生，明显的结缔组织增生。其病因有基因突变、单基因遗传和分子缺陷。本病西医至今无特效药，一般以支持疗法为主，基因疗法正在研究之中，临床治疗颇为棘手。

其主要特征表现为缓慢进行性加重的对称性肌无力和肌肉萎缩，可累及肢体和头面部肌肉，少数可累及心肌。进行性肌营养不良（杜氏型）（Duchenne muscular dystrophy，DMD）是临床常见的类型，患者均为男性，发病以双下肢无力，走路左右摇晃如鸭步态，挺胸凸腹，容易摔跤，蹲下起立困难，呈Gowers现象为特征性表现。90%患儿可见双腓肠肌假性肥大，病情呈进行性逐渐加重，10多岁可出现膝、踝关节拘挛变形，肢体功能丧失，20岁左右因心肺功能衰竭而危及生命。目前，西医尚无有效药物治疗。裘师临床研究治疗该病多年，积累了丰富的临床经验，辨证治疗，起到了改善临床症状、控制病情发展、延长患儿寿命的良好作用。

（一）辨证论治

本病可归属于中医学“痿证”范畴，以虚证为主，也可夹痰、夹湿、夹瘀，表现为本虚标实之证：脾肾亏虚为本，血瘀、湿热为标。脾胃亏虚、湿热浸淫、肾元亏虚为本病的主要分型。鉴于本病的遗传学本质，治疗时，裘师在充分贯彻《素问·痿论》“治痿独取阳明”的基本原则基础上，重视“先天之本”肾的功能和作用，补肾强筋贯穿始终。治疗上总以“健脾益气、培补肾元”为本，同时认清兼夹的实邪性质，配合利湿化浊、祛瘀通络等法治疗。

1. 脾胃亏虚

本型临床最多见，多由素体脾胃虚弱或饮食不节伤及脾胃，或久病成虚，中气受损导致脾胃受纳运化功能失常，气血生化不足，无以濡养五脏，运行气血以致经脉失养。症见：气短，神疲，肢体痿软无力，肌肉萎缩，走路不稳，常易跌倒，上楼梯困难；智力发育正常；胃纳不佳，不思饮食，腹胀，大便溏泄，苔薄白，脉细。治以健脾益气法，方用参苓白术散加减：党参、炒薏苡仁各30g，炒白术、茯苓、炒扁豆、怀山药、莲子各15g，炙甘草、红花各6g，地龙9g。同时，本病多由遗传因素引起，先天肾气不足，脾肾两虚，症见下肢痿软无力，肌肉萎缩逐渐加重，腰背酸软，大便溏泄，遗尿，舌淡、苔白，脉沉细。治疗时须注意补肾强筋、脾肾共补，可酌加淫羊藿、制黄精、川断、杜仲、牛膝、乌药、狗脊。

2. 湿热浸淫

患者久居湿地或者素体脾虚，水湿运化无力，致使湿邪积聚日久，郁而生热，营血运行受阻。久则气血运行不畅，筋脉失于濡养则迟缓不用，发为痿证。症见肢体痿软，身体重着，倦怠麻木、微肿，而又以下肢多见；或有发热，脘闷，小便赤涩，苔白腻，脉濡数。治以清热利湿、通利筋脉法，方用四妙散加减：苍术、黄柏、木瓜、乌梢蛇各12g，炒薏苡仁、太子参、川牛膝各30g，陈皮、红花各6g，地龙9g。

3. 肾元亏虚

本型多见于该病中晚期，肾藏精，主骨。肾脏功能旺盛，则筋骨强健。若平素肾虚或者久病导致精血亏损，则筋脉失却濡养而产生痿证。肾阴虚：症见下肢痿软无力，膝胫痿软，不能久立；形体消瘦，眩晕耳鸣，失眠多梦，盗汗，颧红潮热，腰背酸软或伴遗精早泄，遗尿；舌红少苔，脉细数。治以滋阴补肾、健脾利湿法，方用左归丸加减：熟地、龟板、牛膝、茯苓各15g，萸肉、菟丝子、川断、杜仲各12g，鹿角霜9g，均姜6g，炒薏苡仁30g。肾阳虚：症见形体虚胖或羸瘦；神疲乏力，精神不振，活力低下，易疲劳；下肢痿软无力，腰膝酸软，腰背冷痛，四肢发凉，畏寒怕冷，身体重着；性功能减退；小便清长，余沥不尽，尿少或夜尿频多；听力下降或耳鸣；记忆力减退，嗜睡；虚喘气短，咳喘痰鸣；五更腹泻，或者便秘；身浮肿，腰以下尤甚，下肢水肿；须发易脱落、早白；反应在面部则色青白无光或黧黑。治以温补脾肾法，方用右归丸合真武汤加减：熟地、山药、菟丝子、炒白术、炒白芍各15g，炮附子、肉桂、干姜各6g，吴茱萸、当归、杜仲各12g。此外，PMD患者肌酶常较高，裘师往往在辨证基础上，酌加垂盆草、平地木，如舌苔不腻可加五味子等以护肝降酶。证症结合，统筹兼顾，才能较好地缓解临床症状，提高疗效，改善生活质量，延长生存期。

（二）临证特色

1. 从肾论治痿证

裘师认为肾虚为PMD根本病机之一。“肾为先天之本”，主骨生髓，又本病多由遗传所致，“先天之本”不足，肾虚精亏，骨枯髓空，脏腑衰惫，气血乏源，肢体失养，故可致痿。《素问·五脏生成》曰：“足受血而能步，掌受血而能握，指受血而能摄。”肾气不足，脾失健运，继而出现气血亏虚，肌肉失养，终致肌痿不用。脾阳根于肾阳，肾气足则脾胃健旺，肾气虚则脾阳虚衰，运化水谷精微失职，气血运行不畅而瘀滞，日久则痰瘀互结，阻滞经络以致气血津液不能濡养经脉，出现手足痿废不用等症。因此裘师在治疗该病时非常重视调补肾之阴阳，提出“补肾固本，脾肾同调”的治疗法则。

在补肾方面，注重选择温而不燥、补而不滞的药物，用药旨在温阳，而配以滋阴药以求补阳而不伤阴，如选择淫羊藿、菟丝子与制黄精、熟地黄搭配，杜仲、巴戟天与萸肉、白芍等滋阴之药搭配，以求刚柔相济、温润并施，而达到疗其痼疾的目的。

2. 巧用引经之药

引经药有“引诸药直达病所”之效，同时也能在方中发挥其主要治疗作用。例如，姜黄能引药上行通达上肢；而怀牛膝则性喜下行而通达下肢。葛根入脾、胃经，性轻浮，生用则升阳生津，熟用则鼓舞胃气，痿证多以脾胃亏虚为主，故在健脾益气的同时，常常加用葛根，取其鼓舞胃气、益气升清之用。因此，在治疗疾病时应根据疾病所在病位及经络，选用适当的引经药，才能达到最佳的治疗效果。

3. 久病化瘀通络

裘师常言“久病必虚、久病必瘀、久病入络”，他认识到络病是 PMD 缠绵难愈的主要机制。本病常因脾肾两脏虚损，邪毒内侵，瘀血停滞于络脉而成络病，久病络脉瘀滞，进而又加重病情，变生他证，形成恶性循环，缠绵难愈，迁延加重。裘师针对络病易滞易瘀、易入难出、易积成形的病机特点，以“络以通为用”的治疗原则为指导，方中配伍虫类药，并认为以全蝎、蜈蚣、蕲蛇为最佳，活血祛瘀通络之力强；同时以木瓜、砂仁、厚朴等，宽中理气、活血通经，既理气通腑，又防滋补之药过腻。

4. 治痿专病专药

临床多试用炙马钱子胶囊，该药成人口服起始剂量为每日 3 次，每次 1 粒，以后酌情每周增加 2 粒，分次服用，常规剂量每日 6～8 粒，分 3～4 次服用，每次最多 2 粒，当周身出现肌肉跳动为最佳剂量。炙马钱子胶囊作用及副作用如前述。

（三）医案举例

王某，男，22 岁，因“双手无力伴肌肉萎缩 10 余年”于 2015 年 4 月 13 日就诊。患者 10 余年前始出现双手肌无力，伴有肌肉萎缩，双上肢肱二头肌、肱三头肌、大鱼际肌、小鱼际肌、骨间肌均见萎缩，翼状肩。肌电图：呈肌源性损害。父母近亲婚配。刻诊：肌病面容，形体消瘦，上肢痿软无力，难以抬举，肌肉瘦削，平素食少便溏，睡眠尚可，舌淡、苔白腻，脉沉细。中医诊断：痿证（脾肾两虚）；西医诊断：进行性肌营养不良。治拟：补肾强筋，健脾益气。二仙汤合参苓白术散加减，处方：党参、炙黄芪各30g，白术、炒当归、炒稻芽、麦芽、山楂炭、杜仲、川断、牛膝各12g，炒扁豆、淫羊藿各15g，陈皮、炙甘草各6g，炒薏苡仁30g，鸡内金9g，仙茅10g。

2015年5月12日二诊：患者双上肢仍有乏力感，拿筷子使不上力，常有腹泻，肌酶较高，舌脉同前。加芡实30g，垂盆草15g，五味子9g。

5月25日三诊：患者上肢稍有乏力感，晨起时出现双手关节疼痛，活动后好转，大便正常。减麦芽、川断，加平地木、山药各15g。至四诊患者双手关节疼痛、上肢无力已不明显，肌酶已明显下降，诸症好转。以后则随症加减，患者病情稳定。

按：本案患者为年轻男性，肌肉无力，肌肉萎缩，逐渐加重，显现一派虚损之象，此乃患者先后天共同失养致病之果。患者父母近亲结婚，乃先天之不足。肾为先天之本，藏精主骨，肾虚则精血亏损；加之后天失养，脾胃功能不佳，中气受损，气血生化乏源，无以濡养五脏、运行气血以致经脉失养，变生痿证。因此治当补肾强筋、健脾益气。方中二仙汤为“温柔之品”，温可壮阳振颓，柔可滋阴填精，温柔相合，刚柔相济，则阳气自复，精血自生。合用川断、杜仲共奏培补肾元、固本强筋之功；参苓白术散健脾养胃、益气生津，其中，炙黄芪与大剂量党参、白术、炙甘草合用，可增强补中益气之功；牛膝能引诸药下行，通达下肢，增强药力。诸药合用，使肾气充盛，则阴精化生不息，肝得滋养，筋骨劲强，具阳生阴长之妙；使脾健运，胃纳佳，则后天生化无穷，以充养四肢肌肉。用方切中病机，故能获显效，可见治疾不能拘泥于独取阳明，亦不能拘泥于养阴滋补一法。二诊患者腹泻明显，加芡实益肾固精、补脾止泻；肌酶偏高，加垂盆草、五味子保肝降酶。三诊患者仍感乏力，加山药健脾益气，平地木更添降酶之效。

患者，男，5岁，因“走路不稳3年多”于2014年7月8日就诊。患者3年前始出现下肢无力，走路不稳，偶有跌倒，起、坐和上楼梯均困难。智力发育正常，家族中无类似疾病史，无近亲婚配史。刻症：查体可见对称性肢体假性肥大，四肢肌张力正常，肌力Ⅳ级，腱反射（+），大便偏烂，小便可，舌淡，苔薄，脉细。中医诊断：痿证（脾胃亏虚）；西医诊断：进行性肌营养不良。治拟：健脾益气，化湿通络。参苓白术散加减，处方：党参20g，白术12g，茯苓15g，炙甘草6g，炒扁豆12g，炒薏苡仁12g，川断9g，杜仲9g，牛膝9g，垂盆草15 g，五味子6g，地木15g，山药12g，炒稻芽12g，陈皮 6g。嘱患者复查肝功能、心肌酶谱。

2014 年 7 月 15 日二诊：患者症状同前，胃纳一般，大便不实，1 日 3 次，肌酸激酶：14217U/L，舌淡，苔薄，脉细。上方加干姜 6g，芡实 15g；

2014 年 7 月 29 日三诊：患者走路较前快，能跑步，蹲下、站起较前好转，容易上火。胃纳可，大便正常，舌淡，苔薄，脉细。上方减茯苓、干姜。

2014 年 9 月 30 日四诊：患者小腿走路疼痛，起坐、下蹲动作顺利，部分肌酸肌酶较前增高；大便可，舌淡，苔薄，脉细。上方加制狗脊 6g，熟地 12g，山萸肉 9g。

2014 年 11 月 18 日五诊：患者小腿走路疼痛好转，起坐、下蹲动作顺利，胃纳欠佳，大便可，舌淡，苔薄，脉细。上方减芡实、制狗脊，加鸡内金 6g。

按：本案患儿年幼，走路不稳 3 年有余，为肌营养不良，遗传疾病，儿童最易发病，治疗困难，预后不佳。患儿素体脾虚，抑或喂养不当，伤及脾胃。脾主运化，胃主受纳，脾胃为后天之本，气血生化之源，主肌肉、四肢百骸。脾胃既虚，则受纳运化失司，气血生化乏源，终致筋脉失养，四肢肌肉无力。脾虚失运，湿浊内停，则饮食不化，便溏泄泻。《素问·太阴阳明论》有云："脾病不能为胃行其津液，四肢不得禀水谷气，气日以衰，脉道不利，筋骨、肌肉皆无气以生，故不用焉。"大抵如此。故初诊即予以参苓白术散健脾益气、化湿通络，方中党参、山药补脾益气，白术、茯苓健脾化湿，炒扁豆、炒薏苡仁共资健脾渗湿之力。二诊时患者大便不实，加用干姜、芡实，温中止泻；三诊患者症状明显好转，既能走路，也可跑步；四诊患者小腿出现疼痛，为肝肾不足之象，予以制狗脊、熟地、山萸肉滋阴补肾。以后随证加减。

此两则医案，明确体现了裘师治疗痿证的基本思路——"治痿独取阳明"。出自《素问·痿论》"论言治痿者，独取阳明何也？"《灵枢·根结》曰："太阳为开，阳明为合，少阳为枢……合折则气所止息，而痿疾起矣。故痿疾者，取之阳明。"裘师认为，"独取阳明"其意是补益后天，即益胃养阴、健脾益气之法。肺之津液来源于脾胃，肝肾的精血有赖于脾胃的生化。若脾胃虚弱，受纳运化功能失常，津液精血生化之源不足，肌肉筋脉失养，则肢体痿软不用；反之，若脾胃健旺，饮食渐增，气血津液充足，脏腑功能转旺，筋脉得以濡养，则有利于痿证的恢复。同时"取"有祛阳明热邪之意，因此类患者往往脾虚夹杂湿热，或寒湿不化，故在补虚同时兼以化湿为法。

因此，裘师治疗此病时，常以参苓白术散合补中益气汤化裁，共奏健脾益气、芳香化湿之效。在脾胃亏虚型中，黄芪多与大剂量的党参、白术和甘草合用，可增强补中益气之功。但若患者兼有腹胀、苔厚腻、脉弦，则不可用黄芪。同时，肌营养不良患者肌酶常较高，此时，裘师往往即在辨证的基础上，酌加垂盆草、平地木，如舌苔不腻可加五味子等以护肝降酶。于此，则方能达到理论与实际的统筹兼顾，才能较好地缓解临床症状，提高疗效，改善生活质量，延长生存期。

第四节　药到病乃除　百治尤百效

张锡纯《医学衷中参西录》曰："药到病除，效如桴鼓。"尽管神经内科诸多疾病的诊治大都困难，然其中仍有不少疾病见效较快、收效甚好，如我们所熟知的癫痫及多发性硬化的诊治，中医的辨证论治确能达到"药到病除，百治百效"之功。

一、癫痫

（一）病名范畴

痫病是由先天或后天因素，使脏腑受伤，神机受损，元神失控所导致的，以突然意识丧失，发则仆倒，不省人事，两目上视，口吐涎沫，四肢抽搐，或口中怪叫，移时苏醒，醒后一如常人为主要临床表现的一种发作性疾病，又称为"痫证""癫痫""羊痫风"等，自新生儿至老年均可发病。

（二）病因病机

裘师认为本病的发生既有先天禀赋之因，也有后天失养之责。先天因素多为遗传或妊娠失调、胎儿禀赋不足等；后天因素则包括了六淫邪毒、情志因素、饮食失调、头颅外伤、中风等脑疾。病位在脑，病机错综复杂。总体而言，肝、肾、脾亏虚是本病重要病理基础，由此产生痰（痰火）、风（肝风）、瘀（血瘀）、虚（血虚）是本病的重要因素。而痰邪是癫痫发病的主要根源，若痰浊凝聚，结于心胸，滞于脉络，影响气机，与风、火、瘀等病理因素相互搏击，蒙蔽清窍，冲扰脑神而致癫痫。痰为津气所致，凝着既久，裹结日深而成"顽痰"，以致癫痫久发难愈，缠绵不止。

（三）辨证论治

1.“痰”始终

痰涎是癫痫发病的重要病机已为多数医家所共识，如宋代严用和指出，癫痫发病是由于惊吓或脏腑功能等原因而致气机失调，继而生痰，进一步闭塞经络导致的；元代朱丹溪认为痫证总关于“痰涎壅塞，迷闷孔窍”，强调了痰在痫证发病机制中的重要作用。

裘师也常强调痰邪是癫痫的重要病因，并且需要究其根源，关注脾胃之功能，脾虚不能运化则易生痰，痰邪内伏。且癫痫之痰聚散无常，具有随风气而聚散和胶固难化的特性，故见癫痫发无定时，如遇有惊恐、饮食失节、劳累、高热等情况，以致“脏气不平，经络失调，一触积痰，厥逆风动，卒焉暴逆，莫能禁止”。故其多用半夏、胆南星、枳实、陈皮、竹茹等豁痰开窍之品。

2.“风”之重

风作为致病因素有内风与外风之别。外风主要指的是外感六淫中的风邪，“风者善行而数变……故风者百病之长化”“风胜则动”，风邪致病变化无常，发病迅速，动摇不定，与癫痫临床表现突作突止，病症往往无缘而起，变化倏忽，起作无常相吻合。外风方面，裘师以《备急千金要方》举例，“凡小儿所以得风痫者，缘衣暖汗出，风因而入也”，痫证由穿衣过暖而汗出，皮肤腠理疏松，风邪入内所致。风为木气，肝在五行中属木，同气相求，肝体阴而用阳，内风的产生与肝的关系甚为密切，故裘师强调内风又称为肝风，亦是癫痫临证多见之风。肝风内动可引起抽搐等表现，另外内风又可扰动伏痰、扰乱神明。

故裘师在用药上，注重熄风，多用羚羊角、钩藤、天麻、僵蚕、全蝎、地龙、蝉衣等。

3.“瘀”之要

裘师常说，瘀血既是一种致病因素，又是一种病理产物。各种原因引起的血行不畅均可致瘀血的形成，瘀血进一步导致筋脉失养、挛急，蒙蔽清窍而使癫痫发作。另外，癫痫患者疾病日久，久病必虚，虚必兼瘀，如脾气虚弱，运血无力，致血瘀气滞；脾虚痰伏，痰聚日久，痰凝气滞血瘀，故古人有“痰瘀同源”“痰必兼瘀”之说，气为血帅，血为气母，气机逆乱，则气滞血瘀；跌仆撞击，或胎儿难产，损伤脑络，气血瘀滞，脑络不和，则神志逆乱，昏不知人，肢体抽搐。症状多见于局限性发作，肢体麻木或刺痛，甚至半身肢体抽搐，舌紫暗，舌下脉络青紫迂曲，脉细涩，治宜活血行气化瘀，多用郁金、丹参行气化瘀、活血通经，且癫痫一证，多反复发作，经久不愈，其发作之时，气血瘀滞，反复发作必耗损气血而瘀滞脉络，故常在丹参、郁金基础上加用当归、川芎活血祛瘀、养血通络。

4.“虚”为本

裘师认为癫痫的发病原因是先天受损，“此得之在母腹中时，其母有所大惊，气上而不下，精气并居，故令子发为癫疾也”，但是同时需要注意疾病日久同样伤及脏腑。肝、脾、肾的损伤是痫证发生的主要病理基础。

先天或疾病日久，气血不足，心神失守，气虚则脾运失健，聚湿成痰，蒙蔽心窍。治以健脾养心，多以人参、黄芪、白术、甘草、生姜、大枣甘温补脾益气之品。

先天或疾病日久不愈而肝血不足，肾精亏虚。肝肾亏虚，一方面精津不足，无以濡养经脉，可见肢体麻木等异常表现；另一方面，耗伤阴血，阴血不足化热生风，风火挟痰，上干清窍，发为抽搐。治以滋补肝肾、熄风通络。方用六味地黄丸加减。六味地黄丸补泻并立，补肾阴为主，经脉得阴液则舒，肝火得阴制而降，经脉得养则肢体活动自如。

此外，裘师强调，风、痰、瘀并不是孤立的，三者常常相互搏结，在虚之基础上，共同影响血脉气血运行，上蒙清窍而致癫痫。癫痫患者绝大部分时间是处于休止期和恢复期，因此治疗首当标本并治，而熄风涤痰是贯穿始终的原则，治以涤痰止痫汤：石菖蒲 12 ～ 30g，陈胆星 10 ～ 20g，郁金 12 ～ 15g，丹参 15 ～ 30g，僵蚕 10 ～ 20g，蝉衣 6 ～ 15g，地龙 12 ～ 15g，全蝎 3 ～ 5g，蜈蚣 2 ～ 4 条。方中石菖蒲、陈胆星开窍豁痰、醒神益智，共为君药；郁金、丹参行气化瘀、活血通经，为臣药；僵蚕、地龙、蝉衣、全蝎、蜈蚣熄风定惊、化痰散结，共为佐药。痫病主痰，治痫必先治痰，对头晕痰多者，加天麻、半夏涤痰开窍；瘀血阻滞脑髓脉络亦是癫痫发作的重要因素，且癫痫一证，多反复发作，经久不愈，其发作之时，气血瘀滞，反复发作必耗损气血而瘀滞脉络，故常在丹参、郁金基础上加用当归、川芎活血祛瘀、养血通络；依据《景岳全书》中“五脏之病，虽俱能生痰，然无不由于脾肾”“故痰之化无不在脾，而痰之本无不在肾”的理论，裘师临证始终不忘健脾益肾，既可扶正，又可杜绝痰浊之源，有助于防止癫痫的反复发作。心脾两虚者，加茯苓、党参、黄芪健脾益气；夜寐不安者加生龙骨、生牡蛎、紫贝齿重镇安神；肝肾阴虚者加熟地、枸杞、山萸肉滋补肝肾；大便干结阳虚者加肉苁蓉、胡桃仁、锁阳；阴虚者选用女贞子、知母润燥通便；胃纳不佳者加山楂、鸡内金健脾开胃。

（四）特色治疗

1. 小儿

小儿的生理特点为脾常不足，肾常不足，神气怯弱，元气未充，脾虚生痰，痰蒙清窍，虚实夹杂，易成癫痫。裘师指出，除关注虚、风、痰、瘀之外，小儿癫痫需关注“火”，火性炎上，易扰神明而致癫痫。小儿以“纯阳之体”著称，阳气过盛可化火；精神情绪方面，五志过极可化火；小儿之阴常不足，容易导致阴虚火旺；外邪如风、寒、湿，内邪如痰、瘀、食积等也均能郁而化火。

故在治疗上须考虑运用平肝熄风药祛“风”邪，运用清热涤痰药兼顾“火”“痰”之邪，运用理气开窍药逐“瘀”邪，运用甘淡平补药调“虚”体。根据患儿不同的临床表现加减用药。如果患儿起病前有明显的惊吓史，癫痫发作时面色改变、惊恐不安，则酌加镇惊丸，常用珍珠母、琥珀镇惊安神，远志、合欢宁心安神；如果患儿发作时喉间痰鸣，且舌苔白腻、脉弦滑，则酌加涤痰汤，常用陈皮、半夏燥湿化痰，枳壳、川芎降气活血等。

医案：患儿柴某，女，13岁，以“发作性抽搐3个月余，伴右手发作性麻木感2次”前来就诊。患儿3个月前出现反复左侧肢体抽搐，无发热等不适，曾在多家三甲医院就诊，按“脑炎”治疗，目前服甲泼尼龙12mg，每日一次（早），奥卡西平750mg，每日二次，抽搐未再发作。之后出现右手发作性麻木，数秒至半分钟好转，早上起床和睡前易发作，后再发作2次。脾气急易烦躁，舌红，苔薄腻，脉弦细。辅助检查：头颅MRI示左侧大脑半球见斑片状稍长T1，稍长T2信号；常规脑电图示轻度异常。考虑患者年幼，稚阴稚阳之体，先天肝血不足，肾精亏虚，肝肾亏虚，肝阳化风，痰随风动，风痰痹阻，上干清窍，发为抽搐；肝肾不足，精津不足，无以濡养经脉，而见手部麻木频发；阴虚无以制肝火，可见烦躁易怒；舌红，苔薄腻，脉弦细，均为阴虚津亏之象。中医诊断：痫病，肝肾亏虚证。治以滋补肝肾、熄风通络法。方以六味地黄丸加减，处方：生地黄15g，山茱萸10g，山药12g，牡丹皮9g，泽泻10g，茯苓12g，石菖蒲15g，僵蚕10g，蝉衣9g，何首乌15g，黄精20g，川芎10g，麦芽12g，谷芽12g，远志6g，丹参12g，地龙6g，全蝎3g。14剂，水煎服，每日1剂，分2次服用。并建议减甲泼尼龙为8mg，每日一次。

二诊：患者服药后抽搐一直未作，手麻仍时有，二便正常，脾气较急，舌红，苔薄腻，脉弦细。前方出入，去泽泻，加郁金 12g，栀子 6g。并建议减甲泼尼龙为 4mg，每日一次，奥卡西平减为 450mg，每日二次。

三诊：患者抽搐、手麻均未发作，舌红，苔薄腻，脉细，纳谷可，睡眠好，脾气急躁较前好转，二便可。予停用激素，仅服奥卡西平 300mg（早），450mg（晚）。复查脑电图示未见明显异常。处方：生地黄 12g，山茱萸 12g，牡丹皮 10g，茯苓 15g，石菖蒲 15g，僵蚕 10g，蝉衣 6g，何首乌 12g，远志 6g，地龙 6g，全蝎 3g，郁金 12g，麦冬 12g，北沙参 15g，丹参 12g，栀子 6g，百合 12g，合欢皮 12g，14 剂。

四诊：患者症状稳定，癫痫未发作，脾气较前好，但仍急，学习成绩好，二便可，时有闭目样动作，舌红，苔薄黄，脉细。去合欢皮，加藿香 6g，佩兰 6g。14 剂，水煎服，每日 1 剂，分 2 次服用。

此后随证加减，逐步停用奥卡西平，随访 1 年，未有癫痫发作，学习生活一切如常人。

按：患者因脑炎而致痫，病位虽在脑，却累及肝肾，肝肾不足，经脉失养，而手麻发作。久服激素类药物，虽脑炎得到控制，但产生精神亢奋，脾气急躁等副作用。裘师指出，上述病症及药物副作用中医学认为均为阴阳失衡、肝肾阴虚、肝火旺盛所致。《小儿药证直诀笺正》说："此今之所谓六味丸也，方从仲景八味肾气丸来，仲阳意中，谓小儿阳气甚盛，因去桂附而创设此丸，以为幼科补肾专药。"六味地黄丸补泄并立，补肾阴为主，经脉得阴液则舒，肝火得阴制而降，经脉得养手麻则除。为防癫痫发作，配以开窍熄风通络之品，使内风得祛，血行通畅。然患者年幼，脾胃功能虚弱，大队补益药物易使其脾胃受损，所以方中以麦芽、谷芽开胃消积、舒畅气机，裘师常说："有胃气则生，无胃气则亡。"胃纳好，气血生化有源，正气充盈，则邪不可干。

2. 育龄期妇女

妇女在孕期癫痫发作，裘师指出需保胎与控制病情并举。一方面，癫痫是妊娠期较为常见的神经系统并发症，发生率为 0.15% ～ 0.6%；另一方面，患有癫痫的育龄期妇女同样需要面临怀孕生子的情况。癫痫孕妇的妊娠并发症较普通人群明显增加，抽搐发生时容易引起胎盘早剥、早产、子痫前期发生；癫痫发作时引起的缺氧和外伤，可致流产、早产、胎儿畸形、胎盘早剥、弥散性血管内凝血、胎膜早破、宫内感染等，对孕妇和胎儿均有严重影响。

且文献资料显示接受抗癫痫治疗的孕妇，胎儿发生畸形的风险为4%～10%，与正常人群相比后代发生畸形的风险高2～3倍，多药联合治疗的孕妇其胎儿发生畸形的风险更高。在此种情况下，在治疗中既要用祛风化痰止痉的中药控制其癫痫发作，又不能伤及妊娠胎气。裘师在遣方用药中，既从癫痫的风、痰、瘀，肝脾肾之虚出发，也做到固护胎气。裘师临证多用炒当归、炒白芍、炒白术、炙黄芪、党参益气健脾养血，重用黄芪30g，党参30g，参芪、归芪并用加强补气养血健脾之功，有治病求本之意；石菖蒲、僵蚕、制胆星祛风化痰开窍止痉，治其标，标本同治达到控制痫病发作目的；紫贝齿、牡蛎重镇安神，阳春砂、川断、黄芩、苏梗补肾理气和胃安胎，甘草调和诸药，综合全方有扶正以安胎、祛邪不伤胎之功。

在孕后，裘师重视调畅心情与控制病情并重。产后抑郁症是指产妇在产褥期出现的抑郁症状，与内分泌因素、遗传因素、心理因素等相关，发病率较高，国外报道为3.5%～33%，国内为3.8%～16.7%。产后抑郁症不仅对产妇有不良影响，严重危害产妇的身心健康，而且能导致婴儿的认知能力、情感、性格、行为障碍及家庭关系的不和谐。故产后在控制癫痫的同时，裘师常说要与郁证辨证相结合以调畅情志，善用疏肝解郁之法，常用逍遥散、丹栀逍遥散、六郁丸、柴胡疏肝汤、龙胆草泻肝汤。另外，从产妇自身情况出发，因其需哺乳，故在药物使用上基本不用有回乳之功效的麦芽。

医案：竺某，女，34岁，因“孕5个月，抽搐发作2次，神疲乏力半月余”为主诉，患者5个月前在浙江某三甲医院行试管婴儿术，术后1个月余无明显诱因下发生抽搐一次，其发作具体情况不详，两天后脑电图显示轻度阵发性异常。就诊10天前于某妇产科医院产科门诊就诊时突然出现头晕，视物模糊，10分钟后面色青紫，牙关紧闭，口吐白沫，意识不清，四肢抽搐，持续时间5分钟，当时10余人按压其全身制动，并收住入院，入院后颅脑MRI平扫示颅内未见异常，诊断：“孕19周，双胎妊娠合并癫痫”，经对症处理好转出院，并建议去综合性医院治疗。患者先后到杭州市第一人民医院、浙江大学医学院附属第二医院神经内科就诊，诊断为妊娠合并癫痫，都建议服用左乙拉西坦治疗，而患者因左乙拉西坦治疗不能保证胎儿安全性拒绝服用，又担心癫痫再次发作而来裘师处就诊，要求进行中医治疗。其时患者孕已5个月，症见神疲乏力，面色㿠白，心悸少寐，咽喉有痰，胃纳欠佳，大便1日1～2次，小便无殊，舌淡，苔白薄腻，脉弦滑细。孕产史：怀孕2次，流产1次；3年前曾行宫颈锥切术，2年前宫外孕手术史，否认头部外伤及前驱感染史；妊娠前无癫痫病史。患者曾怀孕手术2次，耗气伤血，气血本亏，适又双胎妊娠，母体气血供养胎儿，气血生化不足，劳倦过度，以致心脾两虚，神疲乏力，面色㿠白，心悸少寐；脾虚运化失常，聚湿生痰，致胃纳欠佳，咽喉有痰；痰壅风动，蒙蔽清窍，故意识不清；口吐白沫，四肢抽搐发作，舌淡，苔白薄腻，脉弦滑细均为气血不足、痰湿动风和妊脉之象。中医诊断：妊娠痫病，心脾两虚证。治则：益气养血祛风化痰，佐以安胎。处方：炒当归12g，炒白芍15g，炒白术12g，石菖蒲15g，白僵蚕15g，续断12g，黄芩15g，阳春砂（后下）6g，炙黄芪20g，炙甘草6g，制胆星9g，紫贝齿（先煎）30g，牡蛎（先煎）30g。

二诊：患者服用5帖中药，癫痫未作，神疲乏力减轻，胃纳渐增，舌淡胖，苔薄白，脉弦滑细，效不更方，在原方基础上加苏梗9g，陈皮6g顺气安胎。

三诊：患者癫痫未作，神疲乏力好转，脾气急，舌淡胖，苔薄白，脉弦滑细，守原方，加绿梅花6g疏肝理气和胃，红枣15g补气。

四诊：患者癫痫未作，胃纳欠佳，神疲明显，上方去掉绿梅花6g，加上党参30g补脾益气，黄芪增加到30g，炒谷芽、炒麦芽各12g健脾开胃。随后一直以上方出入调治，终至平安分娩龙凤双胎。产后50天浙江省中医院复查EEG显示轻度异常，坚持服用中药调治；产后2个月再次在本院复查EEG显示少量痫样活动，此后一直服用裘师中药调治至产后1年，复查动态EEG显示未见明显异常而停止服用中药。

按：本病例患者为妊娠伴有癫痫，给临床治疗带来较大难度，既要用祛风化痰止痉中药控制其癫痫发作，又不能伤及妊娠胎气，裘师在方中用炒当归、炒白芍、炒白术、炙黄芪、党参益气健脾养血，重用炙黄芪30g，党参30g，参芪、归芪并用加强补气养血健脾之功，有治病求本之意；石菖蒲、白僵蚕、制胆星祛风化痰开窍止痉，治其标，标本同治达到控制痫病发作目的；紫贝齿、牡蛎重镇安神，阳春砂、续断、黄芩、苏梗补肾理气和胃安胎，甘草调和诸药，综合全方有扶正以安胎、祛邪不伤胎之功，达到安全顺产龙凤双胎的目的，深受患者及家属的感谢和好评。

3. 老年人

老年癫痫是指60岁以后发病的癫痫，其发病率随老龄社会的到来具有逐年增高的趋势，在老年神经系统疾病中，仅次于脑血管病和痴呆。一方面，老年癫痫的病因与儿童及其他人群不同，经过检查大多数能明确病因，部分患者在去除病因后常可痊愈，大部分患者病灶不能去除而须长期服用抗痫药；

另一方面，老年人常合并多种基础疾病，如心脑血管疾病等，故多明显有“瘀”“痰”等病理基础，且年长亦多见脏腑之虚；此外，部分老年患者存在无法接受疾病现状的心理，在治疗过程中也须关注其情志心理。

医案：林某，男，62岁，因“发作性意识障碍1年”前来就诊，患者1年余前脑出血，左侧额顶部少量出血，予以内科保守治疗，出院后一直全身不适。1年前患者出现发作性意识障碍，伴有四肢抽搐，两目上视，牙关紧闭等，持续数分钟，发作5次。曾就诊于上海华山医院，查脑电图：异常脑电波，左侧可见散在尖波，未见典型痫样放电，考虑继发性癫痫，予以丙戊酸钠1片，1/12h口服，自觉不适，后改为左乙拉西坦1片，每日二次，仍有发作2次，又替换成奥卡西平0.5片，每日二次。后情绪不佳，全身不适，不想讲话，思维较前迟钝，记忆力差，性功能下降，口苦，腹胀，舌红，苔微黄腻，舌下瘀筋，脉弦细。

患者老年男性，嗜食烟酒，痰湿内生，阻塞窍道，血不循经，发为出血；痰浊阻滞，气机逆乱，风痰内动，蒙蔽清窍，发为癫痫；既往体健，突遇疾病，不能正视，肝气郁结，情绪不佳，甚至气郁化火，痰火相伍，火动痰升，扰乱神明，癫痫反复发作，口苦腹胀；终致郁郁寡欢，思维迟钝；气滞血瘀，瘀血阻络，痰瘀互阻，舌红，苔微黄腻，舌下瘀筋，脉弦细。中医诊断：痫病，痰瘀阻窍证。治则：化痰通络，活血化瘀，佐以熄风。予涤痰汤加减，处方：半夏9g，苍术9g，石菖蒲20g，胆南星12g，茯苓15g，僵蚕12g，全蝎6g，丹参15g，厚朴12g，川芎12g，蜈蚣2g，地龙9g，蝉衣6g，远志9g，枳壳12g，郁金12g，神曲12g，藿香9g，佩兰9g。并嘱其戒烟酒，饮食清淡，注意劳逸结合，生活规律。

二诊：患者腹胀已除，胃纳好转，大便可，癫痫未发作，夜寐不安，入睡困难，睡后易醒，不能再睡，精神不佳，口苦，舌红，苔黄腻，脉弦滑。前方化裁，去藿香、佩兰，加夜交藤30g，酸枣仁30g，葛花6g，柏子仁15g。

三诊：患者口干，仍吸烟未戒，睡眠不佳，入睡困难，睡后易醒，不能再睡，舌暗苔腻，舌下瘀筋明显，脉弦。处方：半夏9g，苍术9g，石菖蒲20g，胆南星12g，茯苓15g，僵蚕12g，全蝎6g，丹参15g，厚朴12g，川芎12g，蜈蚣2g，地龙9g，蝉衣6g，远志9g，枳壳12g，郁金15g，夜交藤30g，酸枣仁30g，柏子仁15g，合欢皮15g。药后患者症状稳定，尤其睡眠及情绪好转，嘱其必须戒烟酒，否则易再次中风。

按：患者年逾六旬，虽无高血压、心脏病等，但嗜食烟酒，痰湿内生，加上工作压力大，肝火亢盛，肝风内动，引动痰浊，痰火相伍，火动痰升，扰乱神明，癫痫反复发作；又因脑出血、癫痫相继发生，疾病影响工作，难以接受，情绪不佳，肝气郁结，气滞血瘀，瘀血阻络，痰瘀互阻，发为郁证。因此痰湿、风痰、痰火、痰瘀为本病之病因及病理因素，治拟化痰熄风、化瘀通络为法。初诊时即用涤痰汤去人参，佐以疏肝理气之郁金、厚朴、川芎、神曲等，同时裘师加化痰熄风开窍之全蝎、蜈蚣、地龙、蝉衣等，如此气顺则痰消，腹胀可除。二诊时患者思虑过度，睡眠不佳，重点在睡眠，故加用夜交藤、酸枣仁、柏子仁养心安神。三诊时仍守前方再进，再次叮嘱患者戒烟酒，保持情绪舒畅，否则痰湿再聚，一切回到从前模样。卒中后抑郁的发病率相当高，尤其相对年轻、个人素质高的患者，因此心理疏导在治疗过程中相当重要，患者对医生的信任，依从性也很重要，在治疗过程中疏肝解郁法始终贯穿前后。

二、多发性硬化

多发性硬化（multiple sclerosis，MS）是一种主要累及中枢神经系统白质并导致多部位髓鞘脱失的自身免疫性疾病，具有易复发和致残率高的特点。临床表现为瘫痪、麻木、痛性痉挛、失语、视力障碍、共济失调、精神症状或智能障碍等。多在成年早期发病，女性多于男性，大多数患者表现为反复发作的神经功能障碍，多次缓解又复发后，神经系统的损害逐步加重，形成不可逆转的神经功能损伤，其病因不明，可能与免疫、遗传、病毒、环境等因素有关，目前尚无理想的治疗方法，急性期治疗以减轻恶化期症状、缩短病程、改善残疾程度和防治并发症为主要目标，西医采用激素、血浆置换、静脉注射免疫球蛋白治疗，激素治疗期内能促进急性发病的MS患者神经功能恢复，但延长激素用药对神经功能恢复无长期获益，因此目前推荐大剂量甲泼尼龙短疗程冲击治疗，缓解期治疗以控制疾病进展为主要目标。而中医药作为世界补充替代医学的重要组成部分，在我国的医疗服务体系中占据着重要的地位。

（一）病名范畴

MS具有时间及空间多发性的特点，而空间的多发性导致了其临床症状体征的多样性，这就导致了MS中医病名的多样性。在中医学古代文献中并无与“多发性硬化”相对应的病名，至今MS还没有公认的中医学病名，根据其临床症状的不同，对应相应的病名，肢体痿软无力者，属于中医学的“痿证（骨痿，筋痿）”；肢体疼痛归属“痹症”；偏瘫、肢体活动障碍伴言语不清归属“风痱”“喑痱”；视物不清归属“视瞻昏渺”；头目昏晕、步履不稳归属“眩晕”“骨繇”等范畴。纵观本病，症状复杂多变，常常不能以一个中医诊断涵盖诸多的临床症状。

（二）病医病机

裘师认为MS急性期以实证居多，与风、湿、痰、火、瘀有关；缓解期以虚证为多，或虚中夹实，以肾阴肾阳不足最为常见。

1. 肾阴肾阳不足，督脉空虚

老师认为肾阴肾阳不足、督脉空虚是MS缓解期的主要病机。中医学认为MS与先天禀赋不足关系密切，肾为先天之本，先天禀赋不足与肾密切相关。《灵枢·经脉》云：“人始生，先成精，精成而脑髓生。”《素问·金匮真言论》曰：“夫精者，身之本也。”盖肾中精气，是脑髓生成和机体生命活动之本。肾藏精，主骨生髓，脑为髓海，肾通于脑，为作强之官，肾精充足，才能保证脑髓的生成和健康发育。先天禀赋不足，则肾精不足，精不生髓，脑髓不足，而发生病变。《灵枢·海论》云：“髓海有余，则轻劲多力，自过其度；髓海不足，则脑转耳鸣，胫酸眩冒，目无所见，懈怠安卧。”肾精亏虚，不能生骨充髓，髓海空虚，脑失所养而常常出现头昏目眩，视物不清，视力下降，复视，即发为“视瞻昏渺”“眩晕”。

肾与督脉关系密切，明代吴崑《医方考》曰：“肾主督脉，督脉者行于脊里，肾坏则督脉虚，故令人腰不举，骨枯髓减者，枯涸之极也。”《素问·痿论》曰：“肾气热，则腰脊不举，骨枯而髓减，发为骨痿。”肾主作强，肾虚骨枯髓减，肾之作强失司，以至步履不稳，肢体平衡障碍而发为“骨痿”。《素问·痿论》云：“筋膜干，则筋急而挛，发为筋痿。”肝主筋，肝肾同源，肝肾不足，精血亏虚，筋脉失养而肢体挛急，麻木疼痛，感觉异常而发为“筋痿”。

肾主前后二阴，肾气不足而小便无力；肾气不固，膀胱失约而小便失禁；肾气不足不能蒸腾气化津液，肠道失却滋润而大便干结。

足少阴肾经循咽喉，挟舌本，肾虚可见吞咽困难、饮水咳呛、言语不利，如果伴随步履困难或偏身活动障碍即发为“风痱”“喑痱”。

2. 风痰入络，痰瘀互结

老师认为风痰入络、痰瘀互结是本病之标。本病临床症状极其复杂多变，诸多症状可以表现为发作性症状，其特点是突然发生，突然停止，持续时间短，可数秒至数分钟，可呈癫痫样发作、强直痉挛性发作、痛性发作、猝倒发作，亦有一过性感觉障碍（针刺感、放电感），以及视力障碍和构音障碍，《素问·风论》有云："风者，善行而数变。"此风性特点与上述症状变化迅速，来去无常，瞬间消失的特性极为相似，故裘师认为本病与风有关，而风邪易与痰、瘀结合致病。风痰，广义上讲是具有风性特点的无形之痰，属于顽痰；狭义上包括痰扰肝经生风，或素抱痰疾，感风则动，后者有虚实之分，虚者阴虚、血虚生风，实者肝阳化风，痰热、痰湿化风。痰为津聚，瘀为血滞，《丹溪心法》认为"百病中多有兼痰者"，而《证治准绳》则言："百病由污血者多。"裘师认为大凡顽症痼疾，必有痰浊、瘀血，本病病程冗长，久病必瘀，久病入络，适逢风痰入络，痰瘀互滞，经脉痹阻，不通则痛，疼痛挛急；络脉痹阻，则出现肢体麻木不仁，躯体四肢束带感、烧灼感等感觉障碍。

（三）辨证论治

裘师认为缓解期以肾虚为本，风痰入络、痰瘀互滞为标，提出缓解期重在补肾调阴阳，根据阴阳损伤轻重主次，选择相应的方剂滋肾阴、温肾阳、填精益髓；而风痰入络、痰瘀互滞之标治疗以祛风化痰、搜剔通络、活血化瘀为法。

1. 肾阴亏虚

疾病初期：该型多见于急性期应用激素治疗后，火热毒邪伤及阴津而出现肾阴亏虚、阴虚内热之症，症见腰膝酸痛，头晕，耳鸣，肢体挛急，麻木，视物不清或复视，口干咽燥，五心烦热，或潮热盗汗，午后颧红，小便短黄，舌红少津、少苔或无苔，脉细数。裘师多以滋阴补肾、搜风通络法，常选用六味地黄丸、知柏地黄丸、左归丸、大补阴丸、虎潜丸加减，主要药物有熟地、山萸肉、龟板、怀山药、丹皮、知母、黄柏、牛膝、淫羊藿、肉苁蓉、全蝎、乌梢蛇、蝉衣、地龙等。方中熟地、山萸肉、怀山药"三补"，滋养肝脾肾之阴，填精益髓；丹皮清泻相火，并制山萸肉之温涩；龟板、知母、黄柏、牛膝补肝肾滋阴清热，加用淫羊藿、肉苁蓉温肾以"阳中求阴"，加全蝎、乌梢蛇、蝉衣、地龙搜风通络。加减：潮热明显者，可加用地骨皮；伴失眠者，选用酸枣仁、柏子仁、五味子等养心安神；若口干便秘者，则选用麦冬、川石斛、

黄精、玉竹、玄参、瓜蒌仁等滋阴润下；阴虚夹湿，舌苔腻者，酌加姜半夏、陈皮、姜竹茹燥湿化痰。

2. 肾阳不足

疾病中期：该型肾阳虚证可由肾阴不足，阴损及阳，或素体肾阳亏虚，前者多由于皮质激素类应用时间过长或反复发作，肾上腺皮质功能减退而显现肾阳虚之症。症见腰膝酸软，形寒怕冷，五更泄泻或便秘，夜尿频多，肢体挛急疼痛，肢酸乏力，手脚麻木，舌淡胖嫩，苔白润，脉沉弱而迟。裘师常选用金匮肾气丸、右归丸加减温阳补肾、搜风通络，主要药物有熟地、山萸肉、怀山药、肉桂、淡附子、牛膝、杜仲、淫羊藿、乌梢蛇、蜂房、全蝎等。方中淡附子、肉桂培补肾中之元阳，温里祛寒；熟地、山萸肉、怀山药滋阴益肾、养肝补脾、填精益髓，取“阴中求阳”之意；加牛膝、杜仲、淫羊藿补肝肾，健腰膝；加用乌梢蛇、蜂房、全蝎搜风通络。加减：便溏者，加补骨脂、吴茱萸、煨肉果、五味子取四神丸之意；便秘者，选用肉苁蓉、当归、枳壳、升麻取济川煎之意，甚者可加用锁阳、麻仁、瓜蒌仁等温阳润下；下肢浮肿者，可加用苓桂之剂、车前子温阳利水；夜尿频多，小便清长者，可加用缩泉丸、菟丝子、桑螵蛸等温肾固涩。

3. 肾元亏虚

疾病晚期：该型病情相对较重，从现代医学讲，部分病灶在脑干。症见腰膝酸软，行走或站立困难，头晕目眩，讲话口齿欠清，或有饮水呛咳，吞咽困难，夜尿频多，小便不易控制，肢冷面赤，舌淡胖苔白，脉沉。裘师予阴阳并补、搜风和络法，常用地黄饮子加减，主要药物有熟地、山萸肉、川石斛、石菖蒲、肉桂、淡附子、肉苁蓉、淫羊藿、怀山药、益智仁、乌药、全蝎、蕲蛇、蜂房、蝉衣等，方中熟地、山萸肉补肾填精，肉苁蓉、淫羊藿温壮肾阳，肉桂、淡附子温养下元、摄纳浮阳，石菖蒲化痰开窍，川石斛滋阴敛液、壮水以济火，予怀山药、益智仁、乌药取缩泉丸温肾固涩，加用全蝎、蕲蛇、蜂房、蝉衣搜风和络。加减：苔厚腻者，选用姜半夏、苍术、厚朴、藿香、佩兰、草豆蔻等化湿和胃；头晕口苦者，选用夏枯草、焦山栀、天麻、钩藤；肢体疼痛挛急者，加鸡血藤，上肢加桂枝，下肢加川牛膝。

（四）分证论治，随证加减

在主证辨治的同时，裘师特别强调对能反映本病特点的个性化症状予以分证辨治，以提高临床疗效。

1. 吞咽困难，饮水咳呛，言语不清

裘师认为这些症状与病灶在脑干有关，临床上虽有痰、瘀、虚诸多原因导致升降不利、清窍失养，但本病上述诸多症状多属于肾虚精气不能上承所致，盖足少阴肾经循咽喉，挟舌本，宜在补肾调节肾阴肾阳基础上，选用全蝎、僵蚕、蝉衣、蕲蛇等药。

2. 肢体无力，挛急疼痛

从肾论治，肝肾同源，肝血不足，筋脉失养，在养血柔肝基础上加用乌梢蛇、全蝎、地龙、炒白芍、炙甘草，疼痛重者蕲蛇易乌梢蛇，加蜈蚣，病久者可加用化瘀通络药，如地鳖虫。

3. 肢体麻木不仁，皮肤感觉异常

从肝血不足、血虚脏躁、络脉不畅论治，四物汤加用乌梢蛇、地龙、蜂房、蝉衣，上肢加桑枝，下肢加牛膝；舌紫，舌下瘀筋者加水蛭、红花、地鳖虫。

4. 躯干或四肢束带感

束带感常见于胸背、腰胁、腹部或四肢，以气血痹阻、络脉不和论治，裘师常以补阳还五汤加减，加全蝎、地龙、蝉衣、蕲蛇，不同部位酌加引经药，胸腹部选用郁金、柴胡、香附；下肢选用川牛膝、木瓜、海桐皮；上肢选用桑枝、桂枝。

5. 小便障碍

缓解期小便障碍多从肾论治。小便失禁，为肾气不固、膀胱失约、气化失司、尿液不藏所致，宜温阳补肾、固精缩尿，予巩堤丸、缩泉丸加减；小便无力，为肾气不足、气化无力，予金匮肾气丸出入。

（五）临证特色

1. 补肾壮督治其本

盖本病病位在脑与髓，肾主骨生髓，髓汇于脊柱为脊髓，汇于脑为脑髓。脑为诸阳之会，脊髓为督脉循行所过部位，督脉为阳脉之海，脑髓和脊髓的病变，致使督脉功能受损，督脉总督阳气，而阳气之根在肾，故恢复督脉功能常从补肾入手。肾元充足，则行走如常，精力充沛，二便通利，言语流畅，饮水、吞咽如常；清窍得养，则耳聪目明，智力、记忆力如常；肝肾同源，肾精充足，肝有所养，筋脉得和，则肢体麻木、疼痛等感觉异常好转或消失。

老师指出补肾宜平补温补，补而不燥，须选温润之品，故常常用淫羊藿和苁蓉，很少用刚燥大热之品，如仙茅则较少用，切忌蛮补而动命门相火，主张少火生气，阴中求阳，温通阳气而不伤阴液；而补肾阴时强调阳中求阴，做到滋阴生髓而不碍气机。临床研究表明，滋阴养血等方剂有类糖皮质激素作用，有利于MS患者激素的减量与撤停；生地黄、黄柏、枸杞、知母等尚有拮抗皮质激素反馈性脑垂体抑制作用，从而保护长期使用皮质激素者肾上腺皮质的结构和功能，有利于巩固疗效，减少副作用。

此外，MS患者发病5～10年后，脑髓明显减少，脑容量急剧下降，而出现大脑萎缩，病理表现为脱髓鞘，轴索损伤和星型细胞凋亡并存。反复发作的患者，可明显伴有智力减退。中医药通过补肾填精、益智健脑，起到补益脑髓、强肾壮督、增进智力的作用，中医药的这些作用可防止患者脑髓的减少和脑容量急剧下降。当然，欲取得这些疗效，长期坚持中医药治疗是关键。

2. 虫蚁搜剔治其标

本病冗长，邪气久羁，循经入络，久之则血凝滞不行，变生痰湿瘀浊，经络闭塞不通，非草木之品所能宣达，正如叶天士谓病“久则邪正混处其间，草木不能见效，当以虫蚁疏逐”，方能令浊去凝开，气通血和，经行络畅，深伏之邪得除，困滞之正得复；虫类药物行走攻窜，通经达络，疏逐搜剔之功，远非草木植物所能及，而且虫类药均含有动物异体蛋白，对机体的补益调整有其特殊作用，特别是蛇类药还能促进垂体前叶促肾上腺皮质激素的合成与释放，使血中这种激素的浓度升高，从而获得抗炎、消肿、止痛的疗效。

老师善于应用虫类药，临床选择性应用虫类药常常获得较好疗效，老师指出，虫类药分为两类：第一类为搜风通络药，常用的有全蝎、蜈蚣、僵蚕、地龙、蝉衣、蜂房、乌梢蛇、蕲蛇等，在本病中大凡络脉绌急、肢体麻木、疼痛、言语蹇涩、饮水咳呛等均可应用；在应用蜈蚣时需特别注意，因蜈蚣性辛味温，善走窜，较其他虫药更为香燥，易伤阴耗液；第二类为化瘀通络药，最常用的是水蛭、地鳖虫，老师认为此二者具有化瘀通络作用，适用于久病久痛、络脉瘀阻、部位固定、舌下瘀筋者，可加以选用。运用虫类药主张入汤剂，因不少虫类药的现代药理学研究对象还是以热浸液为主，虽然虫类药入汤剂煎煮可能对某些诸如活性蛋白、酶类等药用成分有所破坏，但同时也降低了它们可能带来的毒副作用。故汤剂煎煮使虫类药在运用时其毒副作用的可控性大大增强，且比较符合江浙地区患者的服药习惯。

在使用时，裘师强调虫类药的药性总体多辛散香燥，作用峻利，阴虚、血虚体质之人和孕妇当慎用，临床使用须酌情配地黄、麦冬、石斛等养血滋阴之品，以制虫类药温燥之性；此外，动物类药含有异体蛋白，少数过敏体质患者服药后，如出现皮肤瘙痒或红疹等过敏反应，应暂行停药，或加入清热祛风的白鲜皮、地肤子、丹皮、徐长卿等多可缓解。

3. 益肾填髓贯始终

裘师认为，益肾填髓法应始终贯穿于MS缓解期的整个治疗过程中，益肾填髓为MS缓解期的治疗大法，通过补肾壮督，来提高机体抗病能力，有效地缓解病情，改善体质，延长MS缓解期的时间，减轻激素撤减过程中复发的危险性，以期减少发作次数和减轻发作的严重程度。现代医学研究证明，中药特别是补肾、活血化瘀之品，可调节机体免疫功能，具有抗炎、抗过敏作用，可提高机体的抵抗力。有学者通过对补肾方药防治MS研究进行述评，表明补肾方药具有调节免疫功能、减轻髓鞘和轴索损伤、促进其修复和再生等作用。根据现代药理研究，补肾类药可使下丘脑神经递质升高，对防治神经退行性病变具有重要意义。在补肾的同时，选用虫类药熄风和络，虫类药为“血肉有情之品”，所含的各种氨基酸（活性蛋白）、酶类、维生素和微量元素均有很好的营养神经、强壮机体的作用；老师强调，治疗本病虫类药应多品种合用，方能收到较好的疗效。总之，在缓解期应用补肾熄风法长程治疗后，可明显提高机体的抗病能力，增强体质，改善临床症状，有利于激素的减药和停用，减少或终止本病复发，提高患者生活、生存质量。

（六）医案举例

患者，女，57岁，因“头颈背和下肢麻木无力20余天”于2009年5月19日初诊。曾因“头晕9天，反应迟钝5天”，于2009年2月24至3月23日在某三甲医院住院，当时查体：神清，左眼外展稍受限，右上肢轻瘫试验阳性，肌张力正常，四肢腱反射对称存在，双侧巴宾斯基征（-），龙贝格征不能完成，直线行走不能。2009年2月23日头颅平扫+DWI：双侧脑白质病变，建议进一步行MRI增强及MRS检查。同年2月26日颅脑增强：符合MS表现。腰穿脑脊液检查：白细胞2U/L，红细胞9U/L，蛋白200.8mg/dl，肿瘤指标正常，诊断为多发性硬化，予激素治疗，症状好转，就诊时激素已停用1个月余，肢体痿软无力，胸部有束带感，头颈和背部下肢麻木，下肢瞬间抽搐频作，两侧腋下疼痛，停经5年，否认潮热出汗，二便、纳寐如常，诊查：神清，四肢肌张力正常，右侧上肢肌力Ⅳ级，四肢腱反射对称活跃，右侧霍夫曼征（+），双侧巴宾斯基征（-），腰5、骶1压痛（+），舌质偏红，苔薄，脉弦细，EDSS评分3分。中医诊断：痿证（骨痿），肾

阴亏虚型；西医诊断：多发性硬化。

患者年过七七，天癸已绝，肾精亏虚，肝肾同源，肝血不足，筋脉失养，故见肢体痿软乏力，血虚生风故瞬间抽搐频作，两侧腋下疼痛；精血亏虚，血虚脏躁，络脉不畅，头颈、背和下肢麻木；气血痹阻，络脉不和，故胸部束带感，舌质偏红，脉弦细为肾阴亏虚之症。拟滋阴补肾、熄风通络法。六味地黄丸加减，处方：熟地 15g，萸肉 12g，怀山药 15g，丹皮 10g，郁金 12g，僵蚕 12g，全蝎 6g，蜈蚣 2 条，龟板 15g，淫羊藿 15g，川牛膝 12g，地龙 9g，蜂房 5g，川石斛 12g，14 剂，水煎服。

二诊：患者自觉头颈背和下肢麻木、胸部束带感较前减轻，下肢瞬间抽搐、两侧腋下疼痛有减轻，尚有头胀重痛，胸口气闷，天热时更明显，大便 1 日 1 次、稍烂，舌质偏红，苔薄白微腻，脉弦细，前方去川石斛，加厚朴花 6g，佩兰 9g，炒薏苡仁 15g，继服 14 剂。

三诊：患者自觉手脚拘急感较前好转，头胀重痛、胸闷已少，但有视物不清，腰背发重，手脚、足背发硬，大便正常，舌质稍红，苔薄白，脉弦细。2009 年 6 月 29 日复查头颅增强 MRI：两侧侧脑室旁多发斑块病灶较 2009 年 2 月 26 日好转。前方去厚朴花、佩兰，继服 14 剂。之后守前法随证加减，疼痛明显时酌情选用芍药甘草汤、元胡、豨莶草、炒桑枝、姜黄、制香附；嗳气泛酸，选用左金丸、苏梗、海螵蛸；兼夹湿热之象则选用藿香、佩兰、姜半夏、厚朴、苍术、薏苡仁、黄柏、黄芩、焦山栀等；腹痛腹泻，泻后痛减则加用痛泻要方；烘热汗出时选用地骨皮、青蒿、知母、白薇等，并适量选用苁蓉、巴戟天以阳中求阴；畏寒脉沉时选用淡附子、肉桂、巴戟天、苁蓉；寐差可加茯苓、枣仁、柏子仁、远志宁心安神。2013 年 12 月 11 日头颅 MRI+DWI：两侧大脑半球白质区、基底节区及脑桥多发异常信号灶，以侧脑室周围为著，结合病史，考虑多发性硬化可能，请与前片比较，建议必要时 MRI 增强复查（当时未带前片，未比较）。至今连续服药 6 年，6 年内除发热时停药外，平时连过年亦坚持服药，目前怕冷感、视物不清、右上肢乏力已恙，夏天已能洗冷水澡，平时已能用冷水洗衣，颈胸腹部、眼睛、面部等处的紧箍感及全身多处的疼痛、麻木等感觉异常有所减少，走路摇晃、下肢乏力、头晕、心悸等各种症状均有明显减轻，EDSS 评分 2.5 分。患者之前在医院代煎中药，因上症改善，已于 2014 年 2 月开始自行煎药。2015 年 6 月 26 日复查头颅 MRI 增强 +DWI：两侧大脑白质区、基底节区及脑桥多发异常信号灶，对照前片（2013 年 12 月 11 日）病灶大致相仿。

按：初诊方中熟地、萸肉、怀山药、丹皮有六味地黄丸之意，加龟板增强滋阴之力；僵蚕、全蝎、蜈蚣、地龙、蜂房、川牛膝熄风通络；加淫羊藿取“阳中求阴”之功；加川石斛以防众多虫类药化燥伤阴；诸药合用，共奏滋阴补肾、熄风通络之功。二诊时，患者头颈背和下肢麻木、颈胸部束带感较前好转，脚重抽搐感、腋下疼痛、头麻亦有减轻，尚有头胀重痛，胸闷，大便稍烂，舌苔转腻，故去川石斛，加厚朴花、佩兰、炒薏苡仁健脾化湿、宽胸行气；三诊时，患者胸闷已少，但有视物不清，腰背发重，手脚足背发硬，舌苔好转，故去厚朴花、佩兰，继续巩固治疗。患者按上述加减治疗历经6年，部分临床症状改善或消失，生活质量明显提高，症状未见复发。

第五章

学术成就

“通”字在《说文解字》中意“达”也；本意为没有阻塞，可以穿过，有沟通、贯通、通晓、通畅之意。“交通心肾、沟通阴阳、熄风通络”三法虽大相径庭，实乃裘师治疗神经内科诸多疾病的奥义所在。

第一节　交通心与肾　方小力甚宏

1. 不寐

裘师认为，不寐的总体病机为阳盛阴衰、阴阳失交。当今社会，生活压力巨大，伴随而来的是焦虑抑郁的频发。裘师临证常据此应用交泰丸于心肾不交型的睡眠障碍，其临床疗效确切。肾阴亏于下，不能上奉于心，心火独亢，火盛神动，心肾失交，水火不济，神志不宁。故患者多见心烦不寐，半夜易醒，心悸多梦，腰膝酸软，潮热盗汗，舌红少苔脉细数等症。《景岳全书·不寐》有言：“真阴精血不足，阴阳不交，而神有不安其室耳。”交泰丸出自《韩氏医通》，乃明代韩懋所作，其中所载方剂多短小精悍，用药时常仅二三味，如三子养亲汤、黄鹤丹等，功效显著，至今仍为临床喜用。

心为阳，属火，居上焦；肾为阴，属水，居下焦，两脏的生理功能有着密切的联系，必须相互交通。《中藏经》曰：“火来坎户，水到离扃，阴阳相应，方乃和平”，又说：“水火通济，上下相寻，人能循此，永不湮沉。”交泰丸滋阴降火、交通心肾，临床上，裘师黄连常用量为6g，肉桂多用2～3g，但两者具体的配伍比例仍旧应该以疾病的性质及患者体质的寒热偏颇考虑。方中黄连味苦性寒，入手少阴心经，能清热燥湿、泻火解毒。明末有《本草蒙筌》载其“味厚气薄，可升可降。沉也，阴也，阴中微阳，无毒，治诸火邪，依各制炒”；肉桂，辛甘大热，入肺、脾、心、肾、胃诸经，其浑厚凝降，守而不走，偏暖下焦，能助肾中阳气，并能纳气归肾，引火归源，《医学启源》载其“补下焦不足，治沉寒痼冷及表虚自汗”，用于心火亢盛、肾阴不足之心肾不交之失眠证。二药相伍，黄连清泻心火，肉桂温补肾阳，一寒一热，寒热并用，相辅相成，有泻南补北、交通心肾之功用，使阴从阳化、水火交济。正如《格致余论》所言：“人之有生，心为火居上，肾为水居下，水能升而火有降，一升一降，无有穷已，故生意存焉。”

裘师临床上曾运用交通心肾之法治愈一失眠的中年男性患者。患者近日来因工作压力过大而出现失眠 1 个月有余。症见心悸不寐，甚至通宵不眠，五心烦热，焦躁不安，口干津少，足底发热，舌红少苔，脉细数。治拟交通心肾、泻火安神法。处方：黄连 6g，肉桂（后下）2g，丹参 15g，远志 9g，炒白术、炒当归各 12g，茯苓 15g，炒薏苡仁 30g，龙齿（先煎）、生牡蛎（先煎）各 30g，软柴胡 12g，益元散（包煎）15g。患者服药 7 剂之后即感心烦焦躁之症大减，能安睡 4 ～ 5 个小时，上药加减再进数剂而痊愈。

2. 口疮

口腔溃疡是一种炎性口腔黏膜疾病，中医学称之为口疮、口疳。以往理论上认为口与脏腑之间通过经络密切相连：“脾气通于口”“心气通于舌”“肾脉连咽系舌本”。该病的病机不外乎热、毒、瘀、湿、虚五端，因而自《素问》伊始，历代医家对口疮的辨治多以“火热”立论，治疗上大多遵循“热者寒之”的法则，其治法包括清心降火、清脾泻火、养阴清火、清热利湿、凉血解毒等，均为口疮治疗的常法。但是部分患者经上述治法治疗，口疮仍迁延难愈，而成为难治性口腔溃疡。

裘师曾于 1 年前运用交通心肾之法治愈一难治性口腔溃疡患者。患者为更年期女性，反复口腔溃疡 10 年有余，进食后疼痛加剧，时轻时重，深以为苦。曾先后多次予以清脾泻火、疏经通络，或健脾益气、清热泻火之法，其症状却未见明显好转。就诊之时视患者面色皖白，问其纳便情况，自诉平素大便溏薄，每日 3 ～ 4 次，便前腹痛，泻后痛减，小便频多，胃纳一般，睡眠可，舌体偏胖、齿印明显，舌边尖红，苔白厚腻，脉沉细。

裘师认为，患者年过五旬，气血不足，故而面色皖白；口疮频发 10 年有余，兼之过服寒凉之剂，脾胃乃伤，脾虚运化失职，故见更衣不实，1 日数行；脾虚及肾，肾气不足，膀胱约束无权，则小便频多；脾胃虚寒，元气不足，心火独亢，虚火上炎，热灼脾土，故频发口疮，疼痛难忍；更衣溏薄，日解数次，小便频多，舌胖有齿痕，苔白厚腻，脉沉细，均为脾肾阳虚之象；舌边及下唇溃疡色红、触痛，舌边尖红，均为心火上炎之象，拟交通心肾、温阳化湿之法，处方：黄连6g，肉桂（后下）2g，附子6g，干姜6g，乌药9g，山药15g，益智仁12g，桑螵蛸12g，炒扁豆15g，芡实15g，炒薏苡仁30g，煨葛根12g，绵萆薢12g，车前子（包煎）15g，土茯苓15g，生甘草9g。7剂之后患者复诊，溃疡即好转，数量与疼痛均明显减轻，遂继续随证加减。1个月之后口腔溃疡即已完全愈合，巩固治疗3个月后，口腔溃疡未再有发作。

裘师指出，该患者病情反复迁延复发10年之久，既往反复常法治疗，苦寒药物的使用，须考虑阳气克伐过度。“久病必虚，久病及肾”，此患者年过五旬，肾气已虚，肾阳虚衰，致命火不足，不能鼓舞肾水上交于心，心火上亢，见舌边及下唇溃疡色红、触痛，舌边尖红，且具有长期夜寐欠安的症状。对于此类病症，先贤亦有如下论述，“夫肾属水，水性润下，如何而升，盖因水中有真阳。故水亦随阳而升至于心，则生心中之火；心属火，火性炎上，如何而降，盖医火中有真阴，故火亦随阴而降至于肾，则生肾中之水”（《慎斋遗书》）。裘师指出，由于心阳（即心火）下降而交于肾阴，肾阴（即肾水）上升而济于心阳，从而使心肾两脏的阴阳、水火、升降关系处于平衡、相济、协调状态，以维持人体正常的生命活动。升降失常，水火不济，必然会产生心火亢盛、肾阳不足、心肾不交的病变。故欲使心肾相交，既须清心泻火以使心火下降，又当扶助肾阳以鼓舞肾水上承，只有水火相济，才能心肾相交。该患者上下阴阳水火阻隔，上热下寒，热者自热，寒者自寒。因此裘师予交泰丸以清上温下，交通心肾，祛心火，助神安。

第二节　交通阴与阳　缘赖桂枝方

1. 桂枝汤

桂枝汤被誉为天下第一方，原方记载于《伤寒论》的第12条：“阳浮而阴弱，阳浮者，热自发，阴弱者汗自出，桂枝汤主之”。清代的伤寒学家柯琴赞其曰：“为仲景群方之魁，乃滋阴和阳，调和营卫，解肌发汗之总方也。”

桂枝汤组成：桂枝（去皮）三两，芍药三两，甘草二两，生姜三两，大枣十二枚，服用本方同时需啜热稀粥以助药力。既谓之桂枝汤，君药当以桂枝，桂枝辛温，辛能发散，温通卫阳。芍药酸寒，酸能收敛，寒走荣阴。桂枝君芍药，是于发汗之中寓敛汗之旨；芍药臣桂枝，是于和荣之中有调卫之功。生姜之辛，佐桂枝以解表；大枣之甘，佐芍药以和中。甘草甘平，有安内攘外之能，用以调和中气，既以调和表里，且以调和诸药；以桂芍之相须，姜枣之相得，借甘草之调和，阳表阴里，气卫血荣，并行而不悖，是刚柔相济以相和也。吴谦渭之“可通治百病也”。全方外可发汗解肌、温通经脉而和卫气；内可化气温阳。临床实践证明，桂枝汤调和营卫的作用并非只体现于治疗太阳中风表证的用法上，临床上更多的是将其运用于各类内伤疾病的治疗中。桂枝汤经证加减可以广泛用于治疗内、外、妇、儿、皮肤科及杂病等。裘师在临床上亦是广泛使用，常常运用桂枝汤及系列经方于睡眠障碍、焦虑、抑郁、躯体化障碍等疾病的治疗。

曾有一位 52 岁中年男子因“全身不适 1 年余”于裘师处就诊。患者自述近 1 年以来全身酸痛不适，情绪不佳，脾气暴躁，夜寐不安，心悸心慌，胃纳不香，鼻塞咽痛，经多家医院全身检查未见异常，一直服用抗焦虑药物及疏肝解郁中药治疗，但仍感全身不适，难以表达。发作前有鼻塞症状，类似鼻炎，舌淡红苔薄白，脉弦细。中医诊断：郁证，营卫不和证；西医诊断：躯体化障碍。考虑患者反复类似外感样发作，继之全身症状，且前医用疏肝解郁之法未奏效。裘师辨证时认为患者在外有营卫失调，在里则阴阳不和，用桂枝汤加减通调营卫、阴阳作为试探：桂枝 9g，生白芍 12g，生甘草 6g，紫苏梗 10g，荆芥 12g，防风 6g，柴胡 10g，佛手片 12g，郁金 12g，绿梅花 6g，夜交藤 15g，合欢皮 12g。嘱其煎药时自行放生姜 3 片。10 天后复诊，患者自觉精神状态明显好转，鼻塞咽痛已无，能较快入睡，但易惊醒，胃纳渐增，重拾了治疗的信心。当时裘师见患者舌苔略薄腻，遂去荆芥、防风，加藿香、佩兰各 10g。因患者路途遥远，故 1 个月复诊 1 次，随证加减，病情稳定，终愈而停药。

裘师反复告诉我们：“桂枝汤的主要作用是养营阴之气，其作用点在于营弱，不论何证，只要说明营弱，就可用桂枝汤养营化卫。”故徐彬的《金匮要略论注》云：“桂枝汤，外证得之，解肌和营卫；内证得之，化气和阴阳。”营气附于血而行于脉中，随十二经脉及任督二脉运行周身。因此，只要是脉到之地，营气就到，桂枝汤就能发挥作用。本案患者营卫不和，营弱致周身不适，阴阳不相交通，变生诸症。不啜稀粥取汗，是因外感不著，且汗乃津液所化，保存津液亦相当于养阴。因此凡病机上具有卫阳受伤、营气虚寒，或在里的阴阳不和，在外的营卫失调证都可以应用本方化裁。抓住主证，触类旁通，方能体现中医异病同治的理念。

2. 桂枝加龙骨牡蛎汤

桂枝加龙骨牡蛎汤出自《金匮要略·血痹虚劳病脉症并治》，“夫失精家，少腹弦急，阴头寒，目眩，发落，脉极虚芤迟，为清谷、亡血、失精；脉得诸芤动微紧，男子失精、女子梦交，桂枝加龙骨牡蛎汤主之”。此方中以桂枝、芍药通阳固阴，甘草、生姜、大枣和中，龙骨、牡蛎潜敛固精。对于阴损及阳、阴阳俱虚、虚阳浮越所致失精、心悸、神情紧张等焦虑或抑郁状态，效果颇佳。

曾有一名40岁左右的男子，因“睡眠不佳4个月”于裘师处就诊。该患者4个月前曾患肺炎，经治疗后虽已愈，但自此总怀疑肺炎未愈，从而出现睡眠不佳、入睡困难、梦多遗精、口干口苦、恶心嗳气、容易出汗、头晕胸闷、心悸心慌、情绪紧张、心神不定等症。予测焦虑抑郁量表，结果轻度抑郁、轻度焦虑；胃镜结果显示慢性浅表性胃炎；心电图检查则未见异常；诊其舌脉可见舌红苔薄脉细数。这是西医中典型的焦虑抑郁状态，中医诊断：郁证，阴阳两虚证。予桂枝加龙骨牡蛎汤加减，处方：桂枝10g，炒白芍20g，生甘草6g，生龙骨（先煎）、牡蛎（先煎）各30g，炙远志9g，夜交藤30g，川朴花6g，牡丹皮10g，焦山栀12g，瓜蒌皮15g，知母12g，麦冬12g，炒麦芽15g。7剂之后患者自觉睡眠、心悸症状好转，仍有入睡困难，梦多已减，仍有遗精，予加用五味子9g，山茱萸12g加强滋阴收涩之功。经治疗后患者诸症好转，心悸、遗精明显缓解，但仍坚持服用前方。有报道称桂枝龙骨牡蛎汤在治疗精神疾病方面具有独特作用，可用于抑郁症、强迫症、反应性精神病等的治疗。

3. 黄芪桂枝五物汤

黄芪桂枝五物汤出自《金匮要略·血痹虚劳病脉症并治》，“血痹阴阳俱微，寸口关上微，尺中小紧，外证身体不仁，如风痹状，黄芪桂枝五物汤主之”。此方中黄芪为君，益气行滞，补在表之卫气；桂枝散风寒而温经通痹。两药相伍，益气温阳，和血通脉。桂枝得黄芪，益气而振奋卫阳；黄芪得桂枝，固表而不致留邪；芍药养血和营通痹，与桂枝相合，调营卫和表里，共为臣药；生姜辛温，疏散风邪，其性活泼可助桂枝通阳之力；鸡血藤活血通络。诸药合用，益气温经和血通脉，临证常用于糖尿病周围神经病变，获得较好的疗效。

61岁的男子卢某，曾因“肢体麻木、怕冷5年”求诊于裘师处。患者有糖尿病病史6年，平素口服降糖药治疗，血糖控制尚可。近半年来常感四肢末端麻木，天气寒冷时更著，平素形寒怕冷，穿衣较他人多，大便干结难解，舌淡苔薄脉细弱。查体可见：四肢末端针刺觉、触觉减退。肌电图提示周围神经病变。中医诊断：痹证（着痹）；西医诊断：糖尿病周围神经病变。裘师认为，患者年过六旬，肝肾不足，精血亏虚，加上消渴多年，耗伤气阴，阴血不足，无以濡养筋脉，致筋脉失养，气血运行不畅，故见肢体麻木；久之阴损及阳，阳气不足，无以温煦致怕冷形寒。舌淡胖苔薄脉细弱为精血不足、阳气亏虚之证。治当拟温经通络、益气活血法，予黄芪桂枝五物汤合补阳还五汤加减。处方：炙黄芪 30g，赤芍、炒白芍各 12g，桂枝 6g，茯苓 15g，当归 12g，地龙 9g，红花 6g，桃仁 6g，鸡血藤 15g，豨莶草 15g，川芎 12g，熟地黄 15g，山茱萸 12g，制首乌 12g，全蝎 6g。半个月后患者症状即有改善，怕冷好转，仍有肢体麻木，大便每日能解。因住外地，故守方治疗，电话随诊症状逐渐好转。

以上三方均以桂枝为主药，根据不同的症状，或用桂枝汤，或用桂枝加龙骨牡蛎汤，或黄芪桂枝五物汤加减。桂枝为樟科常绿乔木肉桂的嫩枝，辛、甘、温；入心、肺、脾、膀胱经，具有温经通阳、发汗解肌、化气行水之功。《本经疏证》概括桂枝有五大功效，“用之之道有六：曰和营，曰通阳，曰利水，曰下气，曰行瘀，曰补中”。张仲景运用桂枝之处诸多，《伤寒论》入 43 次方，《金匮要略》入 56 次，其对于桂枝的推崇可见一斑。

第三节　络以通为用　虫类药建功

络病是以络脉损伤为基础，气血瘀阻为特征，脏腑功能障碍为临床表现的一系列病症，首见于《黄帝内经》。从清代叶天士发出“遍阅医药，未尝说及络病”的感叹开始，200 多年来历代医家对络病的研究一直未曾停歇。对此，裘师也有自己的认识，“久病必虚，久病必瘀，久病入络”是他经常挂在嘴边的话。老师认识到络病是临床上神经内科疾病缠绵难愈的主要机制，而把许多神经内科疑难杂症归于中医学络病范畴，其病机多责于滞留经络而不去的致病因素——风邪。叶天士云：“风邪留于经络，须以虫蚁搜剔。”久病入络，病程长而缠绵，入络则瘀，通络必先祛瘀。入络瘀久，不通则痛，一些神经内科疑难杂症所伴随的疼痛症状亦须通络祛瘀。正如叶天士所言：“病久则邪正混处其间，草木不能见效，当以虫蚁疏逐，以搜剔络中混处之邪。”《素问·至真要大论》云：“诸风掉眩，皆属于肝”，熄风对象为内风，即肝风。不少神经内科疑难杂症皆以肝阴不足、血虚生风或有肝阳化风为主要病机，且肝风一旦挟痰上扰清窍，痰浊阻络，则痉、痫等各病可生。而邪毒内侵，瘀血停滞于络脉可成络病，久病络脉瘀滞，进而又加重病情，变生他证，形成恶性循环，缠绵难愈，迁延加重。老师针对络病易滞易瘀、易入难出、易积成形的病机特点，以“络以通为用”的治疗原则为指导，处方中善配伍虫类药，以起搜风通络、祛瘀止痛、熄风化痰、止痉定痫之效。

“虫”在古时为动物总称，故本书中“虫类药”是指取材对象为小型动物类的药物。裘师临证运用虫类药，主张取材易得、疗效稳定、毒副作用可控，并结合神经内科疑难杂症自身特点，临床选择性应用虫类药，常常能获得较好疗效。

临床上，裘师多将虫类药分为两类：第一类为搜风通络药，常用的有全蝎、蜈蚣、僵蚕、地龙、蝉衣、蜂房、乌梢蛇（蕲蛇）等，并认为以全蝎、蜈蚣、蕲蛇为最佳，认为其活血祛瘀通络之力强。但是在实际应用蜈蚣时须特别注意，因其性辛微温，善走窜，较其他虫药更为香燥，易伤阴耗液。裘师临证常选用的这六味虫类药，由于其都走肝经，故为其相互之间的灵活配伍奠定了归经基础。第二类为化瘀通络药，裘师最常用的是水蛭、地鳖虫，认为其二者具有化瘀通络作用，对于久病久痛、络脉瘀阻、部位固定、舌下瘀筋者，可加以选用。

裘师运用虫类药时注重吸取各药的现代药理研究成果，结合相关神经内科疑难杂症的特点，参考各药的传统功效理论，以“一药多用”为配伍基础，从而达到功效互补的配伍目的。裘师认为虫类药“血肉有情之品”的特点在神经内科疑难杂症的治疗上不可忽视，虫类药普遍所含的各种氨基酸（活性蛋白）、酶类、维生素和微量元素具有很好的营养神经、强壮机体的作用，尤其切合中风后遗症和与痿证相关的脱髓鞘疾病、肌肉疾病、神经退行性疾病及运动神经元病等疾病的治疗。裘师临床运用虫类药主张入汤剂，因不少虫类药的现代药理学研究对象还是以热浸液为主，虽然虫类药入汤剂煎煮可能对某些诸如活性蛋白、酶类等药用成分有所破坏，但同时也降低了它们可能带来的毒副作用。故入汤剂煎煮使虫类药在运用时其毒副作用的可控性大大增强，且比较符合江浙地区患者的服药习惯。裘师根据多年的临床经验将常用虫类药入汤剂剂量予以基本固定，成人用量为全蝎 6g，蜈蚣 2 ～ 3g，蕲蛇 6 ～ 9g，乌梢蛇 12g，地龙 9g，僵蚕 12g，蝉衣 9g。

裘师强调，虫类药的药性总体多辛散香燥，作用峻利，故而阴虚、血虚体质之人和孕妇当慎用，临床使用时须酌情配地黄、麦冬、石斛等养血滋阴之品，以制虫类药温燥之性。同时配以木瓜、砂仁、川朴等，宽中理气、活血通经，既达理气通腑之效，又防滋补之药过腻。此外，动物类药含有异体蛋白，少数过敏体质患者服药后如出现皮肤瘙痒或红疹等过敏反应，应暂行停药，或加入清热祛风的白鲜皮、地肤子、丹皮、徐长卿等，多可缓解。虫类药在神经内科疑难杂症的临床运用中，除偶见过敏反应外疗效稳定、安全，目前尚未发现明显毒副作用。

1. 偏头痛

偏头痛是一种临床常见的慢性神经血管性疾患，其患病率为5%～10%，其主要病因是头颅血管的舒缩功能障碍，与神经内分泌失调及某些体液物质的暂时性改变等因素有关。

临床上可见偏头痛患者症状每因劳累诱发或加重，拘急或昏晕，神疲乏力，面色苍白，或四肢逆冷，发作前常有先兆表现。舌暗淡有瘀斑，脉沉弱或细涩。裘师认为，风、痰、瘀既为偏头痛的主要致病因素，又为其主要病理产物。故在治疗上应在遵循从肝辨治的基础上，以祛瘀通络、祛风化痰为重点。裘师用药时常选用赤芍、川芎等活血祛瘀；白芷、防风、细辛等祛风；天麻、白蒺藜、蔓荆子等平肝而清利头目；同时在芍药甘草汤和营的基础上，加入全蝎、蜈蚣、地龙、僵蚕、蝉衣搜风通络、化痰祛瘀，从而明显增强了血管性头痛近期和远期的疗效。

对于偏头痛的发作的成因，目前临床上比较认同的仍是血管源性学说：认为是由于血管的收缩舒张功能紊乱所导致的。现代医学研究发现，在偏头痛发作期间，患者体内血小板大量聚集，血浆5-羟色胺浓度升高，血液处于高黏及高凝状态。通过对偏头痛患者发作期及发作间期的血小板聚集、血液流变学改变的跟踪观察发现，偏头痛患者全血比黏度、血浆比黏度、血细胞比容、血小板聚集率、红细胞电泳的增高或延长及其相互之间的密切关系，符合中医学“血瘀”的范畴。故中医学认为偏头痛的根本病机是瘀阻络脉，典型患者头痛时痛有定处，症状反复发作，病程较长，多伴舌暗紫或舌下瘀筋，而且血液流变性的异常程度与患者的病情、病程密切相关。《素问·痹论》中指出“病久入深，营卫之行涩，经络时疏，故不通”，可谓是久病可致瘀的理论渊源；叶天士在《临证指南医案》中指出“大凡经主气，络主血，久病血瘀”，“瘀塞经络，与气相搏，脉满而痛”（《证治汇补·头痛》），

故裘师在头痛用药上将川芎作为引经药为临证必用，而且在治疗偏头痛时常规用量达 30g。

川芎辛温香窜，为血中之气药，主入肝经，能行气活血，上达头目，下行血海，走而不守，最具祛风通络、活血行气之功，为治疗头面疼痛之要药。李东垣谓："头痛须用川芎，如不愈，加各引经药。太阳羌活，阳明白芷，少阳柴胡，太阴苍术，厥阴吴茱萸，少阴细辛。"乃"头面风不可阙也"（《本草衍义》）。白芍味苦、酸，性微寒，善补阴，亦入肝经，养血敛阴，柔肝止痛，平抑肝阳，其性偏于收敛。两者相配，通补相辅，动静结合，散敛并举，辛酸相合，活血养血兼顾，疏肝柔肝并举，使活血而不伤正。裘师认为川芎是治头痛的主药，用量多在 12 ～ 30g，治疗血管性头痛必重用至 30g。然川芎为血中之气药，易伤气耗阴，故常同用白芍养血敛阴，既防川芎之辛散，又能缓急止痛，相得益彰。

偏头痛发作缠绵难愈，久痛入络，巅顶之上唯风可到，风性善行，邪难以彻底祛除，唐容川在《本草问答》中说："动物之功利，尤甚于植物，以其动物之本性能行，而又具有攻性。"明确指出虫类药物有通经达络、行走攻窜、疏逐搜剔之功，远非草木植物所能及。裘师每于偏头痛处方中加入虫类药，如全蝎、地龙、僵蚕，对疼痛剧烈者加用蜈蚣甚至蕲蛇，屡收奇效。

2. 癫痫

癫痫作为传统神经内科疑难杂症，目前仍缺乏简便有效的根治方法。西药抗痫药物对症治疗的服药时间较长，对控制癫痫小发作疗效仍欠满意，且药物耐受性与副作用也时常影响癫痫的疗效和预后。中药治疗对人体的作用是整体性的，虽作用和缓却疗效持久，且能在一定程度上弥补西药抗癫痫药物的耐受性与副作用。药理学研究结果表明，全蝎、蜈蚣、地龙、僵蚕、蝉衣等虫类药物均有一定的镇静、抗惊厥作用。裘师经过多年的临床实践证实整组虫类药的配伍均具有较好的平肝熄风、化瘀通络之功效。此外，裘师在临床上常常随证配合胆南星、半夏、石菖蒲、茯苓、陈皮、郁金等理气涤痰之品，对于控制癫痫大发作及减少小发作取得了确切疗效。

3. 中风后遗症

中风后遗症是神经内科最常见的疑难杂症，无论是出血性中风还是缺血性中风，其预后与治疗的时机和方法密切相关。目前临床上普遍采用中西医结合的方法治疗该病。裘师认为，中风后遗症期主要病机为气虚血滞、瘀阻经络，故在以补阳还五汤为代表方益气活血的基础上，配伍全蝎、蜈蚣、地龙、蕲蛇（乌梢蛇）等虫类药，利用其抗凝血溶血栓双重机制，加强化瘀通络的功效。此外，裘师还特别指出治疗中风后遗症运用虫类药解痉通络，在营养神经、增强肌力、改善肌张力方面有一定作用。

4. 多发性硬化

多发性硬化作为常见的中枢神经脱髓鞘疾病，具有病灶播散较广泛、病程中常有反复缓解与复发、神经系统损害症状多样化等特点。目前中医治疗多发性硬化无论在急性期激素冲击阶段还是缓解期激素维持阶段，都获得了一定的经验。本病病机多责于肝脾肾不足、督脉亏虚、外感毒邪、痰瘀阻络，其病程冗长，邪气久羁，循经入络，久之则血凝滞不行，变生痰湿瘀浊，经络闭塞不通，非草木之品所能宣达。此时只有加用虫类药物方能令浊去凝开，气通血和，经行络畅，深伏之邪得除，困滞之正得复。裘师多年的临床经验告诉我们，虫类药物的行走攻窜、通经达络、疏逐搜剔之功，远非草木植物所能及，而且虫类药均含有动物异体蛋白，对机体的补益调整有其特殊作用。特别是蛇类还能够促进人体垂体前叶促肾上腺皮质激素的合成与释放，使血中这种激素的浓度升高，从而获得抗炎、消肿、止痛的疗效。在本病中，大凡见到络脉绌急、肢体麻木、疼痛、言语蹇涩、饮水咳呛等症，均可应用。裘师临床在辨证用药中加入全蝎、蜈蚣、地龙、僵蚕、蕲蛇（乌梢蛇）以增强化痰、祛瘀、通络之功效。裘师告诉我们，虫类药不仅仅在急性期具有一定抗炎的作用，还应发挥其在缓解期辅助营养神经的功效。对于多发性硬化裘师除重用虫类药外，还合并运用他早年研制的浙江省中医院自制中成药炙马钱子胶囊（原 813 丸），在临床上对改善症状、减少复发疗效明显。

5. 运动神经元病

以肌萎缩侧索硬化为典型代表的运动神经元病，目前临床上尚无特效方法可以阻止其渐进性的神经元损害与肌无力、肌萎缩。中医治疗亦尚处于探索阶段。此病中医病机普遍认为脾肾亏虚、肝失所养为本，风动、痰湿、血瘀为标。老师认为本病虽以肌无力为主，但同时伴有肌肉跳动、肌肉萎缩，后期出现饮水呛咳、吞咽障碍、舌肌萎缩等延髓麻痹症状，属中医学“喑痱”证范畴。此时应在辨证论治的基础上多用虫类药，起搜剔经络、活血通络之功效。此外裘师更深刻地认识到“络病”是本病缠绵难愈的主要机制，认为本病病机责之肝、脾、肾三脏虚损、毒邪内侵、瘀血停滞于络脉而成络病，多因久病络脉瘀滞而引起。虚损，邪毒，瘀血客于络脉，败坏形体，继而加重病情，变生诸症，形成恶性循环，缠绵难愈。裘师常常在辨证用药的基础上配伍全蝎、蜈蚣、地龙、僵蚕、蕲蛇（乌梢蛇），合并运用炙马钱子胶囊，在补脾益肾养肝的基础上加强熄风化痰、祛瘀通络之力，从而达到营养神经、增强肌力、延缓肌萎缩进程的目的，目前在临床上已初步取得一定的疗效。

6. 睡眠障碍

通窍活血汤出自清代王清任的《医林改错》，认为其“能使周身之气通而不滞，血活而不瘀”，气通血活，则何患疾病不除。通窍活血汤配有通阳开窍的麝香、老葱、生姜等，故其辛香通窍作用较好，主治瘀阻头面诸证。裘师认为，前人有“久病入络”“久病多瘀”之说，血络瘀滞，心神不宁，阳不入阴而成顽固不寐，因此顽固性睡眠障碍可以从瘀论治。

裘师临证常应用活血化瘀之法治疗顽固性睡眠障碍疾病。患者多可见舌质暗、瘀点、瘀斑及脉细涩之症。裘师临证之时对于此类型睡眠障碍常常应用通窍活血汤加减通络化瘀、安神定志，多有奇效。曾有一饱受失眠之苦20余年的中年男子求诊于裘师处。患者既有入睡困难，又早醒多梦，时心悸怔忡，每每须服用安眠药才能入睡，舌暗红，苔薄，脉细弦。症属瘀血内阻之象，治拟活血化瘀、安神定志法。处方：赤芍、川芎各12g，桃仁9g，红花6g，丹参15g，远志9g，夜交藤30g，柏子仁15g，炒枣仁30g，合欢皮15g，三棱、莪术、炙甘草各6g。7剂后复诊，患者诉能安睡4～5个小时，心慌明显减少，遂以上方化裁，再服30余剂后便可不用安眠药即能入睡。

第四节　辨治肌无力　关键提中气

“提”者，悬握、悬持（《说文解字》），在本书中的“提”字多有“升提，上举”之意。裘师临证擅于运用“提”法诊治诸多神经－肌肉虚损性疾病，其中重症肌无力的中西医结合治疗乃其用药特色所在。

重症肌无力，目前尚无特定的中医学病名与之对应，根据其临床表现的不同，分属于不同的中医病症，如眼睑无力或下垂，属“睑废”；复视属“视歧”；抬头无力属“头倾”；四肢瘫软无力属“痿证”；肌无力危象则属“大气下陷”范畴，而总的多以“痿证”论之。裘师认为，先天禀赋不足，后天失于调养，而致元气虚衰，是本病的主要病因。病位涉及脾、肝、肾三脏，而主要病机责之于脾胃虚弱。脾为后天之本，气血生化之源，脾主运化，主肌肉四肢。脾胃虚弱，运化失司，则气血生化乏源，四肢肌肉筋脉失养，则宗筋弛纵；肝主藏血，开窍于目，肝受血而能视，若肝血不足，肝窍失养，则见复视或视物模糊。脾病及肾，肾不纳气，气难归根，甚则大气下陷，而出现肌无力危象。

裘师强调因脾胃亏虚始终贯穿于重症肌无力的整个过程，故调补脾胃之气在重症肌无力的治疗上具有重要意义。由于本病临床以虚证为多，根据“虚则补之”的原则，治疗多以补虚升提体内阳气为主。分列中气虚弱，脾肾两虚，肝肾亏损、气血两虚及脾虚及肾、肾不纳气四类为主要证型，辨证施治，补虚升提，升阳举陷，则脾虚得治，诸症得缓。

若症见眼睑下垂，或复视，四肢倦怠无力，朝轻暮重，言语声低，胸闷气短，少气懒言，面色无华，食欲不振，舌质淡红边齿痕，苔薄白，脉细弱等中气虚弱之症。则治以益气健脾升阳法，予益气健脾补元汤（自拟方）：生黄芪30～100g，当归、炒白术各12g，怀山药15g，升麻、陈皮、葛根、炙甘草、柴胡各6g，淫羊藿、黄精、潞党参各30g。

若症见神疲怕冷，肢软无力，面色苍白，胸闷气短，动则喘促，吞咽困难，食少便溏，舌质淡胖、有齿痕，脉沉迟等脾肾两虚之症。则治当以温补脾肾法，予温肾健脾双补汤（自拟方）：熟地、怀山药各15g，萸肉12g，枸杞子、鹿角胶（另烊冲）、炒白术、巴戟天各12g，淫羊藿、潞党参各30g，生黄芪30～60g，仙茅10g，肉桂（后下）5g。

肝肾亏损、气血两虚型：症见眼睑下垂，复视斜视，肢软无力，目干而涩，饮水反呛，口燥舌干，腰膝酸软，或自汗盗汗，舌质红、苔薄或少苔，脉细弱。治以滋肾养肝、益气补血法，予滋补肝肾益气汤（自拟方）：熟地、怀山药各15g，萸肉、女贞子、枸杞子、炒白术、当归、旱莲草各12g，太子参30g，生黄芪30～50g，甘菊花、丹皮各10g。

对脾虚及肾，肾不纳气，而气短不足以息，呼吸困难，甚则气促难停，危在顷刻的“大气下陷”之症，应以中西医结合之法予以抢救，予人工呼吸机或血浆置换术等迅速救治，中药可用人参蛤蚧汤（人参10g，蛤蚧2对，磨粉分吞）。在辨证用药的同时，均服用813丸（炙马钱子胶囊），每日3次，每次1粒，逐渐增加至有效剂量。

升提之药：健脾益气升阳是裘师用以治疗MG的基本通用治则，贯穿

MG各证型治疗的始终。其常用的健脾益气之药有黄芪、党参、生晒参、白术、山药、炙甘草；升举清阳之药有升麻、柴胡等。

与他病的治疗不同，重症肌无力治疗过程中黄芪用量常重用至30～100g，潞党参30g，以求大补中气，升提下陷之气。并且他主张用生黄芪，认为其补气之功更胜一筹，酌加防风6～9g，取玉屏风散之意；更有阳气虚损者加桂枝汤以和营卫，可明显减少外感的发生，从而避免本病的复发。老师在临证过程中，还喜用黄精益气健脾、养阴填精、补而不腻，各型均可应用，且用量较大；淫羊藿以补肾为主，补而不燥，故可较大剂量用于脾虚或脾肾两虚型；温补肾阳，多用巴戟天、淡苁蓉，取其温而不燥之功；滋补肝肾，则多用熟地、萸肉，补而不腻。本病气虚为本，裘师处方之时还时时不忘益气升阳，除了应用升麻、柴胡外，在升清力量不够或外感后咽痛时，加用桔梗甘草汤；对气阴两亏或阴亏者加用葛根以升提阳气。

第五节　激素存功过　减量有论治

重症肌无力主要是由血清中烟碱型乙酰胆碱受体抗体介导的，具有细胞免疫依赖和补体参与的，累及神经－肌肉接头处突触后膜上乙酰胆碱受体的自身免疫性疾病，临床以肌无力为主要表现。肌无力可累及肢体肌肉，也可累及头面部肌肉（眼睑肌、眼外肌、咽喉肌等），典型者为朝轻暮重，活动后加重，休息后减轻。

当前临床上重症肌无力的治疗仍以肾上腺糖皮质激素（以下简称激素）为主，裘师对重症肌无力的辨证方法具有独到的见解，主张充分认识激素的中医药特性，在激素治疗重症肌无力的不同阶段进行辨证论治，以期提高重症肌无力的临床疗效，有利于激素顺利减量甚至停用。

激素是治疗重症肌无力的主要药物，但也是把“双刃剑”。患者在治疗过程中因激素用药的时程、剂量、合理性等的影响，会出现不同的临床副作用。

裘师在运用中西医结合治疗重症肌无力的过程中，总结了激素的中医药性特点，在治疗的不同阶段，按激素副作用的表现和机体阳气消长的变化，分为少火期、壮火期、脾肾阳虚期、相对稳定期和反跳期，并分别进行辨证论治，以期提高重症肌无力的疗效，减轻激素副作用，帮助减量不反跳，其经验特色鲜明，疗效显著，值得认真总结传承，并予推广应用。

重症肌无力患者使用激素冲击治疗或是维持治疗可以显著改善肌无力危象和肌无力症状，减轻神疲乏力、精神萎靡、纳食不馨，甚至呼吸困难等症状。裘师认为重症肌无力表现出严重的“虚”证、升提无力及阳气不足证的表现，激素治疗能减轻临床症状，故应将其归于温补之类。正如《素问·至真要大论》云：“寒者热之，热者寒之。虚者补之，实者泻之。”从中药的四气看，激素乃温热之品；从五味看，激素味甘，甘能补，“辛甘发散为阳”；激素使用后能提升阳气，增强兴奋性，故药性向上升阳，《本草纲目》载“辛甘无降”；从归经看，重症肌无力为先天不足，后天失养，先天肾中精气不足，后天脾气亏虚，肌肉失养所致，激素作用于肌肉，可以改善此症，说明激素归脾肾两经。故裘师认为，从中药性味来分析，激素应属阳药，具有升提、温热、兴奋、推动、化气的特性。

裘师认为重症肌无力的中医治疗中升提阳气乃基本大法，故应用激素实乃对症治本之法，而激素使用过程中随着阳气的消长变化可出现不同的激素副作用，直接影响疗效和转归。

裘师认为，正常机体分泌的激素或疾病时适量使用的激素是一种起着升提、温煦、生化、温养作用的阳气，而过度使用激素则使火热偏盛，消灼阴津，变成一种火热之邪，“诸热瞀瘛，皆属于火”。《素问·阴阳应象大论》云：“壮火食气，气食少火。”可见生理性激素和合适治疗量激素属于“少火”，过量激素的副作用属于“壮火”，骤然停用激素或不恰当减少激素用量引发的重症肌无力危象则属于大气下陷、阳气外脱。

在重症肌无力患者激素治疗的初始阶段，激素升提体内阳气的作用较为明显，表现出良好的补气温阳功效，患者肌无力症状可以得到明显改善，出现“少火生气”“文火温养”的疗效。机体也因此对激素逐渐产生依赖性，病情特点也决定了一旦使用激素则需要长期维持治疗。在此阶段，裘师以健脾益气升阳之法治疗，以减少激素的使用量。中药补气升阳有助于减少激素初始治疗剂量，稳定病情，减少以后激素维持的用量。部分患者早期中药治疗就可缓解病情，从而避免激素的长期使用，减轻激素副作用。

在重症肌无力患者激素维持治疗阶段，患者肌无力症状较稳定，肢体活动正常，激素升提温阳之性积累太过，逐渐形成“壮火”，久而火热邪毒内蕴，“壮火食气”，火热之象渐生，耗气伤阴，灼伤阴血。患者常感气虚之症状尚未完全改善，而阴虚之象却已显现，出现气阴两虚、阴虚内热之证，表现为乏力、口燥咽干、面色潮红、心烦易怒、夜寐不安、舌红少津、脉弱而细数等症。激素减量则重症肌无力病症加重，继续维持治疗则阴虚症状更甚，西医治疗出现两难境地。在此阶段，裘师常在健脾益气的基础上，加用滋阴凉血之药，欲清虚阳，必滋其阴，药则加用制黄精、生地、麦冬、天冬、五味子、山萸肉、女贞子、丹皮、地骨皮、黄柏、知母等。但在选择养阴药时，须谨慎使用柔筋、镇静之品，如白芍、木瓜、牛膝、葛根、天麻、钩藤、龙骨、牡蛎等。健脾益气是治疗重症肌无力原发病的基本大法，配以滋阴凉血纠正激素引起的阴虚内热副作用，使机体重新达到“少火”状态，有利于激素减量调整治疗。

裘师认为，激素在治疗重症肌无力过程中表现出“少火”和“壮火”的不同状态，反映了激素对人体阳气消长的影响。少火阳气之始也，壮火阳气之张也。“少火”可温养元气，温温不息，脏腑资之以养；“壮火”则为亢盛之邪热。“壮火食气”“壮火散气”，火太过气反被耗。“少火”状态下，元气不断得到补充，脏腑经络、四肢百骸得到温煦濡养；至于“壮火”，“气有余便是火”，不仅消灼人体的元气，而且伤及精血和脏腑气机。朱丹溪的“相火论”认为相火之变则为邪火，“相火妄动”耗伤人体气血津液。《黄帝素问直解》云：“少火和缓之火，即君火也。亢盛之壮火宜衰，和缓之少火宜壮。”以求治疗达到“以平为期”。

11 岁的苗苗（化名）是一名重症肌无力患者，某日她的家人发现苗苗的眼皮不知怎么地往下挂了下来，就赶忙带她去医院。经过诊断，苗苗患的是重症肌无力眼肌型。

在治疗早期，医生对苗苗用的是激素治疗，家人一直担心激素治疗会对苗苗的生长发育有影响，听说了裘师在治疗重症肌无力方面富有经验之后，父母就带着苗苗来到了裘师的诊室。经过详细问诊后，裘师采用中药配合激素治疗的方法，先逐渐降低苗苗的激素剂量，再一点点调整药量，直到停用激素。

裘师说：“中药治疗对于部分患儿的效果非常好，所以在可以不使用激素治疗的情况下，我会尽量把治疗用药对儿童生长发育的影响降到最低。”由于个体的差异性和中药成分的复杂性，即使是同样的病症，治疗的方法、药物的剂量也有很大的不同，制定符合患者状况的最优治疗方案一直以来都是裘师首要考虑的。

第六节 升提脾肾气 先后天共治

对于为数众多的神经系统变性疾病如多系统萎缩、进行性肌营养不良、运动神经元病等的诊治，裘师十分重视提升脾肾两脏之阳气，脾肾同调，先后天共治，往往收效显著。

临床上，该类疾病大多病机复杂，乃虚实夹杂之证，正虚为本，邪实为标。正虚以脾肾俱虚为主，邪实以风邪、痰湿、瘀血等毒邪为主。在裘师看来，脾肾两脏功能的盛衰不仅对于疾病的论治独具非凡意义，更是直接决定了患者的预后和结局。

从本虚论之，肾乃先天之本，脏腑阴阳之根，肾藏精，精生髓，髓通于脑。正所谓："元气者，肾间动气也，右肾为命门，精神之所合，爱惜保重，则荣卫周流，神气充足"。《论衡·气寿》曰："夫察气沃则其体强，体强则命长，气薄则其体弱，体弱则命短，命短则多病寿短"。精之所藏在肾，肾精气化为肾气，肾气的强弱盛衰变化决定机体功能由弱到强又由强到弱的演变过程；"脾为后天之本，信然也，盖脾统四脏，脾有病必波及之，四脏有病，亦必待养于脾，故脾气充，四脏皆赖煦育；脾气绝，四脏不能自生……凡治四脏者，安可不养脾哉"。"元气之充足，皆由脾胃之气无所伤，而后能滋养元气。若胃气之本弱，饮食自倍，则脾胃之气既伤，而元气亦不能充，而诸病之所由生也"（《脾胃论》）。脾胃的运化功能的正常进行，为化生精、气、血、津液提供了物质基础，亦为五脏六腑及各组织器官提供了充分的营养。如若脾胃受损，则后天生化乏源，五脏失养，更是加剧了他脏的衰败。临床上，若先天肾精不足，精不生血，则精、气、血俱虚，筋脉失养，多见肢体无力，痿软不用；脾胃受损，脾失健运，不能运化水湿，聚湿为痰，痰湿内阻经络而见肢体麻木、活动不利；或痰湿蕴久化热，痰热内扰，蒙闭清窍，清阳不升，浊阴不降而见头晕目眩。久病多瘀，病久血液运行不畅，甚者血液凝滞，瘀阻脉络而见手足麻木不仁，肢体抽掣。

裘师"脾肾同调"的治疗思路在他自拟的"升压汤"上可见一斑。体位性低血压（站立后收缩压较平卧位时下降≥ 20mmHg 或舒张压下降≥ 10mmHg）作为多系统萎缩最常见的自主神经系统功能障碍症状之一，常致患者头晕甚或晕厥，对患者的生活造成了严重的不便和危害。中医认为，肾为先天之本，主藏精，生髓，上通于脑，"肾不生则髓不能满。"（《素问·逆调论》）；脾乃后天之本，主运化，化生水谷精微，乃气血生化之源。脾虚健运失司，气血生化乏源，终致气血两虚；肾虚精亏阳衰，脏腑失于温煦和濡养，导致心肺气虚，脉道不充，鼓动无力而成该病。气血亏虚，不能上荣于面则出现头晕，面色不华，甚至晕厥；气虚无力率血运行填充脉管，则脉多细弱乏力。故以补肾健脾为法，自拟升压汤（淫羊藿，党参，制黄精，甘草）治疗多系统萎缩引起的体位性低血压。升压汤中淫羊藿性甘温，归肝、肾经，能温补肾阳，振奋气机，温煦五脏，现代药理研究证明淫羊藿有强心升压作用；党参大补元气，健脾益肺，复脉固脱，养阴生津；气虚日久必损及阴血，黄精功似熟地，补而不腻，补脾润肺，滋阴养血，培生填充脉道之阴血；甘草补脾益气，助党参补益中气。综观本方，诸药配伍，补肾之余注重顾护脾胃之气，温煦五脏，化生气血，填充血脉，阳复阴平，气血调和，血脉畅达，则血压回升。

先天养后天，后天补先天。先天与后天生理上相互滋生，病理上相互影响，互为因果，在神经系统疾病的发生发展中发挥了重要的作用。故而裘师在论治神经系统变性疾病上多重视调护先天之本与后天之本的功能，使先天得后天滋养而化源无穷，后天得先天之力则生生不息。

第七节　抽丝剥其茧　积善有余庆

曾有一位中年女性患者因反复头痛困扰而至裘师处求诊。查看就诊记录获悉，这名患者2个月前曾于本院别的医生处就诊，予经颅多普勒检查，示椎－基底动脉供血不足。当时医生即诊断为椎－基底动脉供血不足，治疗上以改善脑供血为主，予舒张脑血管、改善脑血流治疗，治疗2个月余，却未见明显疗效。

及至裘师处，详细询问病史发现，该患者头痛4年有余，近4个月来症状加重。痛时以胀痛为主，严重时伴发恶心，有高血压病史10余年，经颅多普勒示椎－基底动脉供血不足。患者烦躁不安，平时有潮热出汗，心悸心慌，脾气急躁，且常感口苦，睡眠不好，二便正常，胃纳尚可。追问病史，患者诉2017年10月份停经。舌质红，苔薄黄，脉细数。裘师根据四诊搜集到的信息，诊断其为围绝经期综合征，即中医诊断为绝经前后诸证，属心肾不交、肝失疏泄型。治疗上拟交通心肾，辅以疏肝解郁法，处方：柴胡、丹皮、焦山栀各10g，黄连6g，肉桂（后下）2g，酸枣仁、紫贝齿、紫石英、夜交藤各30g，柏子仁、合欢皮、知母、茯苓、地骨皮各15g，淫羊藿、山萸肉各

12g。全方以交泰丸交通心肾为主方，辅以温肾助阳、疏肝解郁、宁心安神、清热除烦之品。5日后复诊，患者诉头痛、心慌、脾气急等诸多症状明显改善，睡眠亦明显好转，舌尖偏红，苔薄黄脉弦。治疗按照前法，原方加减继服，月余后痊愈。

裘师指出：本例患者以头痛为主症，且经颅多普勒示椎－基底动脉供血不足，一般的临床医生极易直接按经颅多普勒结果诊断为脑供血不足。事实上，脑供血不足只是疾病的结果，它可以由许多原因引起。正常人在紧张等生理状态下，或更年期患者长期夜间睡眠不足时，都可以出现脑血管痉挛，导致脑供血不足。该患者治疗2个月余病情未见好转，详悉病史后得知其头晕头痛加重时适逢经水断流，且伴有潮热出汗、心悸心慌、脾气急躁、夜寐不安等症，均为较典型的更年期症状。

患者年过半百，经水适断，肾阴不足，阳失潜藏，虚热内扰，而见潮热汗出。又因肾阴不足，不能上济于心，故而心肾不交，而致心火偏亢，故见心烦易怒、夜寐不安等症。乙癸同源，肾精不足，精亏不能化血，导致肝肾阴虚，肝失柔养，肝阳上亢，故见脾气急躁，头痛而胀。概言之，该患者以肾虚为本，故治疗上以温肾阳、养心阴、交通心肾为主，使其心肾得交；佐以平肝潜阳、解郁除烦，怡其心志，安其神明，而使其夜寐得安，则头晕头痛心烦诸症俱减。药对病因则见效迅速，患者服药月余即痊愈。

“我们作为医生，尤其是神经内科医生一定要有一双能够洞悉本质的慧眼。相较于我们专业医生而言，患者们相对而言是‘无知’的，很多我们想要捕捉的信息在医患双方认知层面不对等的情况下是无法顺利获悉的；但同时患者亦是‘狡猾’的，他们层层包裹之下的内心需要医者抽丝剥茧，层层深入，带去治愈和关怀。”患者离开时裘师如是说。

逍遥散是《太平惠民和剂局方》中用以治疗肝郁血虚证的名方，《内科摘要》在此基础之上加牡丹皮和栀子二味，即为丹栀逍遥散，用于治疗肝郁血虚内热之证。其中牡丹皮清实热、泻虚火、活血败瘀，《本草纲目》谓：“滋阴降火，解斑毒，利咽喉，通小便血滞。后人乃专以黄柏治相火，不知丹皮之功更胜也。”栀子苦寒泻降，能泻三焦火，凉血清心热。药理研究证实，栀子水煎液有镇静作用，炒焦、炒炭后镇静作用明显加强。上两药均味苦性寒，入肝经，用以清解肝经郁火最佳；此外柴胡疏肝解郁，当归、芍药补血养肝，白术、茯苓健脾理中。裘师临证常用于治疗肝郁血虚内热之失眠、焦虑、更年期综合征等，以丹栀逍遥散加减化裁，疗效较佳。

裘师曾应用丹栀逍遥散治愈一失眠4年的中年女性患者，症见失眠多梦，五心烦热，头目昏重，口燥咽干，潮热时作，喉中似有痰，咯之不出，咽之不下，舌红，苔薄，脉细数。症属肝郁血虚内热之象，治以清热疏肝、养心安神法。处方：丹皮、焦山栀、苏梗各10g，姜半夏12g，茯苓15g，川朴花10g，龟板、地骨皮、生地各15g，知母12g，淫羊藿15g，夜交藤30g，柏子仁15g，炒枣仁30g，合欢皮15g，生牡蛎（先煎）30g。服药14剂后，患者上症减，遂以上方随证化裁，再服30余剂而愈。

第八节　愁绪结于内　青丝换白头

裘师临证之时十分注重情志对于身体的影响，认为一个人外在的生理、病理状态必然是他内在精神状态的体现。在这里他常常引用春秋时期吴国大夫伍子胥“一夜白头”的故事为例子。

伍子胥是楚国大夫伍奢的次子。楚平王因听信少师费无忌的谗言，欲杀伍奢并令其召回两个儿子。伍子胥出逃，楚平王下令画影图形，到处捉拿伍子胥。伍子胥奔吴国，过陈国到昭关。昭关在两山对峙之间，前面便是大江，形势险要，并有重兵把守。出了昭关就是一条直通吴国的大河，但是昭关的镇守者是楚国著名大将，而且由于其是边境重关，戒备非常森严。伍子胥只好和太子躲进旁边的山林之内，恰巧碰到了传说中扁鹊的弟子东皋公。

东皋公认出了被通缉的伍子胥，但是他非常同情伍子胥的遭遇，因此不但没有向官府举报，还非常热情地招待伍子胥他们，东皋公还向伍子胥保证会帮助他们通过昭关。

可是，一连七天过去了，东皋公丝毫不提过关的事情，伍子胥心中非常焦急，急切地问东皋公说：“父兄大仇不能得报，我被困在此地实在是度日如年，您想到了什么妙计来帮我？”东皋公回答说：“办法我已经有了，现在就差一个重要的人物了，他马上就来了，你安心等待即可。”

伍子胥听到此话，不知道该不该相信东皋公，毕竟他们之间没有任何交情，他也不是太了解东皋公这个人。晚上就寝的时候，伍子胥翻来覆去怎么也睡不着，他在纠结着到底该怎样做。如果自己离开东皋公，独自一人想办法出关，这和送死没区别，如果在这边继续等的话，又不知道还要等多久，心中焦急万分的伍子胥一夜未睡。

第二天早上，东皋公看到伍子胥，非常惊讶地说：“你怎么一夜之间头发全白了？”伍子胥拿过铜镜一看，发现自己的头发已经白如雪，而旁边的东皋公却拍手称好，连声说：“这是上天的安排啊！”

原来，东皋公找到一个和伍子胥长得非常相像的朋友，准备让他装扮伍子胥，然后让伍子胥和太子装作那个人的仆人，当官兵捉拿他的朋友的时候，白发的伍子胥和太子可以乘机出关。事后，士兵发现抓错人了，也不会想到伍子胥已经逃出关外去了。

就这样神不知鬼不觉地，伍子胥逃出了昭关，最后来到了吴国，帮助吴王破灭大楚，得报父兄之仇。

裘师故事中的“一夜白发”属于精神紧张性的白发病，其特征就是毛发迅速变白，这与精神因素引起的内分泌失调有关。多是由于极度紧张、忧愁、恐惧，往往会引起体内发生一系列急剧变化，造成内分泌严重失调，使机体代谢发生紊乱，可在几天至几周内发生毛发色素脱失。“如果一个人长期抑郁寡欢，心境不佳或精神高度紧张，长期熬夜、劳心费神、操劳过度，都会造成黑色素的合成出现障碍。这时候，新生的头发就无法填充足够的黑色素，就会变成白色。”

近代医学心理学的研究发现，除了慢性疾病、内分泌失调、营养缺乏、家族遗传等这些临床上常见的诱发因素外，情绪的扰乱亦可以使头发变白。这是因为，学习和工作繁忙而得不到缓解和放松，忧思和用脑过度，心灵长期受到刺激等多种心理因素的影响都可使供应毛发营养的血管发生挛缩，继而使头发根部的毛乳头制造黑色素的功能发生障碍。即使还能产生黑色素，但由于输入渠道受阻，也可以在短时间内产生大量的白发。

由此可见，精神因素对于人体的影响无疑是巨大的，长期而持久的精神刺激不仅会影响人的情绪，干扰正常生活，更会直接影响人体的正常物质代谢，进而影响人体的正常生理活动，产生身心疾病。

第九节　治病先治心　心病心药医

临证之时裘师极为重视“治病先治心”的道理，辩证地看待药物和心理的共同作用，坚持应用躯体疾病和心理治疗相结合的理论来指导临床，从而取得较好的临床疗效。但凡遇到有患者情志不遂，或因病而郁，裘师诊治之余，总是予以劝解，经常可以看见患者愁眉苦脸而来，高高兴兴离去。有因路途遥远，或因病不能前来就诊的患者，裘师每以来信及微信改方等形式给予诊治，甚至将家中电话告知，以便及时联系。“随风潜入夜，润物细无声”，老师崇高的医德医风的影响对于我们晚辈而言无疑是长远和持久的，尽管历经了时光的考验，大家始终谨记在心，并以此为榜样。

裘师在治疗过程中始终坚持心理疏导贯穿始终，“重心理，善开导”也是裘师治疗疾病的特色之一。希腊医学先驱希波克拉底曾说过，医生有三件法宝“语言、药物和手术刀”，由此可见，语言是排在药物与手术之前的更为有效的治疗方法。裘师看病讲究质量，病情的复杂性，诊断的要点，治疗的难点，注意的事项，均向患者一一作答，细细交代，不厌其烦。患者常常是眉头紧锁而来，舒眉展颜而回，在当地口口相传，故裘师名声大振，以至于国外患者常通过电子邮件求助裘师，以博得一良方。裘师总是同情患者，对于路途遥远或者腿脚不便的患者总是多有照顾，因此逐渐形成了不能按时吃饭的常态，原定的看病时间为半天，现在常常拖至下午乃至于一整天。然而纵使再繁忙，裘师依旧不愿以缩短患者的就诊时间为代价来加快诊治的速度。在我们看来，学习老师技术高超的诊治经验固然重要，其高尚的医德医风更像是灯塔一样指引者我们这些后学者。老师医技之高超，医德之高尚，令我辈望洋兴叹，唯有认真二字，才能无愧于老师一直以来的谆谆教诲。

裘师常提到一个人至少应该拥有三个沟通良好的社交圈，心态才能健康。第一是依靠血缘关系维系的亲戚圈；第二是志同道合的朋友圈；第三是同甘共苦的同事圈。裘师历来重感情，轻物质，与各个年龄段的人都能相处得很好，可谓“老少皆宜”，人际关系十分和谐。

“来我这儿就诊的有些患者是可以治愈的，而有一些罕见病则是临床宣布无法治愈的。”裘师如是说。

克鲁多有句名言：“有时去治愈，常常去帮助，总是去安慰。”医学的局限导致了很多疾病往往诊断明确，然而放之于现代医疗水平，却仍旧束手无策。比如运动神经元病，一旦诊断成立，很多患者从医生那里得到的往往是“回家修养吧”这样无望的“审判”。但在裘师这里，他总是尽全力给予患者最及时的治疗和最温暖的鼓励，让患者树立战胜疾病的信心，让患者满怀希望地活着。尽管这样的做法并不能阻止疾病的进展，但却能改善患者的临床症状及精神状态。“西医是治疗‘人的病’，中医是治疗‘病的人’”，说的一点都不错。中医的整体观，以人为本，才是现代医学的真谛。

肌萎缩侧索硬化，有人称之为“一场目睹自己慢慢死去的囚禁游戏”，这些患者早期即会出现肌无力、肉跳、容易疲劳等症状，渐渐发展为全身性的肌肉萎缩和吞咽困难，最后产生呼吸衰竭。在整个过程中，患者的大脑意识始终是清醒的，会慢慢感受到自己全身不受控制，不能动弹不能讲话，最后无法吞咽和自主呼吸，因而很多人在得知自己患上肌萎缩侧索硬化时都会丧失生存的欲望。

临床上，肌萎缩侧索硬化虽然目前无法完全治愈，但是通过药物治疗和合理的护理方式可以延缓病程，在一定程度上提高患者的生活质量。

裘师在治疗肌萎缩侧索硬化患者时，总是想方设法地给患者树立信心，“今天状态很好”“放心，我在”。他还会叮嘱家属在照顾患者的时候一定要注意，“进食要吃那种不干不烂的饭，比粥干却比饭稀；每小时要翻一次身，拍一次背，以防肺炎；大小便后泌尿道外口要清洗干净，谨防尿路感染”。

裘师曾经坚持每隔半个月到另一家医院会诊一位运动神经元病的患者，该患者到疾病后期四肢运动功能丧失，只能凭眼球的活动与外界交流。在裘师的精心治疗与陪伴下，这位 62 岁的肌萎缩侧索硬化患者汪先生，仅仅依靠眼球转动与家人沟通，“写”下了一部 4 万字的书《把心捂热》；还有一位病史最长的患者，从患病至今已经 18 年了，前些天还专门从老家临海农村赶来杭州找裘师复查。裘师对于他们从不放弃的精神很是钦佩，用坚持会诊这样的行动和温暖的言语鼓励患者树立起战胜疾病的信心，将医学人文发挥到了极致。

“作为医生一方面是治病，更重要的是抚慰他们的心，帮助患者树立信心”，这天裘师会诊完患者后这样对我们说，“对于这类疾病，我们能做的就是尽自己的努力为他们延长寿命，减少痛苦，给予他们最大的关怀。”

裘师说：“帕金森病患者用药时间长，病情易反复，常常需要持久治疗，病人易丧失信心，产生诸多心理障碍，因此在药物治疗的基础上，不应忘却心理治疗，及时、耐心的指导和良好的医患关系，是非常有助于治疗的。”此外，裘师平时常常鼓励患者参加一些力所能及的户外活动，在改善震颤、提高运动的协调性等方面的同时，给予患者药物治疗以外的良好的心理关爱，鼓励患者树立长期与疾病做斗争的必胜信念，增强患者的治疗信心，向患者传递正能量，以期改善患者的精神状态，提高生活质量。

“宰相肚里能撑船”说的是一个人要有肚量，能对别人宽容，小事不计较。

侍诊多年，常见患者生气后疾病缠身，裘师常以此言劝导，心态的调整无疑是一剂良方。

第十节　治病求于本　标实本乃虚

《说文解字》中的“润”字：水曰润下，本义为雨水下流，滋润万物。裘师临证常常需要面对诸多神经系统的退行性疾病患者，其多见肝肾阴虚之证，故而以“润”字大法贯穿始终。裘师临床上的补肾、滋阴、熄风之法无不围绕着“润”字展开，治病求本。

神经内科疾病的临床症状变化多端，年轻的医生往往容易在纷杂的证候中迷失，变得不知所措。裘师在临床上十分注重辨证，认为“证”乃是疾病的根源及本质之所在。早在《素问·阴阳应象大论》中便提出了“治病必求于本”的重要思想；易水学派的开山鼻祖张元素亦在其著作《医学启源》中提出：“大凡治病者，必先明其标本，标者末，本者根源也”，这里所说的标是指疾病的症状，是表现在外的，而所说的本是指引起疾病的根本原因，是隐藏在内的，即所谓的“症者病之标，因者病之本”；明代张景岳曾言：“起源之因，便是病本”，又云：“本为病之原，标为病之变，病本唯一，隐而难明病变甚多，显而易见。”裘师指出，正如先贤们所论述的那样，临床上导致疾病的根本原因是唯一的，隐藏于内的，难以明确的，而与此同时，疾病的外在症状却可以是变化多端的、表现在外的、显而易见的。针对疾病纷繁复杂的基本证候，辨证求因、审因论治是一个艰难的过程。若医者一味地见寒治寒，遇热治热，而忽略疾病的本质，其临床效果一定不佳，甚至还会贻误病情，导致疾病的失治误治。

裘师认为，中医的精髓在于辨证论治，而其重点在于辨证，临证之时最重要的便是分清证型，辨明标本虚实。“证同治亦同，证异治亦异”，证是决定治法方药最可靠的依据。

1. 帕金森病

工作室前期通过跟师学习的方式收集了裘师诊治帕金森病患者的病例及其医案，并以此为目标数据建立帕金森病专用数据库，结合计算机数据挖掘技术发现，临床上帕金森病常见证型大致可分为肝肾不足型、风阳上扰型、痰热动风型、气血亏虚及阴阳两虚型，最多见的为肝肾不足证，由此可见肝肾不足乃帕金森病的病机核心。当然中医最强调的还是辨证论治，个体化治疗，因此必须随证加减。正如仲景云：“观其脉证，知犯何逆，随证治之。”

2. 多发性硬化

多发性硬化 (multiple sclerosis，MS) 是中枢神经系统炎性脱髓鞘疾病，主要是白质的髓鞘脱失，同时累及轴索。目前，临床上尚无特效的治疗药物，中医药辨证治疗为多发性硬化患者带来了一线希望。

裘师认为，本病病位虽在脑髓，却与肾、肝、脾关系密切。其以肾虚为本，湿热、血瘀为标。肾主骨生髓，而通于脑，“脑为髓海”。先天禀赋不足或正气不足，或久病劳倦，肾精不足，髓海空虚，脑失所养，则耳鸣眩晕、下肢萎软无力、脉细缓等；肾阴不足，肝失所养，精气不能上荣，目失所养，则“视物昏渺”；嗜酒肥甘，伤及脾胃，脾运失健，气血生化无源，筋脉失常，则为“痿证”；外感湿热之邪，上犯于脑，蔽阻清阳，熏蒸脑髓，脑髓受伤，神机不用；湿热浸淫经脉，或情志内伤，或久病入络，痹阻经脉，脑髓肢体失养，则见肢体无力、胸腹疼痛、唇青舌紫或有瘀斑等症状。

裘师认为MS缓解期以督脉空虚为本，风痰入络，痰瘀互滞为标，依据临床多年经验，运用补肾熄风法治疗缓解期多发性硬化，临床成效明显。

第十一节　肠润便乃通　水足舟自行

中医学认为，肠道的濡润是人体糟粕正常排泄的前提，当人整体津液不足时，肠道也因此缺乏“水”涵养，从而造成大便的干结，加重排便难度，无疑会对大便的排泄产生影响。老年患者多见肝肾亏虚，而主要又以阴虚为主，故患者自身阴液不足，无以润及肠道，水枯舟停，终致大便秘结。早有《鸡峰普济方》曰：“肾虚水少，胴肠干涩。”因此，在治疗该病时，补益肝肾、滋阴润肠应作为处方的第一要务，宜选用增液汤滋阴润肠，水足方能使舟得行。运用中药方剂增液汤，便秘患者临床症状大多能得到有效改善，以整体观为指导的中医中药治疗便秘有着广阔临床和科研前景。

目前临床上公认的中医学对于便秘的治疗不外乎“辨证论治”四字。具体而言：补虚泻实从而达到殊途同归的目的。

在患者自身阴液大亏的前提下，若此时再投以峻下之剂荡涤肠胃，或许可在短期内缓解便秘的痛苦，但所谓抱薪救火即是如此，长此以往，则致使体内津液进一步受损，此行为无异于火上浇油、雪上加霜，使原本亏缺的津液更加不足，不仅便秘的病情得不到改善，反而容易加重症状，确是方向性的错误。

增液汤方解：增液汤是中医传统经典方剂，主要由玄参、麦冬、生地三味药组成，方中玄参性甘咸寒，主清热润燥、养阴清热，能清除肠道热奎，入肺、胃、肾经，肾司二便，肾阴充实，津液自足则大便滋润；且肺与大肠相表里，而玄参能入肺而滋肺阴，故有“提壶揭盖”之意，为君药。生地清热养阴、补肾滋阴；麦冬滋肺阴以增津液，生津润肠以通便，二者和之共为臣药。玄参、生地及麦冬同用，滋阴润肠，寓泄于补，以补药之体而做通药之用，使肠润而大便得下，故有“增液汤”之名。

第十二节　治风先治血　血行风自灭

对于眼睑痉挛，裘师认为，面部肌肉抽搐疾病，均可从风论治。

众所周知，风有内、外之分。外风即风邪，为六淫之首，百病之长，风性轻扬开泄、善行数变、主动；内风与外风相对，是由于阳亢、热盛、阴虚、血虚等病理变化，而出现动摇、眩晕、抽搐、震颤等类似风动的征象。《素问·阴阳应象大论》曰：“风胜则动……高巅之上，惟风可到。”风性轻扬开泄，易袭阳位，“头为诸阳之会”“清阳之府”，面为阳明所主，五脏六腑气血精华皆上注于头面，故风邪侵袭，伤及人体头面，使经络痹阻，气血运行不畅，肌肉筋脉失于濡养，而致肌肉抽掣；裘师认为，内风主要责之为肝阳上亢和血虚生风。《素问·至真要大论》云：“诸风掉眩，皆属于肝。”《灵枢·经脉》有曰：“肝足厥阴之脉……夹胃，属肝，络胆……连目系，上出额，与督脉会于巅，其支者，从目系下颊里，环唇内。”肝主疏泄，主藏血，体阴而用阳。肝为刚脏，性喜条达，内寄相火，主动主升，易于阳亢动风。《温病条辨》曰：“肝主血，肝以血为自养，血足则柔，血虚则强。”肝以血为体，以气为用，肝血不足则致虚风内动，肌肉抽搐。

临床上，肌张力障碍是一种由不自主的、持续性的肌肉收缩引起的扭曲、重复运动或姿势异常的综合征，累及眼肌者称为眼睑痉挛，属中医学“胞轮振跳”范畴，与肝、脾两脏关系密切。《审视瑶函》中说：“胞轮振跳，岂是纯风，气不和顺，血亦欠隆”，又言：“目者肝胆风木之所属，相火所乘，肝藏血，血不足则风火内生，故目睛为之动。”肝开窍于目，脾属土，曰肉轮，在眼为上下胞睑。肝藏血，脾为后天之本，气血生化之源，肝脾气血亏虚，血虚生风，上扰清空，头面经脉气血运行失常而致眼睑痉挛。目受血而能视，肝脾血虚不能濡养睛珠，则见眼干畏光，视物模糊。或因肝肾阴虚，水不涵木，肝阳上亢，肝风内动而见眼睑痉挛，视物昏花。裘师临床治疗本病，多用养血祛风、滋阴潜阳、平肝熄风之法。

47 岁的男子汪某曾因“眼睑痉挛四、五个月”求诊于裘师处。裘师诊其双眼瞬目频繁，不自主眼睑闭合，强光下加重，大便不实，舌淡胖、苔薄白，脉细。证属血虚生风，治拟养血祛风法，处方：熟地、炒白芍、炒扁豆、炒薏苡仁各 15g，炒当归、川芎、木瓜、乌梢蛇各 12g，蝉衣 9g，僵蚕 10g，全蝎 6g，生龙骨、生牡蛎各 30g。患者 14 剂后症状稍有好转，坚持调理数月，症状得到明显缓解。

偏头痛：《素问・举痛论》有曰：“不通则痛”，亦曰：“不荣则痛。”裘师认为，邪阻脉络，清窍不利，精血不足而致脑失所养为偏头痛发病之基本病机。“头为诸阳之会”“清阳之府”，又为髓海所在。凡五脏精华之血，六腑清阳之气，皆上注于头。肝藏血，肾藏精。若肝肾亏虚，精血不足，脑髓空虚，脉络失养则致头痛。故头与五脏六腑之阴精、阳气密切相关，凡能影响脏腑之精血、阳气的因素皆可成为头痛的病因。

第六章

桃李天下

你现在所经历的寒冬，看似沉寂，实则暗潮涌动，一切生长拔节都在沉默中进行，你只需要努力生长，时间会带你去，你最想去的地方。

在中华源远流长的历史长河中，诞生了无数优秀的学术与精妙绝伦的技艺。它们之中有的随时间的流逝而消失，有的却随时间的更迭而历久弥新。消失的，成为了历史的遗憾；留下的，成就了华夏的文明。

中医，作为中国传统文化之一，一直在为中国的发展默默地贡献着自身的力量。要发扬中医药特色和优势，首先就要做好继承工作。我们不仅要继承发掘历代医家的学术成就和临床经验，而且要整理当代名老中医专家的学术经验和技术专长，使之更广泛地应用和传播而不至失传。当今名老中医的学术思想、临床实践与中医药理论，是前人经验智慧的结晶，是中医药伟大宝库的新财富，与浩如烟海的中医古籍相比，它更鲜活生动，更具有现实的指导性。

裘师行医五十载，在治学与临证上，精勤不倦，刻苦钻研。在生活上，甘于淡泊俭朴，但购买医书典籍时则在所不惜。裘师常谓“仁心济世”，他是这样说的，也是这样身体力行的。裘师虽年过七旬，但仍为中医药的传承和发扬、为人民的医疗保健事业鞠躬尽瘁。每年全国各医院慕名而至跟随裘师学习的医生络绎不绝，裘师不仅悉心教导学生们如何看病救人，还经常告诫他们要成为全心全意为人民大众健康服务的仁医。有的学生学成返回各自所在的医院之后，均能学有所用，不负众望，担负起临床与科研的重担。另外，有的学生还成果频出，引起了医学界的瞩目，并成为当地美名远播的名中医。

由于师从裘师者甚多，因各种原因，一时未能将所有学术继承人资料完整收集，在此介绍学术传人代表如下。

第一节　益友兼良师　倾囊相授予

裘师是出了名的严师，因此不轻易答应学生的跟师请求。他对学生的专业方向与医德人品均有具体要求，而能让裘师记挂的学生那一定是佼佼者了，第二批全国优秀中医临床人才宣丽华主任便是这样的学生之一。说起这位学生，裘师满是赞扬，经典基础扎实，临床经验丰富，并且学以致用，出师以后一直在验证裘师的治疗方法并取得很好的临床疗效。师生相遇也是缘分，在针灸专业学科带头人宣主任眼里，德高望重的裘师既是良师也是益友，而对于裘师而言，聪明好学的学生，裘师愿倾囊相授，毫无保留。

宣丽华

宣丽华，女，浙江省名中医，浙江省中医院针灸科主任，主任医师，教授，博士生导师。现任全国老中医药专家学术经验继承工作指导老师，第二批全国优秀中医临床人才，国家中医药管理局重点学科带头人，中国针灸学会理事，中国针灸学会临床分会常务理事，中国针灸学会腹针专业委员会副主任委员，中国针灸学会脑病专业委员会委员，浙江省针灸学会副会长，浙江省针灸学会针灸临床专业委员会主任委员，浙江省中医药学会外治分会主任委员；世界中医药学会联合会中医外治操作安全研究专业委员会副会长、脐针专业委员会常务委员。

宣丽华擅长用针灸和针药结合治疗临床常见病、多发病和疑难杂症，重点开展针刺镇痛及对神经功能的调节，以及粗针疗法、腹针疗法临床应用的研究。在面瘫、帕金森病、中风后遗症、眩晕、骨关节退行性疾病（颈、肩、腰、腿、膝痛等）、颈椎病、肩周炎、腰腿痛等疾病的治疗上获得显著疗效。在哮喘、慢性支气管炎、慢性腹泻、便秘、痤疮等疾病及一些疑难杂症的治疗上也积累了丰富的经验。

腹针疗法提出了极具创新性的腹部全息影像，该影像以神阙为中心，看似一只腹部朝天的神龟，其身体各部位与人体相对应，从而在腹部形成一个具有多层次的“神阙网络系统”，腹部为五脏六腑之所在，通过针刺部分穴位，以达到调整脏腑阴阳、扶正祛邪的目的。该疗法对于慢性久病、内伤性疾病颇有疗效，且对一些急性病亦能取得较好疗效。宣丽华认为，欲运用腹针取得好的疗效，首先须将辨病与辨证相结合，抓住疾病的主要病因病机，明确脏腑阴阳盛衰，方能对证下针；其次，腹针穴位大多呈点状，取穴须十分精准；最后，腹针针刺深度分天、地、人三部，须精确把握针刺深度。

膝关节骨性关节炎，属中医学的“痹证”范畴。随着年龄的渐长，肝肾精血日渐亏虚，无以充盈筋骨，骨枯则髓减，则见关节活动不利；年老体虚，气血不足，易为风寒邪气外袭，痹阻经脉，故关节疼痛。宣丽华选取中脘、关元二穴组成天地针，中脘为胃之募穴，胃与脾相为表里，关元为小肠之募穴，别名丹田，两穴合用可达补气血、强筋骨、调补先天与后天之功；另取左右腹外陵、滑肉门四穴，此四穴具有通调气血、疏通经气之效；再取大横、下风湿点穴祛风除湿，诸穴合用，可达扶正固本、祛风除湿、化瘀通络之功。

冬病夏治是我国传统中医药疗法中的特色疗法，是根据祖国医学“春夏养阳、秋冬养阴”理论发展而来的，适用于三伏天的药物穴位贴敷，因其疗效显著、操作简便、价格低廉、无明显不良反应越来越被广大群众所接受。盛夏三伏处于全年气温最高，人体阳气最盛及腠理开泄的状态，此时治疗冬季多发病，可使人体阳气得天之阳气相助，振奋激发阳气，驱散素体寒湿之邪。例如，治疗支气管哮喘患者时，宣丽华医师在《张氏医通》记载的白芥子涂法的基础上进行了改良，使其更适合现代人的体质。其中白芥子性辛温，可消胁下皮里膜外之痰；细辛外可发散风寒，内可化寒饮之邪；甘遂泄水逐饮，治疗痰饮所致咳喘；延胡索理气止痛，配以姜汁温化寒饮。选穴方面，常选用双侧肺俞、心俞、膈俞 6 穴，或大椎，关元，双侧肺俞、心俞、膈俞、脾俞、肾俞 12 穴，既可改善哮喘症状，也可提高人体正气，标本兼治，整体调治。除了支气管哮喘，“冬病夏治穴位贴敷”疗法对于过敏性鼻炎、痛经、难治性咳嗽等疾病亦疗效显著。

宣丽华认为，针灸作为一种疗效确切、操作简便的治疗方法，对某些急症同样具有十分重要的作用，用之得当，效如桴鼓。她曾治一患者双手指剧烈疼痛，拘急不伸，号啕大叫，痛不欲生。就诊于某医院，西医诊断为肢端动脉痉挛症，注射氯丙嗪、哌替啶均无效。宣丽华触患者手指微冷，皮色稍青，考虑由寒凝血滞、经络阻闭所致。急用泻法针刺双侧外关、八邪，刺入第 2 针时，患者疼痛明显缓解，诸穴针刺甫毕，患者疼痛消失，留针 1 个小时，患者酣然入眠。继用当归四逆合芍药甘草汤加减以善后。对于一些危重患者，宣丽华医师常效仲景针药并举，以拯溺救焚。

宣丽华主任治学严谨、务实求精，坚持长期在第一线从事临床、教学、科研工作，具有扎实的中医基础理论和丰富的教学、临床经验，业医30余年，从未脱离临床，始终以“仁心济世”为己任，视患者如至亲，不论贵贱、职位高低都一视同仁，耐心诊治，凭着一双回春妙手屡起沉疴，不慕名利，淡泊自持，从不自我吹嘘、贬低他人，医术精湛，医德高尚，深受患者赞许，在患者中有很高的威望。

由宣丽华主任主持的课题“神道穴粗针平刺促进面神经炎面肌功能的恢复的研究”荣获2007年浙江省科学技术奖二等奖；项目“冬病夏治‘治未病’贴膏的研制和应用”获得2011年浙江省科技技术奖二等奖，另外还获得浙江中医药科技创新奖二等奖3项、三等奖3项；获国家发明专利2项；发表学术论文100余篇，出版专著《常见病特色针灸治疗》《针灸推拿临床诊疗基础》。

第二节　甘为孺子牛　传火递柴薪

师承教育作为千百年来培养中医药人才的主要方式，在传承中医药学术思想、临床经验和技术专长方面一直发挥着不可替代的作用。历代中医名家独到的临床经验，需要一代又一代的后学者长期跟师实践，通过朝夕临诊，耳濡目染，言传身教，口授心传，“耳提面命”，才能逐步领会和全面掌握，少走弯路，缩短成才的周期。作为第四批和第五批全国老中医药专家学术经验继承工作指导老师、博士生导师，裘师不遗余力地培养自己的学生，通过多年全方位的带教，已有5名学生顺利出师，分别是王珏、裘涛、莫晓枫、张丽萍、蒋旭宏，其中4名拿到博士学位。对于这些学生，裘师甘为孺子牛，悉心带教，呕心沥血。

1. 王珏

王珏，女，55岁，1964年出生，副主任医师，浙江中医药大学兼职副教授，系浙江省名中医学术经验继承人；从事临床一线工作33年，基本功扎实，融通中西医理论，对神经系统多发病、常见病、疑难病的诊断治疗有丰富的临床经验，尤其擅长中风病的预防、治疗和康复，头痛，眩晕、痴呆、帕金森病，重症肌无力，癫痫，各类睡眠障碍、心身疾病及更年期综合征、运动神经元病、肌病等神经系统疾病的中西医治疗及亚健康的调理。

王珏认为癫痫既有先天禀赋之因，又有后天失养之责，先天因素为遗传或妊娠失养，后天因素为脑部外伤、七情失调、饮食不节、劳累过度、中风等脑疾。痫之为病，病理因素总以痰、瘀为主，每由风、火触动，痰瘀内阻，蒙蔽清窍而发病。癫痫常分为发作期和休止期。虫类药具有良好减轻和控制其发作的效果，药理研究发现，虫类药具有抗士的宁所致小鼠惊厥的疗效，尤其是全蝎，从蝎毒分离出来的多肽具有较强的抗癫痫活性，其活性是地西泮的十倍。同时，癫痫发作期的护理也很重要，发作时应注意观察患者神志的改变，抽搐的频率，脉搏的快慢与节律，瞳孔之大小，有无发绀与呕吐，二便是否失禁等情况。对昏仆抽搐的患者，凡有义齿者均应取下，并用裹纱布的压舌板放入患者口中，防止舌咬伤。休止期则应熄风涤痰，予以涤痰止痫汤，选用天麻、僵蚕、全蝎、地龙平肝熄风止痉；川贝母、胆南星、姜半夏、竹沥、石菖蒲涤痰开窍而降逆；茯神、远志镇心安神定痫；茯苓、陈皮健脾益气化痰；丹参活血化瘀通络，诸药合用，共奏涤痰熄风、化瘀止痫之功。

王珏对不寐的治疗，认为调肝尤显重要。饮食失节、情志失常，劳倦、思虑过度及病后、年老体虚等因素，导致心神不安、神不守舍，不能由动转静而致不寐病证。《黄帝内经》记载“肝藏魂”“随神往来谓之魂”“肝主疏泄”，肝的疏泄功能正常，肝魂方能随神往来，调节抑制与兴奋、睡眠与觉醒的协调平衡。肝藏血，“夜卧血归于肝”，肝血充盈，阴能涵阳，是保证睡眠正常的物质基础。《症因脉治・内伤不得卧》云：“肝火不得卧之因，或因恼怒伤肝，肝气郁滞；或尽力谋虑，肝血所伤。肝藏血，阳火扰动血室，则夜不宁矣。”此处说明肝之病变与不寐有密切关系。

对于肝气郁结者，症见入寐难，多梦易惊，善叹息或胸胁胀痛，口苦纳呆，失眠每因情志抑郁而加重，舌苔薄，脉弦，王珏常选用柴胡、厚朴花、郁金、紫苏梗、合欢皮疏肝理气、解郁安神；当归、白芍、丹参养血柔肝安神；酸枣仁、夜交藤、远志养血安神。肝郁日久，气郁化火，肝火扰心者，症见不寐多梦，急躁易怒，伴头晕头胀，目赤耳鸣，口干而苦，不思饮食，舌红苔黄，脉弦而数，宜疏肝泻火、镇心安神，其常予龙胆草、黄芩、栀子清肝泻火；泽泻、车前子清利湿热；当归、生地滋阴养血；龙骨、牡蛎镇心安神。肝阳上亢者，症见失眠，头痛眩晕，面赤易怒，口干口苦，咽燥目赤，舌红苔少，脉细或弦数，治以平肝潜阳、重镇安神、滋阴清热，宜龙骨、牡蛎、石决明、珍珠母重镇安神，生地、白芍、知母清热滋阴，更用柏子仁、夜交藤养心安神，而重镇之品易伤脾胃，加用陈皮、茯苓健脾。肝肾阴虚水不涵木者，临床症见心烦不寐，头晕耳鸣，健忘，神疲乏力，腰膝酸软，五心烦热，口干，舌红苔薄，脉细数，治以滋肝益肾、育阴养血，她常选用熟地、生地、山茱萸、白芍、黄精、五味子补益肝肾，酸枣仁、柏子仁、丹参、当归、茯苓、夜交藤养血安神。

王珏对脑系疑难病的诊治亦颇有心得。多发性硬化好发于中青年，临床表现复杂多样，约 50% 的患者首发症状肢体无力、感觉异常、视力障碍和步态不稳，其病因及发病机制迄今不明，因此治疗尚无特效药物。该病具有时间和空间的多发性，而空间的多发性也是导致其临床症状复杂多样的原因。中医学古代文献无与“多发性硬化”相对应的病名，根据其临床症状的不同，肢体痿软无力者，属于中医学的“痿证”，肢体疼痛者，归属“痹证”，视物模糊，归属“视瞻昏渺”，偏瘫、肢体活动障碍伴言语不清，归属“风痱”“喑痱”。本病急性期以实证居多，与风、湿、痰、火、瘀有关，缓解期以肾虚为本，风痰入络、痰瘀互结为标。治疗重在补肾调阴阳，根据阴阳损伤轻重，治以滋肾阴、补肾阳、益精填髓，风痰入络、痰瘀互结治疗以祛风化痰、活血化瘀、搜剔通络为法。在主证辨治的同时，对能反映本病特点的个性化症状予以分证辨证，提高临床疗效。吞咽困难、饮水呛咳、言语不清者，宜在补肾调节肾阴肾阳基础上，选用全蝎、僵蚕、蝉衣；肢体无力、挛急疼痛者，从肾论治，肝肾同源，肝血不足，筋脉失养，在养血柔肝基础上加全蝎、地龙、白芍、炙甘草，疼痛明显者加蜈蚣；肢体麻木不仁、皮肤感觉异常者，从肝血不足、血虚脏躁、络脉不通论治，宜四物汤加用乌梢蛇、地龙、蜂房、蝉衣，上肢加桑枝，下肢加牛膝；小便障碍者，尿液失禁为肾气不固、膀胱失约、气化失司，尿液不固所致，治以温阳补肾、固精缩尿，可予缩泉丸加减；躯干或四肢束带感，以气血痹阻、络脉不和论治，可予补阳还五汤加减，并加用全蝎、地龙、蕲蛇、蝉衣。

王珏除细心整理并总结裘师的学术思想和用药经验外，在科研方面，其主持并参与的课题“裘昌林主任学术思想总结与探讨”“马钱子治疗重症肌无力的实验研究”均获得浙江省中医药科学技术奖二等奖，获浙江省中医药科学技术创新奖三等奖，在国家级、省级杂志上发表专业论文 22 篇。

2. 裘涛

裘涛，女，43 岁，1976 年出生，主任医师，副教授，医学博士，硕士生导师，第四批全国老中医药专家学术经验继承人，裘昌林全国名老中医药专家传承工作室负责人；现任浙江中医药学会脑病分会副主任委员、中国医师协会中西医结合医师分会神经病学专家委员会常务委员、中华中医药学会第二届脑病分会委员、浙江省中医药学会医史文献分会第一届委员会委员、

浙江省中医药学会第二届科普分会委员。

裘涛于2008年9月至2011年12月作为第四批全国老中医药专家学术经验继承人师承于裘师，全面继承、整理裘师学术思想及临床经验，且自己通过长期的临床实践，博闻强识，治学精勤，通晓中医典籍，积累了丰富独到的经验。其博士学位论文《裘昌林诊治重症肌无力学术观点及临床经验的整理与研究》较为系统地整理、研究了裘师的学术思想渊源；围绕重症肌无力这一神经系统疑难重症详细论述了该病的病因病机和辨证论治经验，并紧密结合临床，分类挖掘整理裘师对不同人群的重症肌无力的辨治特色；对一些常见的复杂的兼夹证、并发症各自的病理机制进行阐述，梳理出各自的辨治特色和用药特点，同时结合典型病例进行分析。该论文被国家中医药管理局评选为第四批全国老中医药专家学术经验继承工作优秀结业论文。

裘涛总结裘师经验，认为重症肌无力患者以虚证为多，尤以脾胃亏虚最为多见，根据“虚则补之”原则，治疗上当重在益气健脾，予益气健脾补元汤治之，此方由补中益气汤合参苓白术散化裁而来，共奏补气健脾、渗湿止泻之效。方中黄芪用量最为关键，一是其量多重用达60～120g以大补中气，二是宜用生黄芪，补气之效更胜一筹，白术、山药、党参益气健脾，且可助黄芪增强补气之效，山药既能补气又能养阴，还可防大量补气药物所致温燥伤阴，与黄芪共为君药；当归养血和营，制黄精、淫羊藿益气养阴温阳，共为臣药；升麻、柴胡补气升阳，炙甘草益气和中为佐药；陈皮理气健脾，使之补而不滞为使药。治疗此病时常予少许防风，取玉屏风散之意，既可补气健脾，又可顾护人体正气，预防外感。

裘涛在整理裘师治疗重症肌无力经验时发现，马钱子也是治疗重症肌无力的要药，可单独应用也可与中药汤剂同时运用。大量文献均肯定了其消肿散结、通络止痛的功效，其强筋起痿作用甚是明显，譬如张锡纯制定的“振颓丸”“养脑利肢汤”“起痿汤”“补脑振痿汤”均有马钱子。马钱子性虽有毒，裘师认为只要经过严格的炮制、合理的应用，中药毒性可完全避免。现代药理研究也已经证实马钱子的主要成分士的宁能选择性地提高脊髓兴奋功能，治疗剂量能使脊髓反射的应激性提高，反射时间缩短，神经冲动易传导，骨骼肌的紧张度增加，从而改善肌无力状态。对于轻症重症肌无力，可单用马钱子，重型重症肌无力予以辅助治疗，可明显较少西药用量及相关副作用。

裘涛跟师期间在核心期刊上发表关于师承方面的论文10余篇：《裘昌林从“风”从“痰”治疗小儿抽动症经验体会》(《浙江中医药大学学报》)，《裘昌林治疗血管性头痛经验》(《中国中医急症》),《裘昌林辨证论治三叉神经痛经验举要》(《浙江中医杂志》),《裘昌林应用经方治疗失眠经验》(《浙江中西医结合杂志》),《裘昌林治疗头痛用药经验》(《浙江中医杂志》),《裘昌林治疗重症肌无力合并围绝经期综合征经验》(《中医杂志》),《裘昌林治疗小儿重症肌无力临证经验拾萃》(《中华中医药学刊》),《裘昌林教授辨治重症肌无力危象经验撷萃》(《中华中医药杂志》),《炙马钱子对自身免疫性重症肌无力模型大鼠免疫调节机制研究》(《浙江中西医结合杂志》),《炙马钱子对实验性自身免疫性重症肌无力大鼠免疫调节机制研究》(《中华中医药杂志》),《裘昌林论治重症肌无力合并甲状腺功能亢进经验采撷》(《浙江中医杂志》),《益气健脾补元汤治疗中气亏虚型重症肌无力临床观察》(《中国中医药科技》)等;完成浙江省中医药管理局课题两项:"炙马钱子对自身免疫性重症肌无力大鼠免疫调节作用""益气健脾补元汤治疗中气亏虚型重症肌无力临床研究";完成浙江省中医药管理局课题两项:"炙马钱子对自身免疫性重症肌无力大鼠免疫调节作用""益气健脾补元汤治疗中气亏虚型重症肌无力临床研究",其中"炙马钱子对自身免疫性重症肌无力大鼠免疫调节作用"获得2017年浙江省中医药科学技术创新奖一等奖。

裘涛长期从事中西医结合神经内科的临床工作,擅长中西医结合治疗神经系统疑难病和危重病,尤其对重症肌无力、脑血管疾病及早期综合康复治疗、头痛、失眠、多发性硬化、周围神经病、帕金森病等的诊疗有丰富经验。主持国家自然科学基金1项、浙江省自然科学基金1项、厅局级课题4项,参与国家十二五、十一五、973、国家科技重大专项及浙江省科学技术厅重大国际合作项目等课题研究,参编著作4部,在国内外期刊发表论文50余篇;获浙江省中医药科学技术奖一等奖1项(主持),中华中医药学会科学技术奖二等奖1项,二等奖、三等奖多项;已指导研究生10余人。

3. 莫晓枫

莫晓枫,女,1972年出生,副主任医师,医学博士,硕士生导师,第四批全国老中医药专家学术经验继承人,师承裘昌林教授;现任中华中医药学会中医美容分会委员,浙江针灸学会理事,浙江省针灸学会青年理事委员会副主任委员,浙江省针灸学会经络腧穴分会常务委员,浙江省医师资格实践技能考试中医类考官;从事临床工作20年,专于针药结合治疗头痛、眩晕、面瘫、顽固性失眠、三叉神经痛、慢性咽炎、鼻炎、胃炎,内分泌紊乱所致的肥胖、痤疮、黄褐斑，更年期综合征、乳腺增生病、亚健康状态及骨关节退行性改变难治性疾病。

莫晓枫临床擅用经方，重视辨病与辨证结合，注重整体诊疗，尤其在运用针药结合对女性体质调养方面积累了丰富的经验。

她在跟随裘师抄方期间，勤学善思，通过学习裘师临床经验，结合针灸学科，辨脏辨经，认为头为诸阳之会，清阳之府，又为髓海之所在，居于人体之最高位，五脏精华之血、六腑清阳之气皆上注于头，手足三阳经亦上会于头，若六淫之邪上犯清窍，阻遏清阳，或痰浊、瘀血痹阻经络，壅遏经气，或肝阴不足，肝阳偏亢，或气虚清阳不升，或血虚头窍失养，或肾精不足，髓海空虚，均可导致头痛。外感内伤都会引起头痛，若头痛连及项背，常有拘急收紧感，或伴畏风恶寒，遇风尤甚，口不渴，舌淡苔薄白，脉浮紧，治以疏风散寒止痛，方用川芎茶调散加减，穴位多选取风门、风池、合谷；若头痛而胀，发热而恶风，面红目赤，口渴喜饮，或便秘溲赤，舌尖红苔薄黄，脉浮数，宜疏风清热和络，予芎芷石膏汤加减，多选取曲池、大椎、合谷等穴位；若头痛如裹，肢体困重，胸闷纳呆，大便溏泻，苔白腻，脉滑，宜祛风除湿通窍，方用羌活胜湿通窍汤加减，多选取阴陵泉、三阴交、地机等穴位；内伤头痛者，若因肝阳上亢致头昏胀痛，心烦易怒，夜寐不宁，口苦面红，或兼胁痛，舌红苔黄，脉弦数，治以平肝潜阳熄风，方用天麻钩藤饮加减，多选用太冲、侠溪、行间、太溪等穴；若痰浊头痛者，宜健脾燥湿、化痰降逆，方用半夏白术天麻汤加减，可选取百会、脾俞、阴陵泉等穴；若瘀血头痛者，宜活血化瘀、通窍止痛，方用通窍活血汤加减，多选取百会、内关、血海等穴。

莫晓枫认为，治疗女性的黄褐斑可效仿裘师治疗中药对的思路，应用对穴为主、局部为辅的针刺方法，其效果显著。“对穴”是两个穴位的配伍应用，“对”有两层含义，一为成双配对，二为相互对应。两穴配合应用可达阴阳互补、动静结合、相反相成或升降相承的效果。她在临床上倾向于将黄褐斑分为肝郁脾虚、脾虚痰阻、气虚血瘀、肾阴不足四种证型。例如，肝郁脾虚者，可选取阳陵泉、足三里为对穴，两穴均为阳经之合穴、下合穴，两穴合用可使气机升降自如，气血充盈、肝脾同调，亦可选取太冲、太白，此二穴分别为胆经、脾经之原穴，合用可奏疏肝健脾、理气解郁之效；脾虚痰阻型患者，宜选脾俞、足三里二穴，此二穴配对使用，可达脾健痰消之功，也可选阴陵泉、支沟配对；气虚血瘀患者，选取百会、足三里配合使用，可补益正气、温化瘀血，促使血脉通畅，也常取血海、三阴交二穴；肾阴不足者，可取太溪、肾俞二穴，补益肾阴，颜面复得滋润，或选取然谷、三阴交配合使用。

在跟诊裘师期间，莫晓枫目睹很多睡眠障碍的患者通过中药治疗受益，而在针灸科门诊中，她发现相当一部分女性患者容易在经间期出现失眠，她认为这类失眠的本质也离不开阴阳失交。经间期是月经周期中的一次重要转化期，若经后血海空虚，重阴不足，阴虚不能纳阳，阳浮越于外，则可导致失眠；或在经间期重阴转阳过程中转阳太过，阳盛不能入阴，使得阳满不得入于阴，也会失眠；亦有因为月经周期中阳长不及，阳虚不能入阴，阴阳不能交接，出现失眠、疲劳欲睡却不得睡。基于上述经间期失眠阴阳失交的病机特点，她以滋阴潜阳、引阳入阴为法，联合应用“三阴交、风池、风府”为角穴，根据辨证论治分型，在“重阴不足”的经间期失眠中三阴交行补法以滋补精血、滋阴潜阳；在“转阳太过”的经间期失眠中三阴交行泻法以泻热、调畅气机；在“阳长不及”的经间期失眠中三阴交行补法以阴中求阳，促进气血的活动。结合风池、风府调和阴阳营卫，三足鼎立，使经间期重阴转阳顺利进行，达到阴阳调和的状态。

在科研方面，莫晓枫曾主持和参与省部级、厅局级等研究课题多项，以第一作者在国内外杂志发表论文数 10 篇，主编、参编多部专著，曾赴澳洲昆士兰大学和玛特医院进行为期 3 个月的学术交流及讲学。在教学上，她培养硕士研究生 12 名，已毕业 5 名。每年临床带教来自美国、英国、加拿大、以色列、德国等外国留学生数十名，传播讲授中医知识，深受学生好评。

路漫漫其修远兮，在裘师指引下，莫晓枫结合自身学科特点，积极发挥针药结合、辨病辨证两手抓的特色，坚定不移地走中医之路。

4. 张丽萍

张丽萍，女，46 岁，1973 年出生，中医师承博士，硕士生导师，神经内科副教授，副主任医师，2014 年 10 月任浙江省中医院神经内科副主任，2017 年 9 月任医院党院办主任；为第五批全国老中医药专家学术经验继承人，师承裘昌林教授。2017 年被评为浙江省中医药传承与创新“十百千”人才工程（杏林工程）省级中青年临床名中医；从事神经内科专业 20 余年，擅长中西医结合治疗神经系统的常见病及疑难疾病，尤其擅长眩晕的病因诊治，脑血管病的急性期及二级预防的规范治疗，帕金森病的中西药联合治疗，重症肌无力、多发性硬化及其他神经自身免疫性疾病的综合治疗及缓解期中医辨证论治，睡眠障碍的中医治疗等。

张丽萍现任职：行政管理方面任中华中医药学会医院管理分会委员，浙江省医院协会行政管理分会副主任委员，浙江省医院协会中医医院管理分会委员兼秘书。专业方面：国家卫生健康委员会脑卒中防治工程专家委员会中西医结合专业委员会常务委员兼副秘书长，中国中西医结合学会眩晕病专业委员会委员，中国中西医结合学会神经病学分会青年委员，浙江省医学会康复医学分会常务委员，浙江省中西医结合学会第四届保健与康复医学专委会常务委员，浙江省医学会神经病学分会委员，浙江省中西医结合学会神经内科专业委员会委员。其是《单病种诊疗规范》及普通高等教育中医类“十三五”规划教材全国普通高等教育中医药类精编教材《中医内科学》第三版的编委。

张丽萍自从进入神经内科工作即在空余时间跟随裘师抄方，在裘师那里，她目睹很多患者，如患有重症肌无力、帕金森病、多发性硬化、运动神经元病、偏头痛等患者，尤其是西药治疗不足的领域，通过裘师的辨证施治可以得到很好的缓解，她由此对中西医结合治疗神经系统疑难疾病产生了浓厚的兴趣。在 2012 年 9 月至 2015 年 8 月更是以第五批全国老中医药专家学术经验继承人身份每周抄方 2 次。张丽萍基础扎实，加上学习刻苦认真，勤学多问，勤于笔耕，3 年间不知不觉书写了近 30 万字的作业，包括 180 篇跟师笔记，60 篇完整医案，39 篇月记，12 篇经典读后感，并以优异的成绩顺利通过出师考试，获得考官的好评。张丽萍跟师期间完成了博士课程的学习，撰写了 5 万字的博士论文，在论文答辩中以清晰的思路、翔实的数据、熟练的汇报、准确的回答，获得了以国医大师葛琳仪为组长的答辩专家们的充分肯定，以 91 分全班第二的成绩完成博士论文答辩。张丽萍也是凭着那段求学时期打下的扎实中医理论基础，2017 年顺利通过省级中青年临床名中医考试，成为培养对象。

在疾病的诊治过程中，她结合自己的亚专业，选择了帕金森病、运动神经元病作为重点研究病种，平时注重相关病例的收集，包括详细的病史特点，现代医学的诊断依据，加上中医证候要素、处方用药等内容，根据裘师的诊治特色，与医院信息中心合作，开发疾病专门的数据库，并进行相关的数据挖掘研究，总结出老师治疗帕金森病的一般规律，认为帕金森病属于中医学“颤证”范畴，其治疗最重要的是分清证型，辨明标本虚实。临床上常分为风阳上扰、肝肾不足、痰热动风、气血亏虚、阴阳两虚 5 种证型，通过数据挖掘发现临床上以肝肾阴虚最为多见，多由于肝肾不足、筋脉失养、阴虚风动导致，症见肢体震颤，行动迟缓，头目眩晕，腰膝酸软，汗出不止，大便难，舌红苔少，脉细数，当以滋阴熄风为法，予裘师自拟方滋阴熄风汤，常选用熟地、生地、山茱萸、制龟甲、白芍滋阴，天麻、钩藤、僵蚕、全蝎熄风，石决明、珍珠母平肝潜阳，中医强调辨证论治，临证当随证加。同时她也总结了非运动症状治疗经验，运用角药治疗帕金森病，使中医师承在言传意会的基础上有了可靠的数据资料，并把这种方法运用于工作室的资料收集与保存上。

张丽萍作为裘昌林名老中医药专家传承工作室的重要成员，近年来发表了有关裘师经验的文章数十篇，其中以第一作者发表 6 篇，发表于一级杂志 3 篇，发表于二级杂志 3 篇。

张丽萍主持浙江省中医药管理局课题 1 项，为“基于数据挖掘的裘昌林教授治疗帕金森病的用药规律研究”；参加浙江省中医药管理局课题 4 项：“裘昌林教授从‘阳明’论治重症肌无力的临床经验研究”，“裘昌林治疗运动神经元病的临床特点及用药规律研究”，“名老中医用药传承理念的集成优化及智能挖掘平台建设”，“裘昌林治疗重症肌无力的中医辨证方法和用药规律研究”；参与省部级课题 3 次，主持或参与厅局级课题 10 余次，并在浙江省各地继续教育班上以裘师治疗帕金森病、中风、运动神经元病、头痛等为主题进行讲座 10 余次，在 2018 年中国中西医结合学会神经内科分会年会上，交流《基于肾脑理论探析裘昌林教授辨证多系统萎缩的临证经验》，均获得好评。

在中医传承道路上，张丽萍作为学生首先跟名师，虚心向老师学习，积极掌握临床辨证施治规律，多读经典，多临证，做到理论与实践相结合；同时积极培养学生，将自己所学教给学生，作为硕士生导师，她培养的硕士研究生已毕业 11 名，在读 6 名。

总之，在裘师带领下，张丽萍运用中西医两种武器，中西合璧，扬长避短，增效减副，在神经系统疑难疾病诊治的道路上越走越远。

5. 蒋旭宏

蒋旭宏，男，41 岁，1979 年出生，双博士（临床医学博士、中医学博士），副主任医师、副教授、硕士生导师，第五批全国老中医药专家学术经验继承人，师承裘昌林教授；2014 年 10 月任浙江省中医院急诊科副主任，2017 年 9 月任浙江省中医院医务部主任；2017 年被评为浙江省中医药传承与创新“十百千”人才工程（杏林工程）省级中青年临床名中医、浙江省医坛新秀。其擅长急危重症和疑难病症的中西医结合诊治，形成了具有中医特色的临床救治体系，强调在临床上宏观和微观相结合，整体和局部相统一，比较全面地认识疾病的本质，确切地开展中西医结合治疗，特别是脑血管病、

重症肌无力的急诊抢救和缓解期维持治疗及温热病的中医治疗。

蒋旭宏兼任职务：中华中医药学会急诊分会委员，中国中西医结合学会急救医学专业委员会委员，世界中医药联合会热病分会常务理事，世界中医药联合会急症分会理事，浙江省中医病历质控中心副主任，浙江省中医药学会中医基础分会副主任委员，浙江省中医药学会急诊分会委员兼秘书等。

蒋旭宏自 2012 年 9 月成为第五批全国老中医药专家学术经验继承人，师承裘师，裘师诲人不倦，教吾辈修炼为医德行，渐入大医精诚之境；学习遣方用药，渐晓中医精深之意。其历年侍诊学习裘师博采西医之所长，发扬中医之特色，力主汇通中西医，又精于医理，专于格物，中医四诊望闻问切全面审查，西医望触叩听诊查细微。跟师临证抄方，整理病案，总结分析，形成了跟师笔记、经典医案、学习心得、经验总结、中医经典著作学习体会等宝贵资料，从而总结出了裘师对重症肌无力、癫痫、头痛、运动神经元病、脑血管病、帕金森病、睡眠障碍等神经系统疑难病症中医治疗的经验和学术思想，特别是系统总结了裘师关于重症肌无力的中医认识源流、病因病机、辨证分型、选方用药特点，以及糖皮质激素剂量调整时中医证型变化规律、中药协同治疗帮助减量的临床经验，对传承和发扬裘师宝贵临床经验提供了丰富的资料，更好地发挥了中医药在优势病种治疗中的作用。

裘师非常重视中医经典著作的研究，并且指导临床应用，解决疑难病症。受裘师影响，作为学生的蒋旭宏深入研究《黄帝内经》《伤寒论》《金匮要略》《温热论》《温病条辨》《医学衷中参西录》等经典中医著作，悉心潜学岐黄之术，深谙中医药理论，注重中医理论与临床实践相结合，尤看重临床实践，尊古不泥，灵活变通，强调辨证与辨病相统一。其在多年的临床实践中形成了自己的独到见解和用药经验，如治病注意顾护脾肾，不滥用苦寒伤阴败胃之品，用药轻灵活泼，强调治病必求于本和整体观念。并且，他注重用中医理论指导临床，结合临床医学对疾病的研究认识，形成了急危重症治疗的中医“四维”诊治体系，重点把握患者的阳气、津液、肾精、腑气，辨治主次轻重，“急则治其标”；对经方应用有较丰富的临床体会，六经方证、类方使用、病症方人发微，守经方又有全面的分析，用经方又有整体的辨证；对中医温热病症的诊治经验也有系统的研究，特别是江南地带的热病兼湿，亦有兼暑热者，形成了解表清热、兼以宣透的治疗大法。蒋旭宏认为治疗急性病要有胆有识，治疗慢性病则有方有守。由治疗急性病发展而来的中医不能仅仅局限于治疗慢性病，在治疗急重症方面应当发挥出其自身的特色和潜在优势，而且在优势病种方面必须有立竿见影之效；必须重视历代中医对急症医学积累的成果，继承挖掘整理有关急症的理论知识、实践经验、急救方药和急救技术，将“辨证救治”和“辨病救治”结合起来，传统的中医诊查与现代检验技术相结合，临床实践与实验研究相结合，才能使中医学不断充实、完善、发展到新的水平。

师承于裘师不仅可以在医学上精进，更重要的是在医德上的修养。蒋旭宏拜为裘师门生，受其点化教导，学习裘师临证经验和为人处世之风格。“路漫漫其修远兮，吾将上下而求索”，学医如“逆水行舟，不进则退”，吾辈非发奋勤学无以明其道，非清虚淡定无以悟其理，“勤有功，戏无益”，不可懈怠，自当“博极医源，精勤不倦”，学医当以博学为基；为医者须以德养心，医德修身，“欲成事先成人”，德才兼备方可为良医，“天行健，君子以自强不息；地势坤，君子以厚德载物”，学医当以济世救人为要；裘师常常提醒吾辈须心灵纯净，知我内省，胸怀博大，堂堂正正，以正气庄重之风貌面对患者，保持“铿锵话语，浩然正气”，不因一己私欲而损人，此诚为医之体。感悟裘师无言之教，以自身行为影响吾辈，使我们治学严谨、处事审慎、为人谦卑、心平气和、豁达慈悲、正心诚意、谦逊恭敬。裘师教导如春风化雨，注入心田，吾辈受益的不仅是医学真知，更是道德修养。

蒋旭宏在科研上先后主持浙江省自然基金研究项目 1 项、浙江省医药卫生科技计划项目 2 项、浙江省中医药科技计划项目 3 项，参与研究项目若干项；并以第一作者获得国家发明专利 2 项、浙江省医药卫生科技进步奖二等奖 1 项、已发表相关论文 30 余篇，其中 SCI 3 篇；编写著作 2 部：《国医大师治疗急危重症学术经验选》《内科学进展》。

第三节 春风为化雨 润物细无声

裘辉说自己出道很早，出名也很早。这名气的背后，是她的得天独厚的家庭环境。在她很小的时候，裘师便是杭城名医了，她从小就耳濡目染，自幼在父亲的严格教导下习读中医典籍，深谙中医理论的博大精深。父亲的谆谆教诲如春风化雨般灌溉着藏在她内心的中医梦，这裹挟着父爱的师徒之情，悄无声息却又滋润心田。年幼的她便立志继承、发扬悬壶济世之家学，成为一名仁心仁术的良医。

裘辉，女，46 岁，1973 年出生，现任浙江省中山医院中医科副主任医师，

1996年毕业于浙江中医学院，长期随父跟诊，耳濡目染，口传心授，尽得裘师之真传。除了得到其父亲的亲授，另外还师从陈意教授、周亨德教授；于2010年在浙江大学医学院附属第二医院神经内科进修，2014年作为优质医疗资源下沉磐安县中医院工作7个月，除负责门诊办公室主任工作以外，日常用所学知识诊治患者，受到当地患者及院领导的好评；现任浙江省中医药学会丹溪学派研究分会委员、裘昌林全国老中医药专家学术经验继承人、浙江省中医住院医师规范化培训结业考核考官、医师资格实践技能考试中医类别考官。

裘辉擅长治疗重症肌无力、帕金森病、中风、偏头痛、老年痴呆、癫痫、面瘫、更年期综合征、失眠、焦虑症、抑郁症、抽动症、多系统萎缩、多发性硬化、运动神经元病等神经系统疾病，尤其在采用中医药方法治疗重症肌无力上，深得其父所传，对眼肌型重症肌无力、全身型重症肌无力、延髓型重症肌无力，以及重症肌无力合并妊娠、重症肌无力合并更年期综合征、重症肌无力合并白癜风、重症肌无力合并甲状腺功能亢进等疾病积累了丰富的临床经验。重症肌无力是神经系统慢性病、疑难病，极为难治，迄今尚无根治的药物，西医目前的治疗方法主要以抑制患者自身免疫反应、提高神经肌肉接头的传导功能为治疗目的，但仅能控制症状。治疗初期虽可较快缓解症状，但往往副作用明显，长期使用疗效欠佳，甚至出现激素依赖，致使西药减量或停药困难，导致患者生活质量下降。特别是一些特殊人群中的MG患者，如妊娠妇女服用免疫抑制剂有致畸的风险，生长发育中的儿童使用免疫抑制剂的安全性问题等，都成为近年来国内外医生一直亟待解决的问题。中医药治疗重症肌无力无论在基础理论还是临床实践方面都积累了丰富的经验，近年来取得一定的疗效，具有不良反应小、远期疗效好等优势。重症肌无力轻症可单独应用中药，对与皮质激素同时应用的患者，使用中药极大地减轻了西药的用量，缩短了西药用药时间，减少了西药的副作用，并帮助减停西药，明显提高临床疗效。裘辉对失眠的治疗，特别是失眠伴焦虑状态的治疗独具匠心。失眠属于中医学“不寐”的范畴，裘辉认为，不寐的病因虽多，但其病理变化总属阳盛阴衰、阴阳失交，一为阴虚不能纳阳，一为阳盛不得入于阴。其病位主要在心，与肝、脾、肾密切相关。因心主神明，神安则寐，神不安则不寐。而阴阳气血之来源，由水谷之精微所化，上奉于心，则心神得养；受藏于肝，则肝体柔和；统摄于脾，则生化不息；调节有度，化而为精，内藏于肾，肾精上承于心，心气下交于肾，则神志安宁。失眠伴有焦虑状态的患者表现出失眠、心烦易怒、头晕耳鸣、腰膝酸软、潮热汗出等一系列肾阴不足，心火、肝火偏亢的症状。裘辉据此病因病机，予裘师自拟方滋肾清心安神汤补其不足、泻其有余、调其虚实以达阴平阳秘。

裘辉作为裘昌林全国名老中医药专家传承工作室的重要成员，近年来发表了有关裘师经验的文章10余篇，其中以第一作者发表7篇，SCI收录1篇，一级杂志2篇，二级杂志4篇，即 *Dihuang Yinzi，a Classical Chinese Herbal Prescription，for Amyotrophic Lateral Sclerosis：A 12-Year Follow-up Case Report*（2016年），《裘昌林以脾虚论治发作性睡病经验》等。

裘辉主持浙江省中医药管理局课题2项，分别是“滋肾清心安神法治疗失眠伴焦虑状态临床疗效观察”“裘昌林教授从‘阳明’论治重症肌无力的临床经验研究”，参与浙江省中医药管理局课题即“基于数据挖掘的裘昌林教授治疗帕金森病的用药规律研究”“熄风活血定痛汤治疗瘀血肝风型偏头痛的临床研究”“柴胡加龙骨牡蛎汤配合睡眠卫生指导治疗亚健康失眠的临床研究”3项；参与浙江省卫生课题“褪黑激素对大气颗粒物（PM2.5）暴露大鼠肺部炎症反应和氧化应激的影响及其机制研究”1项；并在全省各地继续教育班上以裘师治疗多发性硬化、重症肌无力、头痛等为主题进行多次讲座。

在裘辉的眼里，裘师是这样一位父亲：

1. 以身作则，不徇私情

裘辉毕业于浙江中医药大学，在浙江省中医院实习期间适逢裘师任职浙江省中医院常务副院长，实习前裘师就跟女儿定下规矩：在实习期间不能说自己是裘昌林的女儿，不应受到额外的照顾。实习结束后找工作，也没有将女儿安排在自己医院。单位分房时，已任常务副院长的裘师没有因自己是副院长而加分，而是主动要求按照自己当时副主任医师的职称来打分排序。

2. 行事低调，严于律己

裘师任常务副院长期间，每逢大年三十、大年初一一定会到医院慰问值班人员，向他们拜年。裘师初中毕业时，虽然成绩优异，但因父亲常年生病，家境贫寒而供不起学，于是报考了杭州卫生学校，享受学校的助学金，开始学习医学，因品学兼优而后留校任教，此后适逢国家“西学中”的政策开始接触中医，由于他非正规科班出身，学习时间又较短，因此造成了他的中医基本功欠扎实，但裘师坚信，只要自己比别人更努力，终将会赶上和超越他人，裘师常戏称自己“笨鸟先飞”。裘师最爱唐朝诗人韩愈写的“书山有路勤为径，学海无涯苦作舟”，并将此作为治学名言，以对联形式置于家中客厅勉励自己，多次搬家都未曾更换。

3. 重情重义，待人真诚

裘师的恩师杨继荪老院长，是当年指引裘师从事神经内科工作的老前辈，杨老过世后，杨师母仍健在，老人性情随和，与小儿子一起居住，裘师每年过年都要看望师母，与师母合影留念，有一次电话询问师母情况，得知师母昨晚失足跌倒后住在就近医院，裘师立即赶去医院探望，并以最快速度通知医院相关领导与专家，确诊为股骨颈骨折后转浙江省中医院行手术治疗，当时杨师母虽已九十高龄，但基础疾病较少，由于手术及时，术后功能恢复较好，渐可下地行走。裘师待人一贯热情，每有同学朋友住院必去看望，一位同学重病多次住院，裘师每次必去探望，同学病故后，裘师每年都会让女儿去该同学家看望其家人，得知同学爱人生病时，裘师带女儿上门为其诊治。裘师另一同学患帕金森病多年，行动不便，裘师多次主动上门为其诊治，同学会在外地召开时，裘师主动提出自己接送行动不便的同学参加同学会，并担任“保健医生”一职。类似情况不胜枚举。

4. 德艺双馨

裘师的医术自然不用多说，从收到的锦旗及表扬信就可见一斑；在医德方面更是我辈学习的榜样，他患者太多，学生们怕他太辛苦，欲回绝加号的患者，裘师总会说：“他们从外地赶来，来一趟也不容易，就加个号吧。”原本半天的门诊，都成了一整天。遇上患者费用不够时，他常倾囊相助。裘师诊治的疾病多为神经内科疑难病，西医往往没有特效药物，患者症状复杂，尽管如此，裘师处方用药仍十分正规，不开大方，受到同行好评。

裘师常对女儿说，要多做善事；对帮助过自己的人，不能忘恩；在中医学习的过程中，要熟读经典，勤于临床，善于思考，举一反三，学以致用。

第四节　率群以良骥　繁荣岐黄术

为加快浙江省基层中医药人才队伍建设，提升基层中医药服务能力和水平，浙江省中医药管理局出台基层临床中医师培养政策，在县级及以下医疗机构中选拔一批中医骨干，通过 3 年培养，使其成长为具有良好的医德医风、较为扎实的中医理论基础和较高的中医药服务水平、知识结构合理并拥有一技之长的基层名中医。在培养方案中很重要的是跟师 3 年，要来跟裘师学习的学生特别多，但裘师对于学生的选择非常严格，一旦确定了师徒关系，裘师便以繁荣岐黄为己任，认真带教，毫无保留地传授知识。以下是其中的几位优秀基层名中医徒弟，在当地也小有名气。

1. 章平富

章平富，男，52岁，1967年5月出生，主任医师，现任安吉县中医院门诊部主任，毕业于浙江中医药大学，从事中西医结合内科临床诊疗工作17年，对中西医结合治疗单病种如上消化道出血、急性胰腺炎、心肌炎、冠状动脉粥样硬化性心脏病、心绞痛、支气管哮喘、脑卒中、糖尿病的辨证论治运用得心应手，特别在心血管疾病和恶性肿瘤（肺癌、肝癌）治疗上有独特专长。另外，他运用中医专科优势治疗慢性心衰和中西医结合总攻疗法治疗泌尿系结石均取得了满意疗效。章平富曾被评为2000～2001学年“优秀带教教师”，2002年5月经考核合格被授予“浙江省中医临床骨干”，2008年被确定为安吉县第三批学术技术带头人后备人才，2014年被列为第二批浙江省基层名中医培养对象。

2014年，章平富随裘师跟师学习，勤于总结裘师临证经验，扎根临床，融会贯通，频添新意。在治学与临证上，孜孜不倦，勤苦钻研，其撰写的《自拟养阴降糖方治疗糖耐量异常31例》《泻火安神方联合乌灵胶囊治疗心肝热盛型失眠32例》《六味地黄汤临床运用举隅》《中西医结合治疗洋地黄中毒1例》《中西医结合治疗冠心病初发房颤体会》均在省级杂志上发表。

2. 曹利民

曹利民，男，1993年毕业于浙江中医学院，1999年在国家神经内科培训中心进修1年，现任萧山区中医院神经内科主任，主任医师，浙江省基层名中医，硕士研究生导师，兼职教授，现任中华中医药学会老年病分会委员、浙江省中西医结合学会神经内科分会委员、浙江省中医药学会脑病分会委员、杭州市中医药协会老年病分会副主任委员、杭州市科普专家。其在学术上注重以中医理论为指导，以各种脑病为主要研究对象，重在临床及中医四诊的现代化研究，运用中西医两种治疗方法，辨证论治与辨症论治相结合，正确处理神经系统疾病，并能在科研上有所创新。曹利民近年来主持省市级课题5项，有30余篇学术论文在国家一、二级刊物上发表，所带领的科室为浙江省中医药（中西医结合）重点学科。曹利民主任医师一直从事临床神经内科工作，能够将传统中医中药的优势与现代医学的新理论、新技术相结合，独立诊治脑血管疾病、颈肩腰腿痛、头痛、癫痫、周围神经疾病、锥体外系疾病、神经系统变性疾病等，并取得较好疗效。

曹利民于2015年跟随裘师抄方学习，并撰写《裘昌林教授辨识舌象治疗肌萎缩侧索硬化临床用药经验》一文刊登于《中国现代医生》2017年1月第55卷第2期，详述裘师依据舌象变化指导临床治疗肌萎缩侧索硬化。

肌萎缩侧索硬化是运动神经元病最常见的疾病，是侵犯脊髓前角细胞、脑干尾组运动神经元、皮质锥体细胞和锥体束的慢性进行性神经系统变性疾病，临床上因上、下运动神经元受损部位不同而表现为肌肉无力、肌肉萎缩、肌纤维颤动和言语不利、吞咽困难、饮水呛咳。裘师认为本病以虚证为多，脾气亏虚乃其基本病机。舌诊为中医特色诊法之一，凡脏腑的虚实、气血阴阳的盛衰、病位的深浅、预后的好坏皆可反映于舌。舌诊重在舌体，以舌体为"经"，据其变化判断脏腑盛衰，确立治疗原则；以舌苔为"纬"，舌苔变化定病邪病性，佐用药加减；以舌象转化定疾病进退，以裁方加减。裘师还列举了本病常见的五种舌象，即胖大舌、裂纹舌、碎舌、蚯蚓舌、舌下络脉瘀紫。通过舌象的应用，在诊治肌萎缩侧索硬化这一疾病过程中，对证候、预后及疗效的判断起到提纲挈领的作用。

3. 张清奇

张清奇，男，48岁，主任医师，1994年毕业于浙江中医学院中医专业，2013年2月任浦江县中医院内一科副主任，2015年12月任浙江省中西医结合学会神经内科专业委员会委员，现任浦江县中医院神经内科、康复科主任（2016年8月起）。

张清奇毕业后一直在浦江县中医院从事内科临床、教学工作，曾先后在浙江大学医学院附属第一医院、浙江省中医院心血管内科、神经内科进修，临床经验丰富，擅长失眠、头晕、头痛、中风、高血压、心脏病、过敏性咳嗽等疾病的诊断与治疗。其曾在国家二级医学杂志上发表论文10余篇，主持及参与县级科研项目2项，参与《戴原礼医论》《裘昌林神经系统疑难病医案精选》的编写。曾于2002年2月被评为金华市青年岗位能手，多次被评为浦江县卫生系统先进个人。

张清奇于2013年底在浙江省中医院神经内科进修，神经内科疾病的逻辑性很强，尤其是其定位诊断，简直就像警察破案，通过蛛丝马迹，一步步接近真相，每天的查房也总是有很多新的知识点可学，所以每日一次的晨查房对他来说都是一顿丰盛的知识大餐。但偏偏有一位一起进修的同学，早上的查房不是迟到就是缺席，后来聊起来才知道她经常去门诊抄方，说起抄方的事，她可是眉飞色舞，说裘师那真是用药如神啊，当时说得他心里怦然一动，心想以后如果有机会，自己一定要去跟裘师抄方学习，实地细细领悟裘师遣方用药的神机，毕竟耳听为虚，眼见为实。

无巧不成书，2014 年 9 月，他幸运地成为浙江省第二批基层名中医培养对象，开学典礼上，浙江省中医药管理局领导提出要“读经典，跟名师，做临床”，读经典没问题，四大经典著作一遍看不懂，可以看多遍，也有大量的资料可以提供学习参考。但跟名师，可就让他犯难了，因为中医药管理局领导说老师要自己找，找不到再统一安排。但名师并不是那么容易找的，就算找到名师，老师是否愿意接收呢？如果降低要求，找老师的难度自然会小很多，可是《易经》有云：“取法乎上，仅得其中；取法乎中，仅得其下。”虽然也有“弟子不必不如师”之说，但那必须得弟子天资异常聪颖，并且勤奋超出常人，才有望“青出于蓝而胜于蓝”。想想自己禀赋也只是寻常，显然找个最好的老师才能达到最好的学习效果，进修同学说的“用药如神”的裘师，正是他想要找的老师，可贸然去见素不相识的裘师，似乎并不合适，幸得浙江省中医院张丽萍老师引荐，在门诊，他心里忐忑不安，但终于见到了久仰的裘师，出乎意料的是，裘师非常平易近人。张清奇告诉裘师由于自己接触神经内科时间比较短，基础比较差，就怕学不好，但裘师说只要认真学习，肯定能学好。

2015 年 9 月初，张清奇开始跟诊学习，裘师每天的工作量很大，虽然限号 20 个，但裘师不忍把各地慕名而来的患者拒之门外，所以每天实际得看 50 ～ 70 位患者。跟师学习之初，由于来不及抄方，他就把患者的症状体征记录在笔记本上，处方则用手机拍照存档，下班后再对病例资料进行认真研究。由于跟师学习的机会得来不易，因此张清奇通过网络搜集了老师及其学生发表的所有学术论文，并打印出来装订成册，用于对照学习。跟师抄方 7 ～ 10 次之后，他对裘师的处方用药习惯有了一个初步的认识，但自己不懂的问题还是很多，可是裘师门诊非常忙，患者一个接着一个，他只能见缝插针向老师提问。有一次裘师给一位患者用了平地木，该药的功效为止咳化痰、化瘀利水，可是患者并没有咳嗽咳痰，没有水肿，也没有明显的瘀血之象，他百思不得其解，请教了裘师才知道平地木有保肝降酶的作用，老师对于肌病伴有肌酶升高的患者，常在中医辨证的基础上，加用平地木、垂盆草、五味子降肌酶，屡收良效。

很多常用中药，裘师对于其剂量、不同炮制品的选择，使用起来都很有讲究。比如黄芪，其剂量小到 12 ～ 15g，大到 80g，便干者多用生黄芪，便溏者则用炒黄芪，儿童多用炙黄芪以增加服药的依从性，因其口感更佳。类似的例子不胜枚举，“纸上得来终觉浅”，如非亲临跟师学习，很多细微之处，光靠自己读书，提高起来无疑会困难很多。他在老师处方前，都会在心里默拟一个方子，然后看看老师的实际处方，并结合患者复诊时的病情变化情况，对照总结自己的差距，以逐步提高。

裘师诊治疾病，主张辨证与辨病相结合，比如重症肌无力、脑血管意外、运动神经元病、多发性硬化、脊髓炎、周围神经病变等，虽然都可以归属于中医学“痿证”范畴，但裘师认为，落实到治疗还是应区别对待，辨证也各有侧重。尤其是重症肌无力，裘师总结出了一整套疗效卓著的治疗方法，也使全国各地许许多多的 MG 患者奇迹般地康复，其中也包括他一位高中同学的妹妹。张清奇所处的基层医院，重症肌无力的患者相对比较少，但偶有碰到，学以致用，感觉疗效确实不错。裘师不但汇通中西，而且极善创新研究，裘师采用自己创制的炙马钱子胶囊治疗脊髓损伤等多种疾病，疗效较好。在跟师过程中，他总结裘师治疗急性脊髓炎的经验，并在《浙江中医杂志》上发表了裘师治疗急性脊髓炎的验案一则。承蒙裘师厚爱，他也参与了《裘昌林神经系统疑难病医案精选》一书的编写。

“子在川上曰：‘逝者如斯！’”第二批浙江省基层名中医 3 年的培训时间转眼间就过去了，这期间张清奇在裘师的工作室里学到了太多太多，除了技术，还有医患沟通，为人处世……

张清奇在顺利地通过浙江省中医药管理局及浙江中医药大学成人教育学院组织的各项考核后，2018 年 6 月，获得了第二批“浙江省基层名中医”的荣誉称号，同年 8 月，又喜获“浦江县首届优秀医师提名奖”荣誉，2018 年 10 月任裘昌林全国名老中医药专家传承工作室浦江工作站负责人。曾经获得的荣誉，只是过往的工作过程中的一个个驿站，它不是结束，而是另一个新的起点。

4. 周文军

周文军，男，52 岁，1967 年 5 月出生，主任医师，康复科主任，永康市名中医、永康市第一批优秀中青年卫生技术人才，2004 年创建康复科并担任科主任，2007 年被国家中医药管理局确定为国家级农村医疗机构康复特色专科建设项目单位。2015 年创建永康市医学重点康复医学学科，担任学科带头人。从事神经内科专业 29 年，临床擅长中西结合神经内科，能够运用中、西二法熟练地处理本科常见病，多发病和急、难、危、重症；在临床上开展脑卒中溶栓及常规西药诊疗基础上结合早期的中医中药介入、中医传统康复结合现代康复技术治疗中风的工作。其中特别对中医药为主治疗慢性头痛颇有心得；在脑血管病的急性期及二级预防的规范治疗，帕金森病的中西药联合治疗，焦虑抑郁、睡眠障碍的中医治疗等方面积累了较丰富的经验；2018年被浙江省中医药管理局授予“浙江省基层名中医”称号。

现任职：浙江省中医药学会中医基础理论分会委员，金华市康复医学会理事，金华市中医学会理事，金华市神经内科分会委员，金华市脑卒中医疗质量控制委员会委员。

周文军 2014 年入选为第二批浙江省基层名中医培养对象，进入裘昌林全国名老中医药专家传承工作室跟师学习。其跟师学习 3 年期间每年抄方 20 天，学习刻苦认真，勤学多问，3 年间书写了 12 篇跟师笔记，36 篇完整医案，12 篇经典读后感，并顺利通过出师考核。

言：轻声细语树信心。裘师面对神经科疑难病人，虽很难快速起效，他总是用温和而坚定的语言鼓励患者。裘师说：“医师有时能做的就是尽自己努力为他们延长寿命，减少痛苦，给予他们最大的关怀。一方面是治病，更重要的是抚慰他们的心，帮助患者树立信心”。而在给一些小患者诊治的时候，裘师自己整理出了一套方法，语气也是和蔼可亲。“小孩儿和大人不一样，要哄着他们才行”，说着裘师就拉开抽屉给我们看准备好的两盒糖果，“很多小孩接受诊治的时候不配合，或者不乖乖吃药的时候，我就会拿些糖哄他们。”虽然这不是专业知识，却给我们很重要的启示。

传：传道授业解迷惑。基层医院的局限让我们对一些难治病、疑难病病例接触不多，或是疗效不确定，或多数转上级医院就诊，限制了我们的思维，难免产生畏难情绪，有时感到无从下手。比如重症肌无力，裘师认为中医学多以“痿证”论之，单纯眼睑无力则属“睑废”范畴，若是肌无力危象者，则按大气下陷论治。总结其主因为先天禀赋不足、后天失养而致元气虚衰。治疗主要从脾肾两脏为主，调补脾肾贯穿始终。但凡视物模糊，或复视则累及肝，临证时多兼顾调肝。现代医学棘手的重症肌无力，西医治疗需长期服用激素，副作用大；从中医角度看，服用激素后，机体出现阳亢或耗阴反应，其药性属阳，服用或减停激素后出现肾脏的反应，其归属肾经。大剂量激素诱导缓解阶段以阴虚火旺为主，治宜滋阴降火、清热利湿解毒；维持巩固阶段易耗气伤阴，治宜益气养阴、补肾健脾；减量至小剂量阶段以肾阳虚为主，治宜温补肾阳；激素停药阶段肺、脾、肾三脏俱虚，治宜益气健脾补肾。裘师把他多年临床经验传授我们，指明了重症肌无力各个阶段的治疗方向及激素增减过程中用何种中药来减轻副作用及增强疗效。

身：身体力行显仁心。人们常常看到，下班过了很久，裘师还在为加号患者悉心看病，特别是那些慕名远道而来一时挂不上号的患者。一天近 10 个小时的工作，有时我们都深感疲惫，何况是 70 多岁的古稀老人。裘师以“大医精诚之诚，铸成救死扶伤之心”为我们树立很好的榜样。

教：诲人不倦显真心。中药马钱子具有很强的毒性，我们临床畏之如虎。裘师研究运用马钱子 40 年，他认为马钱子虽有毒性，但只要经过严格炮制、合理用药，可避免其毒性而用其独到之功效。马钱子“开通经络、透达关节之力，远胜他药”，使用时以小剂量渐增法，分次服用，单次剂量不超过 0.4g。记得有次临诊，裘师发现患者舌质红，与病情不符，问患者是否刚进食不久，因进食往往会造成舌质偏红产生误差。有时发现患者舌苔两侧厚薄不匀，从这一细微的舌苔异常变化中，往往能判断患者有牙病。裘师一举一动，一言一行，教会我们临床治疗需要细心。

跟从裘师临床实践，以医好患者为目标，裘师善于把自己行医多年的临床诊疗经验上升为理论，使周文军逐渐“开窍”。中医学是一门经验医学，讲究的是辨证论治，目前的跟师模式恰好是印证这个特点的模式，使他少走很多弯路。得益于裘师言传身教，在疾病的诊治过程中，他结合自己的专业，选择了神经系统疾病作为重点研究病种，主持完成金华市科学技术局课题“脑循环治疗中风联合安眠汤治疗中风后失眠临床研究”（2018 年），金华市卫生健康委员会、科学技术局课题“中药熏蒸治疗仪治疗肩痛技术”（2018 年）；参与永康市科学技术局课题“康复结合针灸早期介入对脑梗塞偏瘫痉挛的影响”“乌灵胶囊联合舍林治疗对卒中后抑郁患者日常生活能力提高的临床研究”“中药熏蒸联合蜡疗治疗脑卒中后踝阵挛的疗效观察”“Rood 技术联合温针灸治疗脑卒中后感觉障碍的临床研究”。

周文军近年来注意临床经验总结，发表了相关的文章数篇。另外，周文军主持举办金华市继续教育项目 4 项。

千百年来，中医学薪火相传、生生不息，一代又一代的有志青年怀着对中医学的仰慕和济世救人的理念，循着不同的途径迈入中医之门，在继承的基础上不断创新，将前辈的仁心仁术发扬光大。师承是中医药发展的有效途径，周文军 2017 年被永康市卫生和计划生育局聘请为“永康市中医药人员学术经验继承项目”指导老师，指导基层卫生院医务人员更好地使用中医药解决老百姓的病痛。

作为一位名老中医，裘师医德高尚，对待患者如亲人，同时对待中西医问题，有开放包容的态度，他主张扎根中医，西为中用，中西医结合。裘师常常教导我们“立业先立德”，作为他的学生，周文军不仅学到了安身立命的一技之长，更领悟到了裘师高尚的医德和强大的人格魅力。

5. 徐文君

徐文君，女，48 岁，1970 年 10 月出生，1994 年毕业于浙江中医学院，主任医师，2009 年 10 月任开化县中医院内科副主任，肾病科主任，2014 年 9 月成为第二批浙江省基层名中医培养对象，师承裘昌林教授。其从事内科专业 20 余年，擅长肾病科常见病及疑难疾病等的诊治，尤其在失眠、偏头痛等的中医治疗方面有一定的临床经验。

学术任职：浙江省中医药学会脑病分会委员，浙江省中医药学会肾病分会委员，浙江省中西医结合医联体肾病专科联盟第一届委员，衢州市医学会肾病分会委员，衢州市医学会内分泌分会委员。

自 2015 年 7 月进入裘昌林全国名老中医药专家传承工作室后，每 2 周自开化到杭州跟随裘师抄方 1 次，见识到很多裘师运用中药治疗效果不错的患者，如睡眠障碍、焦虑症、偏头痛的中药治疗，同时还见识了基层医院比较少遇见的神经内科疾病，如重症肌无力、多发性硬化、运动神经元病等，在西药治疗效果不佳的情况下，通过裘师的辨证施治可以得到很好的疗效，延缓了疾病的进展。在跟师临证的过程中，在睡眠障碍、焦虑症、偏头痛等中西医结合治疗方面受到较大的启发，尤其是裘师运用中西医结合治疗重症肌无力，可达到“增效减毒”的效果，巩固疗效及时减用激素防止疾病复发，运用经方加减治疗失眠。当时回医院运用于临床，取得较好的疗效。在 2015 年 9 月至 2017 年 12 月期间，徐文君跟师勤记笔记，2 年间完成 10 余篇跟师笔记，6 篇经典读后感。

学经典，跟名师，做临床，通过裘师指导，徐文君掌握中医辨证施治，在中医道路上越走越远。

第五节　诲人不知倦　桃李竞芳菲

毗邻西湖的浙江省中医院，每年来此进修的医生络绎不绝，而誉满杏林

的裘师更是这些漫漫求索的中医人仰慕的名师。虽然他们是来自其他医院的进修医生，但裘师依然对他们要求甚是严格，除了在旁侍诊，裘师常在诊间对他们进行提问，对于他们的问题，裘师亦是一一耐心解答。他们学成之后，有的已成为当地知名的医生。现如今，裘师正带领他众多的学生，为中医药事业的发展添砖加瓦。

1. 朱文宗

朱文宗，男，主任医师、浙江中医药大学硕士生导师、教授、温州市中医院院长；国家中医药管理局十二五重点专科学术带头人，浙江省医学重点学科中医老年康复学科带头人；第四批全国中医临床优秀人才培养对象；世界中医药学会联合会青年中医培养工作委员会副会长，中国中西医结合学会康复专业委员会常务委员，浙江省中医药学会养生康复委员会副主任委员，温州市中西医结合学会神经科专业委员会主任委员，温州市医学会心身专业委员会副主任委员等。

朱文宗发表 SCI 论文及国家一级学术论文 30 多篇，主编《帕金森疾病诊疗与康复》专著 1 部；国家规划教材《神经心理学》编委；国家中医药管理局中风后吞咽障碍康复临床路径制订牵头人。其目前主要从事中医脑病与中医经方的临床、教学与科研工作，擅长脑神经系统疾病的诊疗与康复；对中风偏瘫、截瘫、重症肌无力、多发性硬化、头痛、眩晕、神经衰弱、抑郁症、失眠、痴呆、帕金森病、癫痫、高血压、冠状动脉粥样硬化性心脏病、心衰、糖尿病等老年疾病较有研究。

20 世纪 90 年代初，在杭州读大学的他就仰慕裘师的医德仁术，心中一直有个愿望，希望以后有机会能跟随裘师学习中医。进入工作岗位后，他对神经内科（中医脑病）产生了浓厚的兴趣，但是作为中医学院毕业的中医师，神经内科理论与临床基础都不够扎实，因此他迫切希望有一位中西医兼通的大师级专家能够指引方向、指导临床；2013 年底，机缘巧合，裘师同意了他的跟师请求，同意他跟诊学习，由此他非常荣幸地成为裘门一员；2014 年 5 月他利用周末及休息日时间从温州来杭州跟随裘师跟诊学习，在裘师那里，每天都会看到很多神经内科疑难杂症患者，如重症肌无力、帕金森病、多发性硬化、运动神经元病、偏头痛等，这些患者大多在其他地方经过中西医多方诊疗，辗转多方无效，在裘师这里，经过他的辨证施治往往能取得很好的疗效，有些还效如桴鼓。裘师特别擅长的是重症肌无力的中医药治疗，马钱子的临床应用可谓是裘师一绝，很多西医诊疗无效的重症肌无力患者在裘师这里得到临床治愈；因疗效卓越，裘师医名远扬，患者来自国内外，每天早上门诊都要加不少的号，而裘师总是精力充沛，中午用过简单的便当后就马上开始看加号的患者，一般都要看到下午 2、3 点才能结束，这种孜孜不倦的工作热情和一丝不苟的工作操守使我们很多年轻人自叹不如。裘师学识非常渊博，天文地理、人文世故皆通，在临床带教过程中诲人不倦，几乎有问必答，我们学生的每次提问都能得到满意的答复；裘师的这种大医精诚的医者风范和传道授业解惑的大师风范是我们学生的追求目标与努力方向。

2. 林祖辉

林祖辉，男，主任医师，中国民族医药畲医药分会理事，浙江省中西医结合学会第二～四届神经内科专业委员会委员，《中华现代中西医杂志》专家编委会编委，中国超声学会会员；现为丽水市人民医院中医科主任。其毕业于温州医科大学，从事临床工作 40 多年，先后在北京工程学院及浙江大学进修学习深造；2005 年随全国老中医药专家学术经验继承工作指导老师裘昌林抄方进修。推崇裘师对老年痴呆以痰为最根本病理基础的，尤以《石室秘录》“痰气最盛，呆气最深”之认识。裘师临证多祛痰开窍与疏肝扶脾并施，亦豁痰泻火清心与重镇潜阳宁神并用，且祛痰不忘理气活血化瘀，因痰浊凝滞，易阻碍气机，气不畅则血行缓，血缓则瘀血渐生之故，亦重调脾肾，由于肾与髓密切相关，因而补肾是治疗虚证痴呆不可忽视的一面。本病中后期的治疗过程和病情恢复后的疗效巩固，常视脾肾功能情况判断和调治以取效于临床。

林祖辉主持和参与浙江省重点课题有“畲药研究和开发”“畲药治疗高脂血症的临床研究”“中药治疗糖尿病周围神经性疾病的临床研究”等。先后发表论文 30 余篇，曾撰写《裘昌林从痰论治老年痴呆经验》一文刊登于《中医杂志》2006 年第 47 卷第 11 期、《裘昌林妙用石菖蒲治脑系顽疾经验浅识》一文刊登于《中医药学刊》2005 年第 23 卷第 2 期及外文版 SCI 杂志；分别获得中华中医药学会、浙江省和杭州市自然科学奖优秀奖；参加国家级科研项目 1 项并获得二等奖；分别主持和参与浙江省科学技术厅项目 2 项获三等奖；市级项目 4 项。在裘师悉心指导下，林祖辉治疗中风、小儿抽动症、癫痫及脑血管等疑难疾病有较好疗效，并开设心脑血管专科门诊，主要临床研究方向：中医药和民族医药干预治疗脑神经及心脑血管性疾病；中西结合治疗脑神经和心血管疾病（脑卒中及后遗症、三叉神经病、老年痴呆、脂代谢失常、神经功能失调、心脏疾病、眩晕）。

3. 陈利芳

陈利芳，中西医结合临床医学博士，浙江中医药大学附属第三医院针灸科副主任医师，浙江中医药大学副教授，美国印第安纳大学访问学者，浙江省第二届“医坛新秀”培养对象，浙江省中青年临床名中医培养对象；现任中国针灸学会穴位埋线专业委员会常务委员、浙江省针灸学会青年理事、医学美容专业委员会常务委员、刺法灸法委员会常务委员。

陈利芳曾于2007年随裘师跟师学习，并撰写《裘昌林运用丹栀逍遥散治疗围绝经期失眠经验》一文。围绝经期综合征为妇女在绝经前后由于卵巢功能衰退，雌激素水平波动或下降所致的以自主神经功能紊乱为主，伴有神经心理症状的一组证候群，包括常见十二大症状：潮热、出汗、头晕、蚁走感、关节痛、失眠、抑郁、烦躁、神经过敏、尿频、疲劳、性交干痛。裘师认为围绝经期综合征为妇科杂病之一，属中医“绝经前后诸证”范畴，亦可归为现代神经精神疾病范畴，其病机盘根错节，涉及五脏六腑，症状变幻多端，参差迁延，临证若偏重于主诉一面之词，不着眼于整体，极易犯“头痛医头”之戒，故明辨其病机非常重要。裘师认为“肾气衰、天癸竭”是围绝经期的生理基础，然女子以血为本，以肝为先天，肝主藏血，主司人体气机之条达疏畅，与体内之气血运行和情志活动的关系最为密切。关于病因病机，裘师认为责之肝肾，兼顾心脾。本病辨证施治首重调肝，治以丹栀逍遥散，疏肝养血清热；次以宁心，治以养心安神、清热除烦；辅以补肾，阴阳并调，以固先天之本；见肝之病当先实脾，见脾之病当以疏肝。本文刊登于《世界中医药》2009年第4卷第2期。

科研方面，陈利芳医师先后主持国家自然科学基金1项，浙江省中医药科技计划4项，参与国家级、省部级、局级课题多项；曾获浙江省中医药科学技术进步奖一等奖和三等奖各一项，发表论文数篇，其中SCI论文5篇，参编国家十三五创新教材“针灸推拿诊疗基础”、*Evidence from Clinical Trials of the Chinese Medicine* 等著作。

4. 车烨炯

车烨炯，男，39岁，1980年9月出生，中医临床硕士，现为杭州某中医门诊部主治医师。车烨炯医生曾多年跟随裘师门诊抄方，认真学习体会裘师中医治疗神经内科疾病方面辨证论治与用药经验，在门诊中逐渐提高自己在睡眠障碍、焦虑抑郁状态、围绝经期综合征等神经内科常见疾病上的中医治疗经验；2011年撰写论文《裘昌林运用虫类药治疗神经内科疑难杂症经验》，此文刊登于《亚太传统医药》2011 年 12 月第 7 卷第 12 期。裘师认为不少神经内科疑难杂症，如血管性头痛、癫痫、多发性硬化、运动神经元病等疾病，均归属于中医学“络病”范畴，临床上以肝阴不足、血虚生风或肝阳化风为主要病机。裘师临床经常运用全蝎、蜈蚣、地龙、蕲蛇、僵蚕、蝉衣这六味虫类药，它们均归属肝经，具有搜风通络、熄风化痰、止痉定痫等功效，临床运用虫类药多入汤剂，成人用量：全蝎 6g，蕲蛇 6 ～ 9g，乌梢蛇、僵蚕各 12g，地龙、蝉衣各 9g。现代药理研究也证实，虫类药所含的氨基酸、酶类、维生素和微量元素有很好的营养神经、强壮机体的作用，且无明显毒副作用。

在长期跟随裘师学习的过程中，车烨炯逐渐体会到虫类药在熄风化痰、通络止痉方面的独特功效，并将全蝎、地龙、蝉衣、僵蚕这四味药灵活运用到临床治疗小儿多发性抽动症的中医治疗中，并取得了一定的疗效。

5. 竺湘江

竺湘江，男，48 岁，1971 年 9 月出生，主任医师，1995 年毕业于温州医科大学临床医学系本科，浙江大学在职研究生，浙江省西学中高级研修班毕业，中医师承全国名老中医裘昌林；一直从事骨科临床工作，2006 年 1 月担任嵊州市人民医院骨科主任，2012 年 6 月任嵊州市中医院副院长兼嵊州市人民医院骨科主任，2013 年 10 月任嵊州市中医院院长，2018 年 10 月任嵊州市中医院书记、院长。

社会兼职：浙江省中医药学会西学中研究分会副主任委员，浙江省老年运动医学委员会常务委员，浙江省医院协会第一届中医医院管理分会委员，浙江省康复医学会脊柱脊髓损伤委员会委员兼微创外科学组委员，浙江省中医药学会骨伤科分会委员，浙江省中西医结合学会脊柱学组常务委员，绍兴市骨科医师协会副会长，绍兴市中西医结合学会副会长，绍兴市骨伤科分会副会长，绍兴市医学会骨科分会常务委员，绍兴市中医药学会常务理事，嵊州市中医学会会长、嵊州市高层次人才联合会副会长等。他是浙江省第二批县级医学龙头学科带头人，绍兴市最美医生，嵊州市十大感动嵊州最美人物，嵊州市十大名医，嵊州市第六批、第七批、第八批专业技术拔尖人才、学术技术带头人，嵊州市第二批科学技术创新团队带头人等。他发表专业学术论文 10 余篇，获嵊州市自然科学奖三项；课题立项 9 项，其中 3 项课题获绍兴市、嵊州市科学技术奖；曾于浙医二院、南京中大医院、温州医科大学附属第二医院、北京大学第三医院、上海华山医院、重庆新桥医院、台湾长庚医院等

大医院进修学习，擅长骨科各类疾病的诊治，在骨科高难度手术和微创手术技术方面有独到之处。

在裘师的悉心指导下，竺湘江在中医传承的道路上受益匪浅，这源于裘师的倾囊相授和师兄弟们的互帮互助，裘师的每一堂课都为我们高屋建瓴指方向，每一次点评都如点睛之笔，让竺湘江在短短的几年中医学习生涯中有了很大的进步，一边学习一边钻研，努力将裘师的学术思想和临床经验运用于临床，通过临证，发挥中西医所长，解决了许多骨伤科疑证、难证、顽证，将裘师的学术思想在中医骨伤科中传承、发扬。

6. 裘昊

裘昊，男，56岁，1963年12月出生，嵊州市中医院业务副院长，主任医师，农工民主党嵊州市委委员，绍兴市人民代表大会代表，绍兴市中青年名中医，嵊州市第六～八批专业技术拔尖人才，嵊州市十大名医，省级重点专科神经内科带头人，浙江省新世纪151工程第三层次人才，浙江中医药大学兼职教授，浙江省中西医结合学会神经内科专业委员会委员，浙江省中医学会内科分会委员、老年分会常委，绍兴市医师协会中医医师分会副会长、健康素养分会副会长，绍兴市老年病分会主委，嵊州市中医学会常务理事，嵊州市健康教育促进协会会长等。

裘昊自1986年于浙江中医药大学毕业后即开始在内科病房和门急诊工作，具有扎实的理论基础和丰富的临床经验，擅长治疗神经内科和内科疑难杂病，对高血压、冠状动脉粥样硬化性心脏病、糖尿病、中风、眩晕、失眠、癫痫、肌张力障碍等疾病的治疗总结出了一套规范有效的中西医结合治疗方案，同时在中医养生调理方面积累了丰富的经验。

裘昊跟师首先跟名医，自1998年开始跟随裘师门诊和查房，并在裘师的帮助和指导下创建了神经内科病房，开设神经内科门诊。裘师严谨治学，勇于探索，实事求是，师古而不泥古，提倡中西医合参，扬长避短，在中医治疗神经内科疾病上提出了很多独到的见解，且悉心指导后学，使裘昊治疗中风、帕金森病、重症肌无力、失眠、眩晕等疾病的技术有了很大的提高，他所带领的学科神经内科也成为嵊州市首个省级重点专科，获浙江省中医药能力建设项目补助资金100万元，成为嵊州区域神经内科、康复科医教研中心。

裘师还经常说，我们中医人要深刻领悟辨证施治的含义，要有整体观，做到因人而异。中医治“病的人”，所以，首先要从心理上关注患者，治病先治心，从人文关怀的高度去关心和治疗每一位患者，使他们有最大的获得感。而临床工作中，裘昊也照此践行，将与患者充分沟通和疏肝理气、重镇安神的方法配合应用，取得了良好的疗效。

为医学发展后继有人，裘师积极带领后学，2008 年开始一直被浙江中医药大学聘为兼职教授，在本院通过“师带徒”学习形式，培养后备名中医 3 人，均已成为医院骨干力量；同时通过在基层成立“名医工作室”的形式，定期为当地医师进行教学查房、授课带教，将多年来的临床经验、学术思想传授给新一代的年轻医师。

裘昊工作至今，已以第一作者发表学术论文 12 篇，参与省市级科研课题 6 项，近 5 年来参与科研课题 2 项，“中风复发的危险因素研究”2014 年通过嵊州市科技局验收，“金天保宁（OPC）对恢复期脑梗死临床疗效和危险因素的影响”2018 年成功通过省级验收，在同类项目中处于国内先进水平。

裘师一贯教诲我们要“诚信做医，踏实做人”，今后我们都将继续认真跟师，在从医的道路上不懈努力，把裘师的经验传承和发扬光大，造福广大患者。

7. 王成

王成，男，40 岁，1979 年 12 月出生，副主任医师，嵊州市中医院医教科科长，浙江省康复医学会中西医结合专业委员会委员，浙江省中医药学会内科分会青年委员，绍兴市中西医结合学会神经内科分会委员，裘昌林全国名老中医药专家传承工作室嵊州分站成员，嵊州市中医院名中医；2002 年于浙江省中医院毕业实习，2009 年于浙江大学临床医学研究生班结业，2013 年赴上海华山医院神经内科、脑电图室进修，2017 年赴浙江省中医院进修，2018 年于浙江大学卫生管理高级研修班结业，并先后赴浙江省人民医院、上海同济医院等著名三甲医院进修学习，从事神经内科工作 15 年，擅长中西医结合规范化治疗脑血管病、帕金森病、肌张力障碍、癫痫、头痛、眩晕等神经内科常见病，在神经内科疑难杂症的诊治方面也积累了较丰富的经验。

王成说：“2002 年，浙江中医药大学毕业，进入嵊州市中医院工作，适逢裘师至我院月诊，余三生有幸，得以侍诊，惊讶于吾师中医医术之高明，诸多恶疾，经辨证施治，收效颇佳。曾有至亲，得腰痛，拟师之方，服一剂，痛甚，卧床，急问吾师，半时相授，病因病机，寒热暑湿，阴阳表里，虽拟其方却失其理，更方，二剂痊愈。自始，吾日侍诊，夜求书，不觉已十五载，得师指点，修神内与中内之融汇，求西医与中医之突破，于诊疾、疗病、养生、保健均有崭新之认识。”

裘师指导医术严格，培养吾辈更是倾心。在裘师指导下，王成以第一、第二作者身份发表文章多篇，其中《补阳还五汤联合叶酸及弥可保治疗脑梗死恢复期伴高同型半胱氨酸血症疗效观察》一文获2015年浙江省内科分会学术年会优秀论文奖；《六味二仙汤联合二甲双胍治疗2型糖尿病的临床研究》一文2017年获浙江省内科分会优秀论文奖；主持厅局级青年科技项目课题1项，即“滋肾益髓方加减治疗肝肾阴虚型帕金森病患者非运动症状的临床观察”，参与课题3项。

“跟师十五载，深为师之医术高明、治学严谨所折服，更以师之高风亮节，为人处世为榜样，心善系病家，厚德可载物。医路漫漫，吾将以拜师于裘门为荣耀，以师门为标准，多读经典，勤写笔记，运用好中西两法，在裘师及诸位同门师长带领下，牢记‘仁心济世’，做好学术思想和医学精神之传承，在神经内科领域把师门发扬光大。”

8. 袁明

袁明，男，55岁，嵊州市中医院神经康复中心主任，主任医师，浙江省卒中学会委员，绍兴市医学联盟常委，嵊州市中医学会委员，嵊州市十大名中医，裘昌林全国名老中医药专家传承工作室嵊州工作站成员。1989年于浙江中医学院毕业，曾去浙江大学医学院附属第二医院进修内科、上海华山医院和浙江省中医院进修神经内科；从事内科及神经内科临床30年，在中西医结合治疗神经内科方面有丰富经验，尤擅长中风、失眠、眩晕、偏头痛、帕金森病等疾病诊治，对亚健康状态的调理亦颇有心得。2013年他组织的三级查房荣获绍兴市中医三级查房视频比赛一等奖。已有《中西医治疗三叉神经痛48例》《50例进展性脑梗死与危险因素关系探讨》《复发性脑梗死患者118例危险因素观察》和《中风复发因素初探》等20余篇文章发表于医学期刊，课题“中风病复发危险因素的研究”2014年11月通过验收评审；多次荣获嵊州市卫生系统优秀医生。

“裘师治疗神经内科疾病，善于中西并用，各取所长，标本兼治，充分发挥中医整体观念和辨证论治、以人为本的特色优势。作为嵊州老乡，能师从裘师，是我莫大的幸运。跟随裘师门诊、查房、经验授课，学到了治疗神经内科疾病的宝贵经验，特别是对失眠、帕金森病、重症肌无力、头痛、三叉神经痛等疾病的用药特点，做了深入学习、思考、研究，并应用于临床实践，疗效显著，在继承及总结裘师的宝贵经验方面起到促进作用。”

9. 钟的灵

钟的灵，嵊州市中医院神经内科病区主任，从事神经内科临床工作20余年，具有扎实的理论知识与丰富的临床经验，擅长脑血管病、周围神经病、帕金森病、头痛、眩晕、失眠等疾病的诊治，在神经系统疑难杂症及危重症救治方面有很深的造诣，及时将国内外新进展、新技术应用于临床，在科室里开展良性位置性眩晕复位治疗及急性脑卒中静脉溶栓治疗。2016 年她参加了医院组织的浙江中医药大学西学中班学习，并且在 2018 年非常有幸地成为裘师弟子中的一员。经过这一年多的跟师学习，结合裘师的言传身教，她深刻体会到要做好学术继承，需要做到以下几点。

（1）专心致志，勤于思考。“医者意也”，学习中医需要有良好悟性的同时，须深究医理，明察秋毫，细致地观察人体脏腑、阴阳偏盛偏衰，深入思考和体会。

（2）主动学习，积极进取。“师父领进门，修行在个人”，学习中医也一样，裘师起到带领作用，自己需要学习的也很多。除了传承裘师的经验外，《黄帝内经》《伤寒论》《金匮要略》《温病条辨》、各家学说都给钟的灵带来灵感，学经典能与古代医家跨时空深入交流智慧。

（3）锲而不舍，持之以恒。学习中医在于终身积累，并非一朝一夕所能成才，“志承岐黄、精勤不倦”是我们学习的追求。

（4）实践求真，临床效验。作为一位在中医院工作的西医大夫，学习中医最主要目的是应用于临床，提高临床疗效，弥补既往工作中的不足。在实践过程中，钟的灵深刻体会到既往一些棘手问题运用中医中药能起到“一剂知，二剂已”的效果，这更加增强了钟的灵对学习中医的信心。

（5）医德兼备，以德为先。自古从医者需有高尚情操以“上疗君亲之疾，下救贫贱之厄”，裘师除了指导我们学习专业理论知识，也很重视对我们医德的培养。我们会严格要求自己，为祖国医学的继承和发展贡献力量。

10. 项万林

项万林，男，1984 年 1 月出生，2007 年毕业于浙江中医药大学，浙江省嵊州市中医院神经内科主治医师，裘昌林名老中医药专家传承工作室嵊州分站成员。

项万林大学时代即醉心于岐黄医学，并十分注重学以致用，曾侍诊于多位名老中医案侧，虽讷于言，却敏于思，勤于实践；正式参加工作以后，伴随临床实践的深入，困惑迷惘之处亦渐有之。譬如，如何做真正有意义的中西医结合，而非简单的中西药联用；如何找寻具体的切入点；如何将现代医学理论和技术设备检查结果内化到传统中医理论中去认识；究竟哪种模式才是现代中医人继承发扬传统医学的正确道路等。2015 年，机缘巧合下，他有幸得以跟师学贯中西的全国名老中医裘昌林教授，至今已四载，临床渐有所悟，整理发表了《裘昌林教授运用中药药对治疗神经系统疾病的经验》《裘昌林教授运用补肾法治疗神经系统疾病经验举隅》等数篇学术文章。他先前临床所遇种种困惑也都一一有了解答，如裘老治疗重症肌无力时，用传统药性理论来认识激素，并将其与中药协同配合使用，最终起到很好的增效减副效果，即是中西医结合思路的一个典范。可以说，裘师的出现，为正处迷途困惑中的他指引了正确的前进方向。

遥想 15 年前在杭求学时的情景，浙江省中医院唯有裘师所在的诊室是其心向往之却又两度徘徊而不敢入门侍诊求教的。“学生众多纵然是个原因，但最主要的，还是因为远观裘师门诊，态度严谨认真，自带一种威严，使得当时只读大二青涩稚嫩的我不敢贸然相扰。就这样，一时犹豫，险成一生憾事！幸好，有缘终究能相会，也让我得以有机会纠偏。裘师乃治学严谨而又平易近人之长者也！”

11. 苏小玲

苏小玲，女，副主任医师，中西医结合临床医学硕士，浙江省神经修复专业委员会卒中康复学会青年委员，浙江省中医药学会脑病专科青年委员，嵊州市中医院预备名中医，裘昌林全国名老中医药专家传承工作室嵊州分站成员；多次被评为嵊州市中医院安全医疗先进个人，2018 年度被评为嵊州市优秀医师；从事神经内科临床工作 10 余年，曾在邵逸夫医院、上海华山医院神经内科、肌电图室进修学习深造；发表多篇专业论文，主持并完成浙江省中西医结合协会临床课题 1 项；擅长中西医结合治疗中风、眩晕、失眠、面瘫、帕金森病等神经内科常见病、多发病，在吉兰－巴雷综合征、重症肌无力、视神经脊髓炎等少见病、疑难病的诊治方面积累了一定的经验。

苏小玲第一次见裘师是在浙江省中医院实习时，裘师当时来病房给一位神经科患者会诊。接触的时间虽然只有短短的十几分钟，当时的她却仍感慨这位老教授真是学识渊博，平易近人，且为自己能答出裘师考她的中风经典方补阳还五汤的方药组成而沾沾自喜。2015 年初夏，裘师开始在嵊州市中医院每个月半天固定坐诊。当时的她在临床工作已经满 10 个年头了，但中医学习上却陷入了迷茫，裘师的到来给了她难得的学习机会。虽然每次只能在抓紧忙完病房工作后到裘师那里学习抄方，裘师还是会详细耐心解答我们提出的问题。在她冒昧递上人生第一篇论文请求裘师帮其指导时，内心是忐忑不安的，当时跟裘师算不上特别熟识，且论文内容属于内科，但裘师还是认真仔细地阅读了她的文章，并详细标注了需要修改和订正的地方，使其受益匪浅。裘师知道她在读研究生课程后，还推荐自己的得意门生张丽萍老师，张老师后来成为她的硕士研究生导师。裘师的无私教诲和帮助，她一直铭记于心，每每想起都莫名感动！

苏小玲在张丽萍老师指导下完成硕士论文并顺利通过答辩。研究生的学习给苏小玲打开了一个医学的新世界，她开阔了眼界，学到了很多以前不知道的知识。正是因为张老师的悉心教导和帮助，她才能顺利完成研究生课程，取得硕士学位。张老师常说，我们就是一个大家庭，在这里，她真正感受到了家的温暖！

2018 年 5 月 13 日嵊州市中医院举行了隆重的裘昌林收徒拜师仪式，她非常幸运地成为裘师在嵊州的八个弟子之一，正式加入裘昌林全国名老中医药专家传承工作室嵊州分站，开始更加正规和系统地学习裘师的学术思想和临床经验。通过跟师听讲、收集临床病例、阅读裘师相关学术作品，在临床中实践和运用老师的经验方等方式，她学习、理解和把握裘师的学术思想和经验，取得很好的效果和进步。临床中使用裘师经验方，在中风、眩晕、失眠等临床常见但不易治疗的疾病诊治中能更好地发挥中医药优势，提高疗效。而在重症肌无力等疑难病中，使用中药增效减副，中西医结合治疗，取长补短，能更好地帮助患者战胜疾病困扰。

大医精诚，薪火相传！希望通过不断的学习，继承裘师的仁心仁术，并使之继续发扬光大！

12. 吴美娜

吴美娜，女，32 岁，1987 年 2 月出生，主治医师，2011 年 9 月进入嵊州市中医院工作，2012 年 9 月进入嵊州市中医院神经内科学习、工作。2018 年被选为嵊州市中医院预备名中医；从事神经内科专业 6 年余，擅长中西医结合治疗神经系统的常见疾病，如脑血管病的急性期及二级预防的规范治疗；眩晕的诊治；对带状疱疹、面神经炎的中西医治疗有一定的见解；在帕金森病的中西医联合治疗方面有了一定的经验；对重症肌无力及其他神经自身免疫性疾病的综合治疗及睡眠障碍的中医治疗有所了解等。

吴美娜进入嵊州市中医院工作后，完成继续教育，参加急救培训，参加急诊室轮岗 3 年余，能对急危重症进行有效抢救，目前在科室内担任病历质控员及临床路径管理员工作；2015 年参加绍兴市三级查房比赛，取得一等奖；

2016年参加嵊州市中医院病历书写比赛，荣获一等奖；2017年参加“全科医师资格培训班”，经考核后取得证书。她敬业精神比较强，工作认真负责，勤勤恳恳，任劳任怨，干一行，爱一行，专一行，这是干好工作的基础；思想比较解放，接受新事物比较快，爱学习，勤思考，工作中注意发挥主观能动性，超前意识强，这有利于开拓工作新局面；办事稳妥，原则性较强，能够严格要求自己，这是做好工作的保证；信奉诚实、正派的做人宗旨，能够与人团结共事，具有较强的协调能力。

自从进入神经内科工作后，她深知自己的不足，在空余时间不断学习，除了学习神经内科疾病西医的诊断治疗，还不断巩固中医基础知识，温习“中医基础理论”“中医诊断学”“中药学”“方剂学”“中医内科学”等，学习中医经典：《黄帝内经》《金匮要略》《伤寒论》《温病条辨》，然而，“纸上得来终觉浅”，自己摸索进步亦缓慢。后来裘师在嵊州市中医院坐诊，在裘师那里，她目睹很多病证，如重症肌无力、三叉神经痛、偏头痛、睡眠障碍等，尤其是西药治疗副作用较大、效果欠佳的领域，通过裘师的辨证施治，均可以得到很好的缓解，由此她对中西医结合治疗神经系统疑难疾病产生了浓厚的兴趣。裘师对待患者如亲人，对待自己的学生如孩子，诲人不倦。

第六节　循循善诱人　海外扬美名

从电影《刮痧》里的不被理解，到菲尔普斯引领的“全球刮痧热”，随着中医“走出去”的步伐加快，中医在海外的热度发生显著变化。中医孔子学院、“洋中医”、国际办学不断在路上，越来越多的外国人正在邂逅这一中华文化中“低调的瑰宝”。

近年来，中国的传统医学——中医学吸引着越来越多的外国留学生来华进修、学习。位于西湖之畔的浙江省中医院，每年都有大批海外留学生慕名至此学习中医。

在过去的20年中，裘师每年带教留学生50～80人次，他们分别来自美国、英国、德国、意大利、法国、加拿大、澳大利亚、瑞典、瑞士、以色列、墨西哥、奥地利、匈牙利、沙特阿拉伯、越南、马来西亚、新加坡等20多个国家，学习期限1～6个月不等，形成培养中医药传承型人才的流动站。他们学成归国后，有的开设了自己的中医诊所，有的加入中医医疗机构成为一名专业的中医从业人员。有部分学员如今已成为他们国家当地小有成就的中医专家，如来自以色列的Boaz Colodnar先生，曾于2004～2006年连续三年，每次1～3个月，专门来浙江省中医院跟裘师门诊抄方学习，经过裘师的精心带教、悉心指导，他学成回国后开设了自己的中医诊所，经过20多年的努力，不断积累，如今他的诊所在当地已经小有名气，上门求诊者众多。

还有来自以色列的Uri Armon先生，曾经于2005、2006连续两年，每次1～2个月专门来浙江省中医院向裘师跟诊学习，回国后他不仅成为以色列三大中医学院之一的美拉芙中医学院的主力教师，同时在中医针灸门诊部，每天的就诊患者达50～60人次。如今Uri Armon先生任职以色列第二大医疗机构MACCABI医疗集团——MACCABI TIVI中医部的主任。从2005年起至今，他每年组织15～20名学员来浙江省中医院针灸、推拿、中医内科、中医神经科等临床进修学习。

来自纽约的Darlene Easton女士，从1999起，不仅每年来浙江省中医院跟裘师跟诊学习，也带她的学员来学习。如今她是美国纽约整脊医学院的主力教师，也是中医系的主任。马来西亚留学生表示，毕业后打算回到自己的家乡开一家中医诊所，将正宗的中医专业技能带回去，让他的家乡人也能感受到和见证中医的神奇。沙特阿拉伯留学生表示，中医很受欢迎，大家都认为中医药有利于调理、保养身体，毕业后也想像裘师那样传授中医知识，并希望以后他自己的学生也能来裘师这里学习中医。越南留学生拜在裘师门下，通过全面系统的学习，长期的跟诊、实验，以及各类课题的参与，顺利通过毕业论文答辩，成为一名中医学硕士。现如今他已在家乡开设了一间中医馆，患者也是络绎不绝。

据悉，目前中医药在很多国家已经合法化，已有超过160个国家和地区运用中医和针灸进行保健治疗。如今，中医学及其文化价值日益受到世界关注，来华学习中医的留学生队伍不断壮大。中医教育走向国际，既是国内各大中医院校积极投身教育国际化浪潮的宏观愿景，也是国家文化战略的重要组成部分。

把中医传承下去，让中医走出国门，就让中医这把“打开中华文明宝库的钥匙”打开更多友谊与交流的大门。现在有许多喜爱中医的国外友人，已成为国内中医药院校一道独特的风景线。他们不远万里来到中国学习中医，学成后又通过各种不同的途径，向国外人民有效地宣传推广中医药，他们的所作所为，为中医药的发展做出了重要的贡献，为中医人带来了自信、自豪，以及一份沉甸甸的责任感，值得我们所有中医人铭记和感谢。

参考文献

曹孝忠 . 1962. 圣济总录 [M]. 北京：人民卫生出版社：419.

车烨炯，裘昌林 . 2011. 裘昌林运用虫类药治疗神经内科疑难杂症经验 [J]. 亚太传统医药，7（12）：47-48.

陈可冀 . 1998. 实用中西医结合内科学 [M]. 北京：北京医科大学、中国协和医科大学联合出版社：1646.

方丽波，王拥军，张星虎，等 . 2007. 多发性硬化的免疫遗传学研究进展 [J]. 中国康复理论与实践，13（1）：42-44.

方隅 . 1957. 医林绳墨 [M]. 北京：商务印书馆：61.

何军锋，黄碧群，朱文锋，等 . 2007. 证素气血阴阳的证候特征 [J]. 浙江中医药大学学报，31（5）：542-545.

何任 . 2008. 论补泛 [J]. 浙江中医药大学学报，32（3）：315-316.

胡永军，孟静岩 . 2007.《黄帝内经》脾胃理论析要 [J]. 中华中医药学刊，25（4）：798-799.

蒋成婷，周德生，张秋雁，等 . 2017. 陈大舜治疗紧张型头痛的用药特点 [J]. 中华中医药杂志，32（7）：3012-3015.

刘剑，高颖 . 2013. 分期辨治复发缓解型多发性硬化的理论探讨 [J]. 中华中医药杂志，28（4）：990-993.

刘永昌 . 1996. 新编心脑血管疾病中西医治疗 [M]. 北京：中国中医药出版社：424.

陆曦 . 1990. 中西医结合治疗多发性硬化 35 例 [J]. 中国中西医结合杂志，10（3）：174.

莫晓枫 . 2011. 裘昌林治疗偏头痛的临床经验撷要 [J]. 浙江中医药大学学报，35（1）：18-19.

裘昌林，金香鸾 . 1998. 马钱子治疗重症肌无力出现毒性反应及预防措施的探讨 [J]. 中国现代应用药学，15（2）：35.

孙怡，杨任民，韩景献 . 2011. 实用中西医结合神经病学 [M]. 2 版 . 北京：人民卫生出版社：463-464.

王珏 . 2004. 裘昌林治疗重症肌无力的经验 [J]. 浙江中医杂志，39（6）：238-239.

王丽 . 2011. 脾胃气虚而生“阴火”[J]. 浙江中医药大学学报，35（6）：828-829.
吴江，贾建平 . 2015. 神经病学 [M]. 3 版 . 北京：人民卫生出版社：346.
吴林，李鹏，徐兴华 . 2010. 多发性硬化的中医发病机制 [J]. 浙江中医药大学学报，34（1）：129-130.
薛立伏，冯莹莹，韩玉晶，等 . 2015. 850 例门诊头痛患者的病因分析 [J]. 中西医结合心脑血管病杂志，10（13）：1233-1235.
张丽萍，裘辉，胡珊珊，等 . 2014. 裘昌林治疗帕金森病经验 [J]. 中医杂志，55（4）：286-288.
张锡纯 . 2009. 医学衷中参西录 [M]. 太原：山西科学技术出版社：256.
郑琦，杨涛，徐大鹏，等 . 2011. 补肾方药防治多发性硬化研究述评 [J]. 辽宁中医药大学学报，（8）：96-98.
中华人民共和国药典 2010 年版 . 二部 [S]. 中国医药科技出版社，2010：49.
周俊亮 . 2005. 多发性硬化中医治疗的分型与疗效 [J]. 组织工程研究，（17）：188.
周英豪，陈聿，杨韵华 . 1996. 活血平肝祛痰法治疗血管性头痛临床观察 [J]. 北京中医药大学学报，19（4）：53-54.
朱良春 . 2008. 益肾壮督治其本，虫蚁搜剔治其标 [J]. 江苏中医药，40（1）：2-3.
壮健 . 2001. 上气不足证从脾论治刍议 [J]. 四川中医，18（12）：6-7.
Abbott R D，Petrovitch H，White L R，et al. 2001. Frequency of bowel movements and future risk of Parkinson’s disease[J]. Neurology，57（5）：456-462.
Chaudhuri K R. 2003. Nocturnal symptom complex in PD and its management[J]. Neurology，61（Suppl 3）：17-23.
Confavreux C，Vukusic S，Adeleine P. 2003. Early clinical predictors and progression of irreversible disability in multiple sclerosis：an amnesic process[J]. Brain，126（Pt 4）：770-782.
Drachman D B，Jones R J，Brodsky R A. 2003. Treatment of refractory myasthenia “rebooting” with high-dose cyclophosphamide[J]. Annals of Neurology，53（1）：29-34.
Hampp G，Ripperger J A，Houben T，et al. 2008. Regulation of monoamineoxidase A by circadian-clock components implies clock influence on mood[J]. Current Biology，18（9）：678-683.
Hirayama M. 2006. Sweating dysfunctions in Parkinson’s disease[J]. Journal of Neurology，253（Suppl 7）：42-47.
Poewe W，Hogl B E. 2000. Parkinson’s disease and sleep[J]. Current Opinion in Neurology，13（4）：423-426.
Pursiainen V，Haapaniemi T H. Korpelainen J T. et al. 2007. Sweating in Parkinsonian patients with wearing-off[J]. Movement Disorders，22（6）：828-832.
Swinn L，Schrag A，Viswanathan R，et al. 2003. Sweating dysfunctions in Parkinson’s disease[J]. Movement Disorders，18（12）：1459-1463.

附录一

大事概览

1944 年　出生于浙江嵊州

1964 年　杭州卫生学校毕业，并留校任教，从事医学教学

1967 年　参加浙江医疗队支援舟山

1969 年　参加浙江医科大学西医离职学习中医班（浙江中医学院）

1971 年　正式调入浙江省中医院工作

1974 年　光荣加入中国共产党

1974 年　随医疗队下乡去浦江 3 个月

1979 年　浙江大学医学院附属第二医院进修 1 年

1980 年　杭州市第七人民医院进修

1981 年　研制炙马钱子胶囊，“头痛灵糖浆”院内制剂问世

1986 年　晋升主治医师

1986 年　担任浙江省中医院医务科科长

1987 年　当选杭州市上城区第八届人民代表大会代表

1993 年　晋升副主任医师

1995 年　担任浙江省中医院副院长、常务副院长

1998 年　组建浙江省中西医结合神经内科专业委员会，担任主任委员，迄任三届

1998 年　晋升主任医师

1998 年　中国科学院心理函授中心心理咨询培训

2001 年　被评为浙江省名中医

2008 年　被评为第四批全国老中医药专家学术经验继承工作指导老师

2012 年　被评为第五批全国老中医药专家学术经验继承工作指导老师

2012 年　炙马钱子胶囊炮制再次获得浙江省食品药品管理局审核批准

2013 年　炙马钱子胶囊制剂及其制备工艺获得国家发明专利

2016 年　被中国中西医结合学会神经科专业委员会授予中国中西医结合神经科突出贡献奖

2016 年　在第二届全国重症肌无力大会上被授予“最美医生”称号

附录二

学术传承脉络

- 裘昌林
  - 宣丽华
    - 张万清 王丽莉 蒋剑文 甘海球 毕 颖 吴 翔
    - 刘祝贺 周金凤 郑鑫焱 马 丁 虞彬艳 李英豪
    - 徐勇刚 梁冬艳 王秋朝 陈 凡 陈 君 叶茜茜
    - 吕善广 芦俊薇 周明倩 万意佳 韦英姿 戚凯明
    - 李红玉 王 俊 虞旻珍 克劳迪娅 张 欣 欧阳红彬
    - 吴 娟 柳惠善 卢笑逍 周斯斯 李佳辰 金禹彤
    - 吴凌韬 陈 姗 朱正阳 高桂欢 叶 诺 郭阳璐
    - 马 琼 夏 翀 任建雷 胡海宇 孙敏燕 方哲科
    - 叶睿洲 吴江霞 沈梦霞 商雯芳
  - 裘 辉
  - 裘 涛
    - 厉 飞 杨 峰 卢裕强 贾濛濛 陈聿恒 马玉柱
    - 邹文静 茅瑛琦 叶梦瑶 陈煜阳 潘晓芸 邹 莹
    - 胡娅娜 沈 瑾 肖梅红 周 纯 汪国爱 袁 敏
    - 任飞云
  - 张丽萍
    - 曹志坚 胡珊珊 陈笑丹 杨 琳 康真真 郎雅丽
    - 邱笑琼 薛璐璐 马晓玲 苏小玲 陆佳宁 冯秀珍
    - 莫申申 李 婷 陈靖茹 张惠婷 郑雯静 方 凤
  - 蒋旭宏
    - 童一川 陈 益 丁阳阳
  - 莫晓枫
    - 陆小连 俞 洁 王施慧 徐 静 施启慧 胡 炜
    - 李青青 王之琦 时媛媛 李佳辰 任兴芳
  - 王 珏
  - 基层名中医
    - 章平富 曹利民 张清奇 周文军 徐文君

后　　记

在紧张的工作之余写完本书，感慨良多。为了更真实清晰地还原老师的年轻时代选择从医的初衷，我们写作组除了倾听裘师大量的回忆，还多次跟裘师到其故乡嵊州，重新走一走裘师小时候走过的石板路，尝一尝家乡的美味，视觉享受裘师家乡的青山绿水，内心感受裘师在家乡受到的尊重；也多次深入裘师杭州的家，浏览那书房满柜子不同版本的古籍，欣赏客厅里曾勉励裘师几十年的字画，享受站在阳台上被郁郁葱葱、生机勃勃的花草包围的愉悦。为了准确表达裘师专业上与管理上的成就与造诣，写作组多次门诊跟师，采访与裘师共事的同事们，从而将裘师工作时忘我的投入、对待患者的真诚、对待学生的严谨都一一铭记在心，也对德艺双馨、仁心仁术有了更深刻的体会。这半年，师生一起相处的日子比以往都多，立体的全方位的裘师形象展现在我们面前，常常被裘师的人格魅力所征服。意外惊喜的是我们每周师生改稿照片被评为浙江省中医药远志杯大赛一等奖。如今 75 岁的老师仍然孜孜不倦地在中医事业上耕耘播种、传承创新，他总是说时间不够用，每一天都安排得满满的，日子过得充实而有意义。让我想起 96 岁翻译家许渊冲老先生说的“生命不是你活了多少日子，而是你记住了多少日子。要让你过的每一天，都值得记忆”。

谨以此书献给受人敬重的老师，献给跟老师一样为中医事业奋斗的前辈们。

2019 年 2 月

裘昌林教授

裘昌林教授工作照

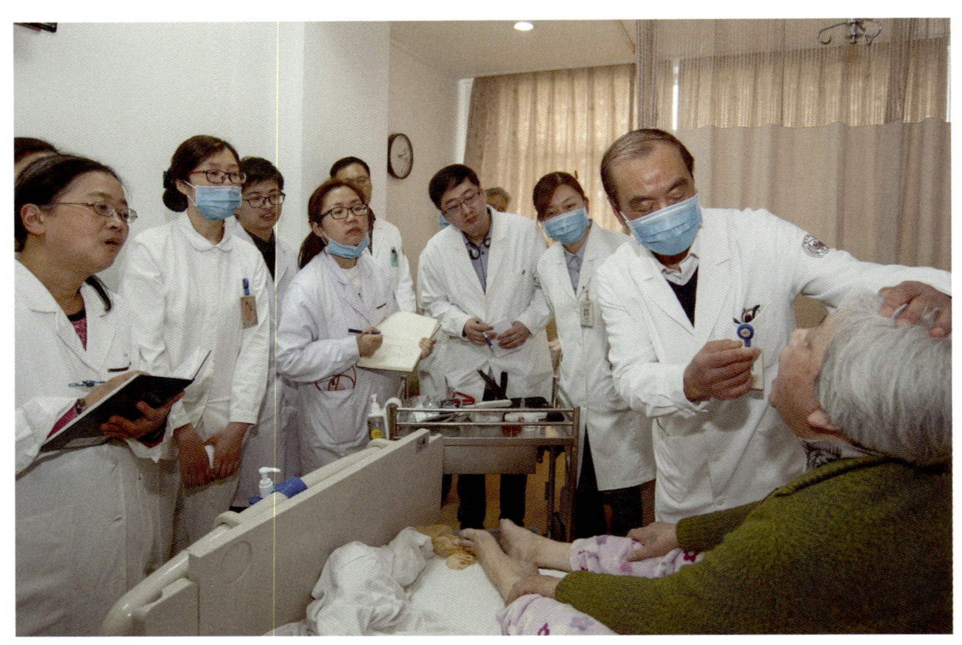

裘昌林教授查房中

裘昌林教授门诊中

裘昌林教授做客电台

裘昌林教授参加第一届海峡两岸重症肌无力大会

裘昌林工作室全家福

裘昌林教授收徒仪式